# Das literarische Barbuch

Herausgegeben von Gerald Sammet. Illustrationen von Otto Dzemla.

Eichborn.

Grafische Konzeption Innenteil und

Umschlaggestaltung: Christina Hucke
Idee und Lektorat: Georg Simader
Satz: bLoch Verlag, Frankfurt am Main
Druck und Bindung: Pustet, Regensburg

ISBN 3-8218-1531-0

Verlagsverzeichnis schickt gern:
Eichborn Verlag, Kaiserstr. 66, D-60329 Frankfurt am Main
Internet: http://www.eichborn.de

# Die Bilanz

Dichter Dorlamm nimmt sich vor, sein Ringen
endlich einmal auf den Punkt zu bringen.

Setzt sich hin und schreibt: Ich will mein Ringen,
um es endlich auf den Punkt zu bringen,

in drei Teile gliedern – in das Bringen,
in den Punkt und last not least das Ringen

Überlegt, macht einen Punkt nach Ringen,
seufzt und läßt sich einen Cognac bringen.

Damit, fährt er fort, wär'n Punkt und Bringen
schon mal klar, bleibt lediglich das Ringen.

Ringen – meine Güte, was meint Ringen?
Sorry, Kinder, ich schein's nicht zu bringen.

Lassen wir's? Er läßt die Feder sinken,
pfeift aufs Schreiben und beginnt das Trinken.

# Inhaltsverzeichnis

Gerald Sammet

# Vorwort

Dichter neigen von jeher auf eine sehr geradlinige Weise zum Rausch. Er ist ihnen Quelle des Wohlbefindens und der Imagination. Seine Folgen sind leicht auf die Befindlichkeit der literarischen Figuren abzuwälzen. Was aus dem Glas in die Feder fließt, ist meistens allerdings das Element einer Wechselbeziehung. Ernest Hemingway hat sie so beschrieben: »Nun tranken die Burschen in meiner Story, und das machte mich durstig, und ich bestellte mir einen Rum St. James.« Nicht allein davon, wie das Trinken die Dichter ruiniert oder sie zu Verstand bringt, um ihnen den gleich wieder zu rauben, nicht von nebulöser Trance und vom hochprozentigen Fluß der Gedanken soll DAS LITERARISCHE BARBUCH berichten, sondern vom Geist aus der Flasche in seiner nutzbringenden materiellen Gestalt. Also von den Gründen, die es dafür gibt, dem Dichtervolk und seinen erdichteten Gestalten nachzueifern, von den Nuancen des Geschmacks und der Färbung und den Zutaten, die die Mixtur im Glas unwiderstehlich machen. Es geht letztlich um jene Verfeinerung, an der sich Bar und Spelunke unwiderruflich scheiden. Manchmal freilich kommt die Differenz den Akteuren im selben Augenblick gleich wieder abhanden. In literarischen Texten läßt sich dies nicht ausblenden. Geistige Getränke weiten und verengen zugleich den Blickwinkel. Andernfalls wären sie entbehrlich für das Leben wie für die Literatur.

Jedes Getränk hat, bevor es in Gebrauch genommen und zum Gegenstand einer Geschichte wird, bereits seine Vorgeschichte. Bei der geht es zunächst um Ursachen, darum, wie zum Beispiel Wasser und Destillat sich miteinander verbinden oder welches Verhältnis die vier Elemente in einem Getränk einnehmen sollten, wieviel Handwerkskunst und Improvisationsgabe gebraucht werden, um eine bestimmte Geschmacksnote zu erreichen. Erst dann kann man Wirkungen begreifen, wird die Fiktion plausibel, der Blick ins Glas zum Spiel mit der Kristallkugel, das uns ins Reich der Phantasie zu entführen vermag.

Trinken ist angewandte Chemie und, in Verbindung mit dem Schreiben gebracht, vergleichbar den Techniken der Photographie. Im LITERARISCHEN BARBUCH werden die Bilder und die Negative präsentiert, der Rausch als schöne Kunst und die Rezeptur, der er seine Entstehung verdankt. Auch das Wesen der chemischen Reaktion soll nicht unbeachtet bleiben, die Bedeutung der Teile fürs Ganze, das Werkzeug, mit dem sie in Gang gesetzt wird, all die Gerätschaften, Mischungsverhältnisse, Fragen von Temperatur und Würze, Atmosphäre und Reiz.

Nichts kann einer, wo Alkohol ins Spiel kommt, vollständig genießen. Wer Brendan Behan vermißt, nach Jack London fragt, den einen winzigen Auftritt von Charles Bukowski versäumt oder bereit wäre, doch den einen Wolf Wondratschek darüber hinaus zu sich zu nehmen, der hätte auch Grund, seinen Jack Kerouac einzufordern, einen anderen Graham Greene anstelle des Damespiels aus ›Unser Mann in Havanna‹ und so fort durch die ganze an Gläsern überreiche Welt- und Gebrauchsliteratur. Der Griff in Bibliotheken gleicht dem in ein Flaschenregal: Man bleibt bei seinen Neigungen und hofft, diejenigen, die eingeladen sind, zeigen sich dann auch geneigt. So sie es nicht tun, bleibt es ihnen unbenommen, die Auswahl mit dem anzureichern, was hier ohne Angabe von Gründen nicht herbeizitiert wird. Über Geschmack in solchen Fällen soll man nicht streiten, am wenigsten unter Freunden, die ein und derselben Sache zugetan sind.

# Im Fegefeuer

Von der U-Bahn-Station an der Lexington Avenue Ecke Siebenundsiebzigste Straße war es gefährlich nahe zum Leicester's. Aber das war kein Problem. Peter Fallow würde dieses Spielchen nicht länger spielen. Als er die Treppe nach oben gestiegen war und im Dämmerlicht auf den Bürgersteig hinaustrat, prägte er sich die Szene ins Bewußtsein ein, nur um sich seinen Vorsatz zu bestätigen und dann zu verwerfen. Das alte Holz, die Milchglaslampen, die Lichter aus dem Schacht hinter der Bar und die Art, wie er die Flaschenreihen beleuchtete, das kneipenartige Gedränge der Leute, das grölend Heimatliche ihrer Stimmen – ihre Stimmen – *englische Stimmen* ... Wenn er vielleicht eben bloß einen Orangensaft und ein Ginger Ale tränke und fünfzehn Minuten englische Stimmen in sich aufnähme ... *Nein!* Er würde standhaft bleiben. Jetzt war er vor dem Leicester's angekommen, das für einen ahnungslosen Passanten zweifellos genauso aussah wie jedes andere gemütliche Bistro oder Speiselokal in der East Side. Zwischen den altmodischen Mittelpfosten der Fensterscheiben sah er all die gemütlichen Gesichter um die Tische an den Fenstern versammelt, gemütliche, glückliche, weiße Gesichter, von rosigen, bernsteinfarbenen Lampen beleuchtet. Das war zuviel. Er brauchte Trost und einen Orangensaft und Ginger Ale und englische Stimmen.

Wenn man das Leicester's von der Lexington Avenue betritt, kommt man in einen Raum voller Tische mit rotkarierten Tischdecken nach Art eines Bistros. An der einen Wand zieht sich eine enorme Saloonbar mit einer Fußraste aus Messing entlang. Zur anderen Seite hin befindet sich ein kleineres Speisezimmer. In diesem Raum, unter dem Fenster, das auf die Lexington Avenue hinausgeht, steht ein Tisch, an den acht oder zehn Leute gequetscht werden können, vorausgesetzt, sie vertragen sich. Durch stillschweigendes Gewohnheitsrecht ist er zu dem »Englischen Tisch« geworden, einer Art Stammtisch, an dem sich am Nachmittag und frühen Abend die Brits – Mitglieder des Londoner bon ton, die jetzt in New York leben – treffen, um ein paar Drinks zu nehmen ... und englische Stimmen zu hören.

Die Stimmen! Der heimatliche Herd tobte bereits, als Fallow eintrat.

»Hallo, Peter!«

Es war Grillo, der Amerikaner, der im Gewühl an der Bar stand. Er war ein lustiger Kerl und freundlich, aber Fallow hatte für diesen Tag von Amerikanern genug. Er lächelte, rief: »Hallo, Benny!« und steuerte geradewegs auf den Nebenraum los.

Tony Moss saß an dem Tisch, und Caroline Heftshank und Alex Britt-Whithers, dem das Leicester's gehörte, und St. John Thomas, Museumsdirektor und (unterderhand) Kunsthändler, und St. Johns Freund, Billy Cortez, ein Venezolaner, der in Oxford studiert hatte und genausogut Engländer sein konnte, und Rachel Lampwick, eine der zwei Töchter von Lord Lampwick, die in New York von Papas Scheck lebten, und Nick Stopping, der kommunistische Journalist – stalinistisch stimmte wohl eher –, der hauptsächlich von Artikeln in »House & Garden«, »Art & Antiques« und »Connoisseur« lebte, in denen er den Reichen um den Bart ging. Nach den Gläsern und Flaschen zu urteilen, war der Tisch schon eine Weile zusammen, und ziemlich bald würden sie nach einem Fisch Ausschau halten, es sei denn, Alex Britt-Whithers, der Besitzer ... aber nein, Alex erließ nie die Rechnung.

Fallow setzte sich und verkündete, daß er ein neues Leben anfange und nur einen Orangensaft und Ginger Ale wolle. Tony Moss wollte wissen, ob das bedeute, er trinke nicht mehr oder er zahle nicht mehr. Fallow nahm das nicht übel, weil es von Tony kam, den er mochte, und deshalb lachte er und sagte, daß heute abend wirklich niemandes Geld was wert sei, weil ihr großzügiger Gastgeber, Alex, am Tische sitze. Und Alex sagte: »Ich fürchte, am wenigsten Ihres.« Caroline Heftshank sagte, Alex habe Fallows Gefühle verletzt, und Fallow sagte, das stimme, und unter diesen Umständen sei er gezwungen, seine Meinung zu ändern. Er bat den Kellner, ihm einen Wodka Southside zu bringen. Alle lachten, denn das war eine Anspielung auf Asher Herzfeld, einen Amerikaner, Erbe der Herzfeld-Glas-Millionen, der letzten Abend einen furchtbaren Krach mit Alex vom Zaun gebrochen hatte, weil für ihn kein Tisch frei war. Herzfeld hatte die Kellner und Barkeeper ständig zum Wahnsinn getrieben, weil er sich den ungesunden amerikanischen Drink Wodka Southside bestellte, der mit Minze gemacht wird, und sich dann beklagte, daß die Minze nicht frisch sei. Das brachte den Tisch dazu, Herzfeld-Geschichten zu erzählen. St. John Thomas erzählte mit seiner sanftesten Stimme, wie er zum Abendessen in Herzfelds Apartment in der Fifth Avenue gewesen sei und Herzfeld darauf bestanden habe, den Gästen seine vier Bediensteten vorzustellen, was dem Personal peinlich und den Gästen lästig war. Er sei sicher, gehört zu haben, wie der junge südamerikanische Hausboy sagte: »Na dann, wieso gehen wir nicht alle zu mir zum Abendessen?«, was nach St. Johns Ansicht sicherlich zu einem vergnüglicheren Abend geführt hätte. »Also, bist du nun sicher oder bist du nicht sicher?« fragte Billy Cortez mit der Andeutung eines echten Vorwurfs in der Stimme. »Bestimmt hast du inzwischen bei ihm deswegen nachgehakt. Nebenbei, ein pickliger kleiner Puertoricaner.« »Kein Puertoricaner«, sagte St. John, »Peruaner. Und nicht picklig.« Jetzt richtete der Tisch es sich bei seinem Hauptthema ein, nämlich den häuslichen Sitten und Gebräuchen der Amerikaner. Die Amerikaner mit ihren pervertierten Schuldgefühlen stellten immer die Gäste dem Personal vor, besonders »Leute wie Herzfeld«, sagte Rachel Lampwick. Dann sprachen sie über die Ehefrauen, die amerikanischen Ehefrauen, die eine tyrannische Macht über ihre Männer ausübten. Nick Stopping sagte, er sei dahintergekommen, warum amerikanische Geschäftsleute in New York so lange Mittagspausen machten. Es sei die einzige Zeit, in der sie von ihren Frauen wegkämen, um zu vögeln. Er werde einem Artikel für »Vanity Fair« mit dem Titel »Sex am Mittag« schreiben. Tatsächlich brachte der Kellner Fallow einen Wodka Southside, und unter viel Hallo und Getoaste und Beschwerden an die Adresse von Alex wegen der Qualität der Minze trank er ihn und bestellte sich noch einen. Er schmeckte wirklich sehr gut. Alex verließ den Tisch, um nachzusehen, wie die Dinge in dem großen Raum liefen, und Johnny Robertson, der Kunstkritiker, kam und erzählte eine ulkige Geschichte von einem Amerikaner, der den italienischen Außenminister und dessen Frau bei der Eröffnung der Tiepolo-Ausstellung am Abend zuvor beharrlich mit dem Vornamen angeredet habe, und Rachel Lampwick erzählte von einem Amerikaner, der ihrem Vater vorgestellt worden war – »Das ist Lord Lampwick« – und gesagt hatte: »Hiya, Lloyd.« Aber amerikanische Universitätsprofessoren seien alle schrecklich gekränkt, wenn man vergäße, sie mit Doktor anzureden, sagte St. John, und Caroline Heftshank wollte wissen, warum die Amerikaner darauf bestünden, Rückadressen auf die Vorderseite der Umschläge zu schreiben, und Fallow bestellte sich noch einen Wodka Southside, und Tony und Caroline fragten, warum sie nicht noch eine Flasche Wein bestellten. Fallow sagte, ihm mache es nichts aus, wenn die Yanks ihn beim Vornamen riefen, wenn sie ihn bloß nicht immer zu Pete verkürzten. Alle Yanks im »City Light« nennten ihn Pete, und Nigel Stringfellow nennten sie Nige, und sie trügen außerdem falsche Regimentskrawatten, die sich vor den Hemden blähten, so daß das jedesmal, wenn er einen von diesen schreiendbunten Schlipsen sehe, bei ihm einen bedingten Reflex auslöse, und er zucke zusammen und mache sich innerlich auf »Pete« gefaßt. Nick Stopping erzählte, er sei neulich abend bei Stropp, dem Investmentbanker, in der Park Avenue zum Dinner eingeladen gewesen, und Stropps vierjährige Tochter von seiner zweiten Frau sei in das Eßzimmer gekommen und habe ein Spielzeugwägelchen hinter sich hergezogen, auf dem ein frischer, menschlicher Kothaufen lag – ja, ein Kothaufen! –, ihr eigener, wie man hoffte, und sie sei dreimal um den Tisch herumgewandert, und Stropp und seine Frau hätten nichts weiter getan, als den Kopf zu schütteln und zu lächeln. Das erforderte weiter keinen Kommentar, weil allgemein bekannt war, wie widerlich die Yanks ihre Kinder verwöhnten, und Fallow ließ sich noch einen Wodka Southside kommen und trank auf den abwesenden Asher Herzfeld, und sie bestellten Drinks für die ganze Runde.

Nun kam Fallow allmählich zu Bewußtsein, daß er bereits Drinks für zwanzig Dollar bestellt hatte, die er nicht zu zahlen bereit war. Wie durch C.G. Jungs kollektives Unbewußtes miteinander verbunden, wurden sich Fallow und St. John und Nick und Tony klar, daß die Stunde des Fisches angebrochen war. Aber welchen Fisches?

Tony war es schließlich, der plötzlich rief: »Hallo, Ed!« Mit dem jovialsten Grinsen im Gesicht, zu dem er imstande war, winkte er eine hochgewachsene Gestalt an den Tisch. Es war ein Amerikaner, gut gekleidet, recht hübsch eigentlich, mit aristokratischen Zügen und einem Gesicht, so zart, rosa, faltenlos und flaumweich wie ein Pfirsich.

»Ed, ich möchte Ihnen Caroline Heftshank vorstellen. Caroline, das ist Ed Fiske, ein guter Freund von mir.«

Hallos um den ganzen Tisch, als Tony den jungen Amerikaner allen übrigen vorstellte. Dann verkündete Tony: »Er ist der Prinz von Harlem.« »Oh, man langsam«, sagte Mr. Ed Fiske. »Es stimmt!« sagte Tony. »Ed ist der einzige Mensch, den ich kenne, der Harlem der Länge, der Weite und der Breite nach, seine Highways und Seitenstraßen, sein Highlife und seine Kaschemmen betreten darf, wann er will, wo er will, zu jeder Zeit, tags oder nachts, und absolut willkommen ist.«

»Tony, das ist entsetzlich übertrieben«, sagte Mr. Ed Fiske und errötete, lächelte aber auch auf eine Weise, die erkennen ließ, daß es keine *unverschämte* Übertreibung war. Er setzte sich und wurde dazu ermuntert, sich einen Drink zu bestellen, was er auch tat.

»Was tut sich denn *wirklich* so in Harlem, Ed?«

Etwas heftiger errötend, gestand Mr. Fiske, erst diesen Nachmittag in Harlem gewesen zu sein. Ohne Namen zu nennen, erzählte er von der

Begegnung mit einem Menschen, bei welchem auf die Rückgabe einer recht erheblichen Summe Geldes, nämlich $ 350.000, zu drängen seine heikle Aufgabe gewesen sei. Er erzählte die Geschichte stockend und ein bißchen zusammenhanglos, da er darauf bedacht war, den Faktor Hautfarbe nicht überzubetonen oder zu erklären, warum so viel Geld auf dem Spiel stand – aber die Brits hingen mit hingerissenen und strahlenden Gesichtern an jedem Wort, als sei er der brillanteste Geschichtenerzähler, der ihnen in der Neuen Welt jemals über den Weg gelaufen war. Sie gluckten, sie lachten, sie wiederholten die Enden seiner Sätze wie ein Gilbert- und-Sullivan-Chor. Mr. Ed Fiske redete weiter, wobei er beständig an Zutrauen und Flüssigkeit gewann. Der Drink hatte gewirkt. Er breitete seine tollsten und erlesensten Harlem-Geschichten aus. Was für bewundernde britische Gesichter um ihn herum! Wie sie strahlten! Sie wußten wirklich die Kunst der Unterhaltung zu schätzen! Mit lässiger Großzügigkeit bestellte er eine Runde Drinks für den ganzen Tisch, und Fallow bekam noch einen Wodka Southside, und Mr. Ed Fiske erzählte von einem riesigen, gefährlichen Mann mit dem Spitznamen Buck, der wie ein Pirat einen großen goldenen Ohrring trug.
Die Brits tranken ihre Drinks und stahlen sich dann einer nach dem anderen davon, zuerst Tony, dann Caroline, dann Rachel, dann Johnny Robertson, dann Nick Stopping. Als Fallow leise »Entschuldigen Sie mich einen Augenblick« sagte und aufstand, saßen nur noch St. John Thomas und Billy Cortez da, und Billy zog St. John am Ärmel, weil er jetzt mehr als bloß ein bißchen Aufmerksamkeit in dem entzückten Blick bemerkte, mit dem St. John diesen hübschen und anscheinend reichen Jungen mit der Pfirsichhaut anstrahlte.
Draußen auf der Lexington Avenue dachte Fallow über die Höhe der Rechnung nach, die dem jungen Mr. Fiske in Kürze präsentiert werden würde. Selig beschickert grinste er im Dunkeln. Sie mußte an die zweihundert Dollar betragen. Fiske würde sie zweifellos ohne Murren bezahlen, der arme Fisch.
Diese Yanks. Lieber Gott.
Nur das Problem mit dem Abendessen mußte jetzt noch gelöst werden.

Das Dinner im Leicester's kostete schon ohne Wein mindestens vierzig Dollar pro Person. Fallow steuerte auf den Münzfernsprecher an der Ecke zu. Er kannte doch diesen Bob Fowles, den amerikanischen Zeitschriftenredakteur ... Das sollte klappen ... Die magere Frau, mit der er zusammenlebte, Mona Irgendwas, war zwar fast unerträglich, selbst wenn sie nicht redete. Aber alles im Leben hatte eben seinen Preis.
Er betrat die Telefonzelle und warf einen Vierteldollar in den Schlitz. Wenn er Glück hatte, säße er innerhalb einer Stunde wieder im Leicester's und äße sein Lieblingsgericht, Chicken Paillard, das besonders gut mit Rotwein schmeckte. Er liebte Vieux Galouches, das war ein französischer Wein in einer Flasche mit krummem Hals, der beste.



**Wodka alliteriert mit Weltanschauung. Daran mag es liegen, daß manche das Getränk für nicht mehr als einen Kartoffelschnaps halten, aus dem zu schlichten Glauben heraus, es sei möglich, aus jeder Not eine Tugend zu machen. In Rußland, in den Zeiten der Zarenherrschaft, ist das tatsächlich so gewesen. Heute wird Wodka aus klarem Kornbrand gewonnen, auf der Basis von Roggen, Weizen und sogar Mais. Im ›Mr. Boston‹, dem ultimativen ›Official Bartender's Guide‹, wird er als Getränk der Demut beschrieben. Das rührt von seiner für jede Beimischung offenen Neutralität. Die strengen amerikanischen Produktionsvorschriften sprechen ihm jede Eigenart ab. Sie verlangen die vollständige Abwesenheit von Farbe, Geruch und Geschmack. Dies wird seinen russischen Ursprüngen mehr als gerecht. Zwischen St. Petersburg und Wladiwostok ist Wodka, das Wässerchen, nur das Synonym für jede Art von klarem Branntwein, zu jedwedem Gebrauch und auch für jeden Mißbrauch zu haben. Die betörende Kraft des Wodka hingegen verdankt sich pragmatischem Geist: Es galt, ein Lebenselixier zu finden, das nicht wie gewöhnliches Wasser in sibirischer Kälte gefriert.**
**Ob man sich danach für einen Wodka aus Polen, Rußland, der Ukraine, aus Finnland, Schweden, der Türkei oder sogar aus Großbritannien entscheidet (von den Briten wird das Destillat aus Melasse gewonnen), ist einerseits Ansichtssache. Andererseits liegt das Aromatisieren von Wodka derzeit im Trend, und es erübrigt**

sich in solchen Fällen, im Cocktailglas mit weiteren Geschmackszusätzen zu experimentieren. Im für legendär gehaltenen ›Zubrowka‹ befindet sich ein Grashalm, angeblich aus jenen Landstrichen diesseits und jenseits der polnisch-russischen Grenze, wo noch die wenigen bukolisch anmutenden Wisente weiden. Seine dezente, in ein öliges Pastellgrün changierende Süße duldet keine weitere Einmischung von außen. Glasklar hingegen die Konsistenz und Geschmacksnote des schwedischen Designerprodukts ›Absolut Vodka‹, bei dem der Geist der hinreißend etikettierten Flasche den Geist aus der Flasche mühelos zu überbieten versteht. Der Atmosphäre kühler Leidenschaften, die Tom Wolfe in seinem ›Fegefeuer der Eitelkeiten‹ beschwört, wird er sicher am meisten gerecht. Die Varianten ›Absolut Citron‹ und ›Absolut Kurant‹ mit dem feinen, zartbitteren Aroma der schwarzen Johannisbeere dagegen verstoßen bereits wieder gegen das Gebot der strikten Neutralität. Wodka pur sorgt in allen Drinks für die nötige Klarheit. Er löscht auf unauffällige Weise den Durst und bleibt doch unverwechselbar für diejenigen, die sich auf die Art des Trinkens verstehen, die mehr als die Befriedigung brennender Bedürfnisse ist.

## WODKA SOUTHSIDE

In ein Longdrinkglas werden bis zu vier Eiswürfel gegeben. Danach die Zutaten aufgießen, Soda hinzufügen, umrühren und nach Bedarf mit Minzeblättern garnieren.

4 cl Wodka
2 cl Sirup de Menthe
Soda
Minzeblätter

## WODKA SOUR

Auf Eis gut schütteln und in ein Sour-Glas abfüllen. Zur Dekoration wird eine halbe Zitronenscheibe und gegebenenfalls eine Kirsche verwendet.

6 cl Wodka
Saft einer halben Zitrone
½ Teelöffel Puderzucker

## SCREWDRIVER

Wodka in ein Longdrink-Glas mit reichlich Eis gießen. Orangensaft zugeben und kräftig rühren. Angeblich wurde der Screwdriver von Erdölarbeitern erfunden, die zum Umrühren ihre Schraubenzieher benutzten.

5 cl Wodka
Orangensaft nach Belieben

## BLOODY MARY

Die Zutaten auf Eis im Shaker gut schütteln, damit eine optimale Mischung erreicht wird.

5 cl Wodka
10 cl Tomato Juice
1 Spritzer Lime Juice
½ Teelöffel Worcestershire
Salz, Pfeffer
1 bis 2 Tropfen Tabasco

Djuna Barnes/**New York**

# Die Bohème, von nahem besichtigt

Vier Uhr nachmittags, und jemand hat ein Glas Wein vergossen – es kriecht über das Tischtuch und verbreitet sich zu einem Muster von trübsinnigem Rot – es ist Morgen im Land der Bohème.

In dem kleinen Hinterzimmer mit seinen schiefhängenden Bildern liegt König McGrath, fernab vom lärmenden Gewühl – den Kopf in die Hand gestützt, schaut er der Jungfrau ins Gesicht, die an die Fassade der Kirche genau gegenüber seinem Drei-Bretter-Bett gemalt ist. Ja – der König hat eine Erkältung.

Und während Jack so liegt und ins gemalte Antlitz der Jungfrau starrt, während die Abenddämmerung eines muffigen Hausflurs durchs immer größer werdende Schlüsselloch eines Hauses, das früher einmal etwas hergemacht hat, kriecht – wie sich die Lippen des Trunkenbolds, der einst ein Mann war, immer weiter auftun –, erhebt sich aus ihren erlesenen Laken, in geköperter Pracht, so daß lang schon erstickte Myrte auffliegt aus zerknitterter Spitze, die Königin, und ich kann Ihnen ihren Namen nicht nennen.

Ja, der Tag hat für Greenwich Village begonnen. Die Kellner im Brevoort und im Lafayette fangen an, das Gefieder zu spreizen, sind sie doch die einzigen Kellner der Welt, die keine Hemmungen haben, ihre innersten Sehnsüchte zu kultivieren – mit anderen Worten, sich eine individuelle Seele zuzulegen.

Nun ja, ist das Land der Bohème etwa keins, wo jeder genauso gut ist wie jeder andere – und muß ein Kellner nicht ein bißchen weniger als ein Kellner sein, um einen guten Bohémien abzugeben? Deshalb sagt nur nichts, Ihr aus der Bronx, wenn er sich in aller Öffentlichkeit über Euch lustig macht, weil Ihr Pastinaken wolltet, wo doch Artischocken auf der Speisekarte stehen. Das hat nichts weiter zu bedeuten, das ist nur seine Seele, die nach dem Höheren strebt. Er hat das Gefühl, daß er erst einmal verächtlich sein muß, ehe er Nietzsche werden kann.

Zwischen dieser Stunde und sechs Uhr, die als Polly's Stunde oder als Stunde des Dutch Oven oder des Candle Stick bekannt ist, versammeln die Teesüffler und die Cocktailträumer sich allmählich im Kellergeschoß des Brevoort. Oben herrschen Wohlanständigkeit, Ehefrau, Kinder, Musik; eine Geige läßt eine traurige Weise erklingen wie die melancholischen Amseln auf der Telegraphenleitung mit ihrem geschwätzigen Sirren. Im Kellergeschoß ist alles, was sich nicht gehört: kesse Mädchen in grellbunten Hängern oder der Art von ausgefallenen Kleidern, die denen, die in ihnen stecken, Grimassen zu schneiden scheinen, so wie die Kleider von Gaugh. Wilde, wilde Exoten der Einbildungskraft – Auswirkungen von Bakst. Männer, die Arme voller schwerer Literatur, die Taschen voll leichter Münze, mit prächtigen Krawatten – halt, Allen Norton hat sie ja beschrieben:

»... Die Krawatte, die allböse /
Die verrückt macht wie der Mond, und schaut er sie /
Sich wendend, sinkt der Streiter für die gute Sitte nieder.«

Und dann noch – doch nein, Sie können sich die blinkenden Satinkrawatten, die gewebten Klagelieder gewiß vorstellen, die die Musik außerhalb der Kehle besorgen wie der Kehlkopf im Innern.

»Einen Schnaps, Tito –«, das geht an ihren neuesten Liebhaber, einen herrlich hingegossenen, einen gutaussehenden Mann von fünfzig Lenzen, keinen hiesigen allerdings; ein Italiener vielleicht oder ein Russe oder ein Franzose, denn die Bohème hat eine Vorliebe für die ausländische Machart. Ich persönlich teile sie durchaus; der Ausländer lügt so bestrickend, er ist auf so gekonnte Weise ein schlechter Mensch. Vielleicht kommt das daher, daß er ein besserer Gelehrter der Natur ist oder ein besserer Lügner – ein Gelehrter der Augenblicke fern aller Gelehrsamkeit. Er besitzt das Geheimnis des unverwässerten Glücks und des unverwässerten Schmerzes. Erkenntnis beider, Anerkennung beider, Liebe zu beiden, das ist alles.

Tito bestellt den Schnaps – und befühlt dabei die Münzen in seiner Tasche. Ob das zum Zahlen reicht? Ist ja auch nicht so wichtig, denn der Raum ist voll von solchen Verlegenheiten wie der seinen: Niemand kann zahlen, und alle tun es.

In einer Ecke sitzt ein Impressionist mit einer Frau. Ich kenne den Mann sehr gut; er hat ein Falkengesicht, ist dünn und gehört für mich zu denen, über die zu erzählen sich lohnt. Er hält den Kopf leicht gehoben und entblößt so ein weiches Bündchen, an dem mattschimmernde Mondsteine sitzen. An den Fingern hat er rote Gemmen und auch grüne; diese Finger liegen über der Krücke seines Handstocks, als seien sie eigenständige Persönlichkeiten und erheischten entsprechende Aufmerksamkeit. Er weiß, wie man gut riecht, beredt gestikuliert, und vor allem versteht er sich auf die Kunst, nach mittlerem McKinley auszusehen, mit einem Hauch von Louis bzw. der Anfälligkeit jener Periode. Er spricht ein atemloses Englisch, bläst dabei ein Kerzlein ums andere aus und verlischt schließlich in absoluter Gesprächsfinsternis.

Das Mädchen kenne ich ebenfalls. Ihr Haar ist kurz (ein Beweis dafür, daß die Bohème am Ende doch so sehr wie alle anderen ist, daß sie nicht einmal hierin originell sein kann); sie hat eine historisch bedeutende Vergangenheit. Sie ist eine der besten Verliererinnen, die ich kenne – sie hat sämtliche Krankheiten des medizinischen Jahrbuchs, und sie macht sich nichts daraus. Lachend wurde sie geboren, und so wird sie auch sterben – das Lachen eines Jungen, ein Lachen, das im Rinnstein erblüht wie eine Blume. Sie raucht Zigaretten, vielleicht hundert am Tag. Ich habe sie in der Asche nach Kippen von ›Selbstgedrehten‹ wühlen sehen, während noch schwach der Duft derer für einen Dollar die Schachtel in der Luft hing. Ich habe ihr zugehört, und ich habe gelacht, doch im tiefsten Innern, das weiß ich, hegte sie Dinge, deren Lebendigkeit sie fürchtete – Kinder der Erinnerung und jene Erinnerungen, die wiederum Kinder sind.

Sie ist völlig ungehemmt und tanzt einen Abend lang, sie wird schrecklich betrunken, denn sie kann nicht mehr dasselbe vertragen wie damals, als sie, gut zehn Lenze früher, ein Mädchen war. Alles, was das Leben beinhaltet, hat sie sich geborgt, um es einmal selbst in jenen langen, mageren Händen zu halten – nur die Augen verändern sich nie. Sie schauen aus ihrem Gesicht wie das Kind, das über die Mauer späht, wohinter der gesamte Abfall des Lebens zusammengewirbelt und hängengeblieben ist. Es ist etwas zugleich Schreckliches und Schönes; sie heißt – lassen wir es hiermit bewenden.

Doch gehen wir weiter; es ist zum Lachen.

Manchmal enthält ein Raum eine Atmosphäre, und manchmal enthält er eine Menschenmenge. Diese Räume, diese Ateliers, diese Cafés – sie werden eines Tages zu Staub zerfallen, doch wenn er fällt, wird er singen, der Staub.

Eines Abends stand ich an der Ecke Sixth Avenue, wo sie die Greenwich Avenue kreuzt, und als ich dort stand, sprach eine pelzbesetzte, schmuckbehängte Frau mit zwei staksigen Töchtern mich an. Die Unruhe in ihren Augen mutete mich, die ich daran gewöhnt war, in die ruhigen, oft trägen Gesichter meiner Umgebung zu blicken, seltsam an. Die Augen der Frau wandten sich hierhin und dorthin und die ihrer Töchter ebenfalls. Man mußte den Eindruck haben, daß hier der Verlierer nach dem Verlorenen Ausschau hielt.

»Wo ist Greenwich Village?« fragte sie und schnappte nach Luft.

»Hier, wo wir stehen«, antwortete ich und sah sie schon zusammenbrechen.

»Aber«, stammelte sie, »man hat mir doch von alten Häusern und komischen Frauen und Männern erzählt, die auf dem Bordstein sitzen und den Polizisten Gedichte aufsagen oder nach Brötchen fischen, die vom Regen in den Battery Park gespült werden! Ich habe von kleinen Lokalen gehört, wo die Frauen rauchen und die Männer zärtlich werden und getanzt wird und gelacht und nicht viel Licht ist. Ich habe von Häusern gehört, die wie Zebras gestreift sind, golden und silbern, und von Kleidern, die – schnell schnell!« schrie sie, hörte mitten im Satz zu sprechen auf und packte, ganz genau wie die Weiße Königin in ›Alice hinter den Spiegeln‹, beide Kinder bei der Hand, während sie davoneilte: »Da ist ja so eine!«

Und so ließ sie mich bloß wegen einer Frau in einem Gingankleid mit einer Mappe unter dem Arm stehen.

Ich hörte, sie sei ihr erfolgreich bis zu Polly's auf den Fersen geblieben und habe, drinnen angelangt, mit angehaltenem Atem dort gesessen – angehalten ob der kleinen geistigen Parüren, die aus den Kehlen von Ada Forster, Adele Holiday, der entzückenden Dauerdebütantin, von George Baker, René Lacoste, Dave Cummings, Maurice Becker, Marney und Billy von Tisch zu Tisch flogen, während an einem anderen Tisch Harold Stearns zwischen zwei Löffeln trügerischen Tapiokapuddings mit Francis Gifford sprach.

Doch Madame Bronx war es immer noch nicht zufrieden. Sie segelte davon, die beiden Töchter staksten mit unsicheren Steffield-Farm-Fesseln hinter ihr her, hinauf zum Dutch Oven, wo sie zuhörte, wie Floyd Dell Max Eastman das Drama erklärte, oder aufschnappte, was sie für gewagte Fetzen der Unterhaltung zwischen Marsden Hartley und Demuth hielt. Die Mädchen bestellten sich Eiercreme und kicherten, weil Eiercreme nämlich etwas ist, das man im Land der Bohème essen sollte.

Schließlich konnte Madame Bronx es nicht mehr ertragen. »Sind Sie Künstlerin?« erkundigte sich sich bei einer Rothaarigen, die aus irgendeinem Grunde vergessen hatte, ihr Haar abzuschneiden.

Die Rothaarige lächelte, in ihren Augen blitzte es auf: »Nein«, antwortete sie, »ich bin Pamphletschreiberin!«

»Was ist das denn?«

»Eine von denen, die für die Geburtenkontrolle eintreten«, antwortete die Rothaarige mit unbewegter Miene.

Und von dort zum Candle Stick und vom Candle Stick zum Mad Hatter und vom Mad Hatter zur französischen Konditorei und von der Konditorei zu all den bekannten Zufluchtsorten und abschließend zu Mazzini's. Denn diese traurige kleine pelzbesetzte Frau mit ihren amtlich bestätigten Töchtern wußte nichts von jenen gottvergessenen Treffpunkten, deren Reiz dadurch verdoppelt wird, daß sie schwer zu finden sind.

Nein, ich werde sie nicht preisgeben, doch einen davon werde ich für diejenigen unter Ihnen, die sich die Mühe machen wollen, ihn aufzuspüren wie ein Buchliebhaber Bücher aufspürt, etwas näher bezeichnen. Es ist ein Kellerlokal auf dieser Seite der Sixth Avenue, und zwar auf der Seite des Washington Place mit den ungeraden Hausnummern. Ich habe früher dort gewohnt, doch während der Nacht, als es zur Katastrophe der Pulvermühle von New Jersey kam, sah ich mich mit einem Haus voller wehklagender Frauen konfrontiert, darunter auch die rundliche Wirtin, die, barfuß, Manhattan und zerbrochene Fensterscheiben im allgemeinen verwünschte und nach ihrem Rosenkranz aus Perlen sowie dem ihrer Kinder jammerte.

»In Boston lassen sie nicht so die Scheiben zerspringen«, sagte sie und stand bebend, bis sie in die Kissen meiner Couch sank und laut nach einem Schluck Wein rief, um einer Erkältung vorzubeugen, und hinzufügte, Dynamit sei ein ganz garstiges Zeug.

Und so zog ich denn um. Doch dort in jenem Kellergeschoß findet man, mit blassen romanischen Gesichtern, einen Ehemann als Küchenchef mit einer Ehefrau als Kellnerin, die modernde Wälzer anbringen: ein Kochbuch der Frührenaissance oder auch die Lieblingsrezepte irgendeines Barons, die er vor langer Zeit eigenhändig niedergeschrieben hat und die nun verbleichen wie das Erröten auf den Wangen der Verliebten. Oder Monsieur le Chef spielt auf einer bauchigen Mandoline, mit zuckenden blonden Schnurrbartspitzen, während der junge Komponist, dem kürzlich ein Unfall zugestoßen ist, den er mit einem Beinbruch überlebt hat, halbabgewendet gegen die Wand gelehnt sitzt und aus schönen, freundlichen Augen lächelt.

Dies ist wirklich – dies ist das Unbekannte. Selbst ein Kellergeschoß hat sein Kellergeschoß, und dies ist eins der Kellergeschosse unterhalb des Reichs der Bohème.

Ja, und dann ist da Bobby. Wir können Bobby mit seinen Ukulelen nicht vergessen, die in seinem Atelier am Washington Square an der Wand aufgereiht hängen. Bobby erhält die alte Tradition aufrecht – er hat noch jedes Mädchen, das zu ihm kam, um ihre Hand gebeten und inbrünstig gehofft, daß sie ihn nicht ernst nehmen würde; Bobby mit seiner Hornbrille, die seine Augen davor bewahrt, in irgendeinen Schlamassel zu preschen, wie ein Gatter das Vieh von verbotenem Weidegrund fernhält; Bobby, der im Black Cat auf den Tisch steigt, um das mittlerweile zu Recht berühmte Lied ›Unten im Süden, in Greenwich Village‹ zu singen und das noch rührendere ›Lied vom Kamel‹, das sich danach sehnt, auf das Wasser aus einer Million Pumpen zu verzichten, um bei seiner Liebsten sein zu können.

Guido Bruno mit seinem grünen Filzhut trifft man dabei an, wie er über Selters und Milch brütet und eine letzte Version auf eine Papierserviette schreibt. Oder Peggy O'Neill – nicht die Schauspielerin, sondern die andere Peggy – kommt hereingefedert, um den letzten Schmutz auszukippen. Die Hände in die Hüften gestemmt, setzt sie hinzu: »Jetzt seht euch mal an, wie ich mir selbst ein Essen auf den Tisch stelle!«, und bestellt später dann »eine Lämmerherde«, was nicht mehr und nicht weniger ist als Lammkoteletts.

Ein paar radikale Landplagen kommen herein mit fließenden Krawatten und fließenden moralischen Grundsätzen und gehen von Tisch zu Tisch und behaupten, Baudelaire habe recht gehabt mit seiner Forderung, man solle sich, woran auch immer, berauschen.

Hippolite Havel unterstützt Baudelaire ein bißchen besser als jeder andere und hält dabei gleichzeitig aufrecht, was sowieso nichts völlig vergessen machen kann – daß die Bildung infolge vieler harter Püffe zu geistreichelnder Scharlatanerie verflacht ist.

Da gibt es die Abende in den Studios, wo blaue und gelbe Kerzen ihr heißes Wachs über Dinge gießen, die aus Elfenbein und Jade sind. Weihrauch kräuselt sich aus einem Marmeladenglas; an den Wänden japanische Drucke.

Hier ein Tupfer Purpurrot, dort ein goldener Wandschirm, ein schwarzer Teppich, ein silberner Vorhang, ein achtlos hingeworfener Gobelin, eine Nummer von ›Rogue‹ auf einem niedrigen Tischchen, die bei dem Gedicht von Mina Loy aufgeschlagen ist. Eine Blume in einer Vase mit drei Pinseln; eine Ausgabe von Oscar Wilde, schmuddelig von sozialistischen Daumen. Eine Zigarettenschachtel, ein paar bemalte Fächer, erlesene Weine (das in der Bleibe der Wohlhabenderen).

Und dann – ein kleines Schlafkämmerchen unter der Dachschräge, ein schmutziger Teppich, der in Fetzen geht; ein schmales Feldbett mit einer schmutzigen Decke. Eine kaputte Rasierschale mit einer Blume darin, ein Druck von einem Druck an der Wand, ein in die Ecke geworfenes Handtuch, ein ältliches Brötchen und eine halbleere Teetasse. Eine Umzugskiste mit einer Schreibmaschine, ein paar ungereimte Verse, eine Nummer einer billigen Zeitschrift mit einem Namen im Inhaltsverzeichnis, der identisch ist mit dem Namen am Kopf des Blattes in der Schreibmaschine. Ein Hauch von Weihrauch, vielleicht vom Treppenabsatz im Stockwerk darunter, wo die Miete höher ist, vielleicht vom letzten Vierteldollar gekauft. Ein Paar zerrissener Schuhe, der Körper eines Mannes auf dem Bett, der die Arme wegstreckt und langsam den schweren Atem der Unterernährten ausstößt.

Dann sind da die Theater, die aus dem Boden geschossen sind, die Washington Square Players mit einem Mietvertrag bei der Comedy und jetzt die Provinctown Players in einem Raum gleich neben dem Liberal Club – der, Liberalität hin oder her, doch so ganz nebenbei ein paar Pokerspieler hinausgeworfen hat – und da sind noch andere mehr.

An Lädchen sind zu nennen: Daisy Thompson's, der Jolin Shop, die Treasure Box (jemand hat sich dort Jaderinge genommen – falls derjenige das liest, bitte zurückgeben!), Helena Daytons Tonfiguren kann man in einigen dieser Läden kaufen, die von Clara Tice in wieder anderen.

Und ganz am Schluß, wenn alle anderen schließen und die Stühle auf die Schöße der Tische geschoben werden und die Lichter ausgehen – insgesamt 111 –, dann gibt es ja immer noch das Hell Hole Ecke Fourth Street und Sixth Avenue. Ein Türschlitz, ein Gesicht, das einem ins Gesicht starrt, das schmutzige Hinterzimmer mit seinen aus der Zeitung ausgeschnittenen Damen in knapp gehaltener Unterwäsche, die Männer an den Tischen, die intime Atmosphäre, die schmutzigen Gesichter, die unsauberen Witze, das Sichhineinverirren farbiger Frauen und Männer – ein farbiges Liebchen mit einem Lächeln im Gesicht wie eine Klaviertastatur in der dunklen Nacht... Komplimente von ihm, zuerst Verlegenheit auf ihrer Seite, dann Gefiederspreizen, das in kokettem Abgang endet. Das Stumpfwerden, das Absacken, tiefer und tiefer, in einen grauen betrunkenen Schlaf, das stille, schale Bier, die dicke Luft, die reglosen Leiber – Tageslicht.

Die kleine Komödie des Lebens: die große Tragödie der Komödie, Bohèmenacht, Washington-Square-Tag. Melancholie, das einzige Zeichen der Treue zu etwas, an das sie früher einmal glaubten. Ein paar Freunde, ein Schatz, der mit zwei vorgetäuschten Feuern spielt. Wirkliche Dinge, die schön sind, auf gräßliche Weise vermischt mit dem, was nur Imitat ist. Ein herrliches, schreckliches Haschée auf dem Tisch des Lebens. Und der Fächer fächelt immer weiter durch die Welt und worfelt Weizen von Spreu. Und weil die Spreu leichter ist, fliegt sie immer höher und höher und dreht sich und glänzt in der Sonne und tanzt einen Augenblick lang einen verrückten wilden Tanz – einen Tanz, der den Blick vom Korn ablenkt, das da in einem stillen, fruchtbaren Haufen liegt. Doch die Spreu tanzt langsamer und langsamer und sinkt und sinkt immer tiefer hinab ..., fliegt außer Sicht..., hat niemals existiert.

Gewiß, am Morgen wird es dann wieder lustig sein, wenn der Morgen um vier Uhr nachmittags beginnt oder vielleicht schon um elf. Es wird die gelegentlich stattfindenden Bälle geben, die Tanzveranstaltungen in den Clubs, die Essen in den Eßlokalen, die Theaterverabredungen, die gemeinsamen Kinobesuche; den Schwatz am Abend über Kunst und Leben, die Theorien, die so alt sind wie die Hügel, und die neuesten Spinnereien, die kleinen Ausflüge der Innenausstatter stadtaufwärts, bei denen es um eine Farbschattierung für einen Stuhl oder die Farbzusammenstellung für ein Atelier geht. Anton Hellman, der die Stuhlbeine umkreist, um ihren Farbton festzulegen, wie Ziegfeld die Beine seiner Tanztruppe arrangiert. Die

Besitzer der italienischen Restaurants werden ihre Tomatensauce für die abendlichen Spaghetti-Runden zusammenrühren. Studenten werden sich im Park versammeln. Irgendwo außerhalb des Geratters der Straßenbahnen wird man den durchdringenden, hohen Ruf kleiner Schuhputzerjungen hören: »Blanke Schuhe, Mister, blanke Schuhe, nur drei Cent!« Die Polizisten werden ihre Gummiknüppel schwingen und paarweise schwatzend an den Mews vorbeischlendern. Die Blätter rascheln unter dem Fuß, das Gras stirbt, die Vögel werden seltener und seltener. Die endlosen Scharen der ›Slumgänger‹, die nach bunten Perlen und schwarzen Troddeln Ausschau halten, werden sich verlaufen. Ein, zwei Kerzen werden in einem nach Süden gehenden Atelierfenster schimmern. Scheppernde Musik wird aus einem offenen Fenster dringen, das Weinen eines Babys in einem Wohnhaus, das Klacken einer Schreibmaschine in einem Souterrain, und dann werden die Bewohner des Village zu ihren bevorzugten Eßlokalen eilen; erneut die Zigaretten, erneut die Runde Drinks, erneut die Heiterkeit, ein paar gescheite Witze, ein Scherz über die freie Liebe – Nacht.

Und in dem Zimmerchen, wo der König gelegen und ins Gesicht der Jungfrau gestarrt hatte, da steht er jetzt hinter seinen Gitterstäben, ausgehfertig, auf dem Weg ins lärmende Gewühl, das eben eingesetzt hat, und der König geht in seinen Tag hinaus – hmm, ja, denn der König hat seine Erkältung vergessen.

*New York Morning Telegraph Sunday Magazine, 19. November 1916*

Aus: Djuna Barnes, New York. Geschichten und Reportagen aus einer Metropole.


**Das Lebenselixier der Bohème ist der Reiz. Die tägliche Dosis des Außergewöhnlichen, ohne die kein Leben in festgefügten Gewohnheiten vorstellbar ist. Die Bohème zelebriert, was sie an anderen verachtet: das Ritual, also die Fähigkeit, Oberfläche wie Tiefe und Betriebsamkeit wie Leidenschaft aussehen zu lassen. Was Djuna Barnes im New York des Jahres 1916 beobachtete, hat sich seine Gültigkeit bis heute erhalten. Wer es nicht glauben will, vereinbare einen Lokaltermin mit der deutschen Toscana-Fraktion der achtziger Jahre. So läßt sich schnell**

begreifen, weshalb ein Kellner, und erst recht ein Barkeeper, nicht umstandslos zum Bohemien werden kann. Er verkörpert zu sehr das Gegenbild, die Macht, die nicht auf inszenierter Selbstgefälligkeit, sondern auf kalkulierten Gewohnheiten fußt. Der Bohemien wechselt beharrlich sein Rollenkostüm, ohne den Part, den er im großen Gesellschaftsspiel einnimmt, begreifen zu wollen. Jeder gute Barkeeper hat ihm eines voraus: Er hat seine Rolle verstanden.

Wahrscheinlich liegt darin der Grund, weshalb aus der Affinität, die es zwischen den Gästen und einem Barmann zweifelsfrei gibt, so selten Freundschaft entsteht. Es bleibt bei dem, was wir uns prosaisch ein Dienstleistungsverhältnis zu nennen angewöhnt haben. Wobei der Dienst, den der Gast dem Barmann erweist (und erst recht dem Besitzer der Bar), schwerer in die Waagschale fällt. Die Gäste, diese Abgesandten einer um sich selbst kreisenden Gesellschaft ohne dauerhafte Identität, bestätigen dem Personal, das ihnen zu Diensten steht, daß einzig dieses über die Kompetenz geregelten Handelns verfügt. In ihr hat sich, wie von Djuna Barnes mitgeteilt, die individuelle Seele ihren Rückraum geschaffen.

Man kann in dieser Kompetenz, zu der ungeteilte Aufmerksamkeit so sehr wie eine gewisse Verachtung des Gegenübers gehört, noch einmal dem schon verlorengeglaubten Ethos der gestaltenden Arbeit begegnen. Der Barkeeper ist ein Handwerker sui generis, ausgestattet mit Professionalität, die sich erlernen läßt, mit der Gabe der Improvisation, mit dem Vermögen, Menschenkenntnis für sich zu erwerben und Distanz zu wahren, weil der Geschäftsgang diese erfordert. Zu große Nähe endet zwangsläufig in Kumpanei. Wer letztere sucht, sollte Bars (und das Bordell) meiden und seine Aktivität in Kneipen verlegen. Nur dort, wo auch der Stammtisch seinen Ort hat, steht man ihm auf jede erdenkliche Weise zu Diensten. Es spricht nichts dagegen, daß ein Barmann die Bedürfnisse und Neigungen seiner Stammgäste kennt. Daß er imstande ist, ihnen schon vor der Bestellung den Drink ihrer Wahl zu servieren. Daß er ins Gespräch mit ihnen kommt, daß er ihnen die Beichte abnimmt, gehört zu seinem Beruf. Nur die Absolution sollte er nicht erteilen, ihr Therapeut sollte er nicht sein. Einzig das Ritual kann vom Seelenunheil entlasten, und die Substanz, die in den Gläsern gereicht wird.

An der Bar scheiden sich die Geister. Sie ist eine Heimat mit Grenzen. Das Gespür für Grenzen, das man in ihr erwirbt, schärft den Verstand. Aus exakt diesem Grund hält es die Bohemiens nie länger als eine Saison an einem Ort. In der Phrase vom angesagten Lokal verbirgt sich bereits die Formel für die Absage. Manchmal gelingt es einem der flüchtigen Besucher, die Reife des Gastes zu erlangen. Dann hat er seine Rolle gefunden. Alle anderen bleiben auf der Suche nach ihr.

## MANHATTAN (DRY)

4 cl Canadian Whiskey
3 cl Dry Vermouth
1 Spritzer Angostura

Die Zutaten in einem Mixglas kräftig rühren und in ein gekühltes Cocktailglas gießen. Mit einer Zitronenschale abspritzen.

## OLD FASHIONED

6 cl Bourbon
1 Spritzer Angostura
1 Zuckerwürfel
½ Orangenscheibe
½ Zitronenscheibe
Soda

Den mit Angostura getränkten Zuckerwürfel auf dem Boden eines Oldfashioned-Glases mit dem Barlöffel zerdrücken, Orangen- und Zitronenscheibe hinzufügen, Bourbon aufgießen, mit Eiswürfeln versetzen und gut rühren. Nach Bedarf mit einer Orangen- oder Zitronenscheibe und einer Cocktailkirsche garnieren.

## WHISKEY SOUR

siehe Seite 164

## SIDECAR

4 cl Cognac oder Armagnac
2 cl Triple Sec (Cointreau)
2 cl Zitronensaft

Die Zutaten im Shaker auf Eis gut schütteln und in ein gekühltes Cocktailglas gießen.

## SINGAPORE SLING

6 cl Gin
2 cl Cherry Brandy
Saft einer halben Zitrone
1 Spritzer Grenadine
1 Teelöffel Puderzucker
Soda

Gin, Zitronensaft und Zucker im Shaker auf Eis schütteln und in ein zur Hälfte mit Eis gefülltes Longdrink-Glas abseihen. Mit Soda auffüllen und den Cherry Brandy auf der Oberfläche verfließen lassen. Nach Bedarf mit einer Zitronenscheibe oder einer Cocktailkirsche garnieren.

# Vor dem Erwachen

Es war fünf Uhr an einem nassen Märzabend, als er in meinen auf den Hund gekommenen Intelligenz-Kaufladen gestapft kam. Er sah verändert aus. Älter, sehr nüchtern und gesetzt und wundervoll ruhig. Er sah aus wie jemand, der gelernt hatte, mit dem Strom zu schwimmen. Er trug einen austerweißen Regenmantel und Handschuhe und keinen Hut, und sein weißes Haar war so glatt wie eine Vogelbrust.

»Gehn wir in irgendeine stille Bar und trinken da einen«, sagte er, als wäre er erst vor zehn Minuten zum letztenmal dagewesen. »Das heißt, natürlich nur, wenn Sie Zeit haben.«

Wir gaben uns nicht die Hand. Das taten wir nie. Engländer schütteln sich nicht fortwährend die Hände, wie das die Amerikaner machen, und obwohl er kein Engländer war, hatte er doch einige recht englische Angewohnheiten.

Ich sagte: »Da können wir vorher bei mir vorbeifahren und Ihren phantastischen Koffer holen. Er liegt mir irgendwie auf der Seele.«

Er schüttelte den Kopf. »Es wäre nett von Ihnen, wenn Sie ihn für mich aufheben würden.«

»Wieso?«

»Ich folge da einfach so einem Gefühl. Stört Sie das? Der Koffer ist so etwas wie eine Verbindung mit der Zeit, wo ich noch kein nichtsnutziger Tagedieb war.«

»So ein Quatsch«, sagte ich. »Aber das ist Ihre Sache.«
»Wenn er Sie etwa stört, weil Sie glauben, er könnte gestohlen sein –«
»Das ist ebenfalls Ihre Sache. Gehn wir einen trinken.«
Wir gingen zu Victor. Er fuhr mich in einem rostroten Jowett Jupiter mit hauchdünnem Tuchverdeck, unter dem nur grad für uns beide Platz war. Die Polsterung war aus hellem Leder, und die Armaturen wirkten wie aus Silber. Ich bin wahrhaftig kein großer Autonarr, aber dies verdammte Ding ließ mir doch ein bißchen das Wasser im Munde zusammenlaufen. Er sagte, der zweite ginge bis hundert. Der Schaltknüppel war klein und gedrungen und reichte ihm kaum bis ans Knie.
»Vier Gänge«, sagte er. »Eine Automatik, die bei so einer Kiste funktioniert, hat man noch nicht erfunden. Praktisch braucht man auch gar keine, Sie können im dritten sogar bergauf starten, und höher, als der reicht, kommt man im Verkehr sowieso nie.«
»Kleines Hochzeitsgeschenk?«
»Bloß so eine Gelegenheit. Mitbringsel vom Einkaufsbummel, zufällig im Schaufenster gesehen. Ich werde ganz schön gefüttert.«
»Nett«, sagte ich. »Wenn kein Preisschild dranhängt.«
Er warf mir einen kurzen Blick zu und richtete seine Augen dann wieder auf das nasse Pflaster. Doppelte Wischer rauschten weich über die kleine Windschutzscheibe. »Preisschild? Ein Preisschild hängt immer dran, alter Freund. Denken Sie vielleicht, ich bin nicht glücklich?«
»Pardon. Ich bin aus der Rolle gefallen.«
»Ich bin reich. Wer zum Teufel will da noch glücklich sein?« In seiner Stimme lag eine Bitterkeit, die mir neu an ihm war.
»Wie steht's mit dem Trinken?«
»Allerbestens, alter Knabe. Aus irgendeinem kühlen Grunde scheine ich das Zeug auf einmal vertragen zu können. Aber genau kann man das nie wissen, oder?«
»Vielleicht sind Sie überhaupt nie wirklich betrunken gewesen.«
Wir saßen bei Victor in einer Ecke der Bar und tranken Gimlets. »Die haben keine Ahnung, wie man die macht«, sagte er. »Was die hier einen

Gimlet nennen, ist einfach Zitronen- oder Limettensaft mit Gin und einem Schuß Zucker und Bitterbier. Richtiger Gimlet besteht zur einen Hälfte aus Gin und zur anderen aus Roses Limettensaft und aus sonst nichts. Aber das schlägt sämtliche Martinis haushoch.«

»Ich bin mit Drinks nie besonders heikel gewesen. Wie sind Sie denn mit Randy Starr zurande gekommen? In meinen Kreisen gilt er als ziemlich rauhe Type.«

Er lehnte sich zurück und blickte nachdenklich. »Das wird er wohl auch sein. Ich glaube, das sind sie alle. Aber ihm merkt man's nicht so an. Ich könnte Ihnen in Hollywood ein paar Burschen aus derselben Branche nennen, die ganz anders einen draufmachen. Randy ist nicht so. In Las Vegas ist er ein ehrbarer Geschäftsmann. Sie müssen mal bei ihm reinschauen, wenn Sie das nächstemal da sind. Bestimmt freunden Sie sich mit ihm an.«

»Nicht allzu wahrscheinlich. Ich hab für Ganoven nichts übrig.«

»Ach, das ist bloß ein Wort, Marlowe. Wir leben nun mal in so einer Welt. Zwei Kriege haben sie uns eingebrockt, und jetzt hängt sie uns an. Randy, ich und noch ein anderer Bursche, wir haben zusammen mal in der Patsche gesessen. So was verbindet irgendwie.«

»Warum haben Sie ihn dann nicht um Hilfe gebeten, als Sie's so nötig hatten?«

Er trank sein Glas aus und winkte dem Kellner. »Weil er's nicht hätte abschlagen können.«

Der Kellner brachte frische Drinks, und ich sagte: »Das ist alles Blabla für mich. Wenn der Kerl Ihnen zufällig was schuldig war, sehn Sie's doch mal von seinem Standpunkt. Er hätte liebend gerne die Gelegenheit ergriffen, ein bißchen was zurückzuzahlen.«

Er schüttelte langsam den Kopf. »Ich weiß, Sie haben ja recht. Und ich habe ihn ja auch um eine Stellung gebeten, ganz klar. Aber in der habe ich dann gearbeitet, solange ich sie hatte. Um einen Gefallen bitten oder ein Almosen, nein, das geht nicht.«

»Aber von einem Fremden nehmen Sie sowas an.«

Er sah mir gerade ins Gesicht. »Der Fremde kann weitergehen und so tun, als hätte er nichts gehört.«

Wir tranken jeder drei Gimlets, allerdings keine doppelten, und sie machten ihm nicht das mindeste aus. Ein richtiger Säufer hätte bei der Menge jetzt richtig angefangen. In der Beziehung war er also wohl kuriert.

Dann fuhr er mich zurück ins Büro.

»Wir haben um viertel nach acht ein Essen«, sagte er. »Nur noch Millionäre können sich das leisten. Nur noch Millionärsdiener lassen sich das gefallen heutzutage. Kommen massenhaft nette Leute hin.«

Von da an wurde es bei ihm eine Art Gewohnheit, so um fünf herum hereinzuschauen. Wir gingen nicht immer in dieselbe Bar, aber öfter zu Victor als anderswo hin. Vielleicht war das Lokal mit irgendeiner Erinnerung für ihn verknüpft, von der ich nichts wußte. Er trank nie über den Durst, und das überraschte ihn selbst.

»Es muß so etwas sein wie das Tertianfieber«, sagte er. »Wenn's einen packt, ist's schlimm. Hat man's aber nicht, ist es so, als hätte man's überhaupt nie gehabt.«

»Was mir nicht in den Kopf will, das ist, wieso ein Bursche mit Ihren Privilegien Gefallen daran findet, mit einem heruntergekommenen Privatschnüffler trinken zu gehen.«

»Machen Sie jetzt auf die bescheidene Tour?«

»Nö. Ich bin bloß ein bißchen von den Socken. Ich hab bestimmt ja meine leidlich guten Seiten, aber wir leben ja doch nicht in derselben Welt. Ich weiß nicht mal, wo Sie eigentlich jetzt Ihr Zelt stehen haben, außer daß es in Encino ist. Aber danach kann ich mir ungefähr vorstellen, wie Ihr häuslicher Herd aussieht.«

»Ich habe keinen häuslichen Herd.«

Wir tranken wieder Gimlets. Das Lokal war fast leer. Es gab nur das übliche Häuflein Gewohnheitssäufer, das sich auf den Hockern an der Bar langsam in Stimmung brachte, die Sorte, die ganz langsam nach dem ersten Glas greift und sich dabei ängstlich auf die Tatterfinger sieht, damit ja kein bißchen überschwappt.

»Das kapiere ich nicht. Oder muß ich das?«

»Großer Aufwand, aber keine Story, wie man in der Filmbranche sagt. Ich könnte mir denken, daß Sylvia durchaus ganz glücklich ist, wenn auch nicht unbedingt mit mir. In unsern Kreisen ist das nicht allzu wichtig. Zu tun gibt es immer irgendwas, wenn man nicht arbeiten muß oder auf die Kosten sehen. Das macht zwar keinen richtigen Spaß, aber die Reichen wissen das nicht. Spaß haben die sowieso nie gehabt. Sie haben überhaupt nie einen richtig dringenden Wunsch, außer vielleicht nach irgendwem seiner Frau, und das ist ein ziemlich blasses Verlangen, verglichen mit der Art, wie eine Klempnersfrau sich neue Vorhänge fürs Wohnzimmer wünscht.«

Ich sagte nichts. Ich ließ ihn am Ball.

»Meist schlage ich die Zeit tot«, sagte er, »und sie stirbt sehr langsam und schwer. Ein bißchen Tennis, ein bißchen Golf, ein bißchen Schwimmen und Reiten, und das erlesene Vergnügen, Sylvias Freunden zuzusehen, wie sie bis zum Lunch aushalten, bevor sie sich hinhauen, um ihren Katzenjammer auszuschlafen.«

»An dem Abend, als Sie nach Vegas fuhren, hat sie gesagt, sie mag Betrunkene nicht.«

Er grinste verzerrt. Ich hatte mich so an sein vernarbtes Gesicht gewöhnt, daß ich es nur noch wahrnahm, wenn irgendein Ausdruckswechsel die halbseitige Starre unterstrich.

»Sie meinen Betrunkene ohne Geld. Mit Geld sind sie bloß handfeste Trinker. Wenn die auf die Veranda kotzen, ist das lediglich ein Problem für den Butler.«

»Das Ganze war ja doch wohl freiwillig für Sie. Sie mußten nicht unbedingt.«

Er leerte sein Glas mit einem Zug und stand auf. »Ich muß sausen, Marlowe. Außerdem langweile ich Sie und langweile mich, weiß Gott, auch selber.«

»Mich langweilen Sie nicht. Ich bin ein geübter Zuhörer. Früher oder später kann ich mir vielleicht mal einen Reim darauf machen, warum Sie sich so als Schoßhündchen mit goldenem Halsband gefallen.«

Er berührte sanft mit einer Fingerspitze seine Narben. Ein fast abwesendes kleines Lächeln trat auf sein Gesicht. »Sie sollten sich lieber fragen, wieso sie mich um sich haben will, nicht aber, warum ich dort bin und geduldig auf meinem Atlaskissen warte, daß mir der Kopf gekrault wird.«

»Sie mögen eben Atlaskissen«, sagte ich und stand auf, um mit ihm zusammen zu gehen. »Sie mögen seidene Laken und Klingeln, auf die man nur zu drücken braucht, und einen Butler, der sofort mit devotem Lächeln angehuscht kommt.«

»Könnte wohl sein. Ich bin in einem Waisenhaus in Salt Lake City aufgewachsen.«

Wir gingen hinaus in den müden Abend, und er sagte, er wolle zu Fuß gehen. Wir waren in meinem Wagen gekommen, und dies eine Mal war ich sogar schnell genug gewesen, mir die Rechnung zu grabschen. Ich sah ihm nach, bis er außer Sicht war. Das Licht eines Schaufensters traf einen Augenblick lang den Schimmer seines weißen Haars, als er im leichten Nebel verblaßte und entschwand.

Betrunken gefiel er mir besser, fix und fertig, hungrig und erschöpft und stolz. Oder stimmte das gar nicht? Vielleicht gefiel ich mir bloß in der Rolle des Überlegenen. Es war nicht einfach, sich seine Beweggründe bei der ganzen Geschichte vorzustellen. In meiner Branche gibt es eine Zeit, wo man Fragen stellt, und eine Zeit, wo man seinen Mann schmoren läßt, bis er überkocht. Das weiß jeder Bulle, der ein bißchen was kann. In gewisser Hinsicht ist das wie beim Schach oder beim Boxen. Manche Leute muß man dauernd reizen und aus der Deckung locken. Manchen dagegen versetzt man einfach einen gezielten Schlag, und den Rest bis zum K.o. besorgen sie dann selber.

Er hätte mir seine ganze Lebensgeschichte erzählt, wenn ich ihn gefragt hätte. Aber ich fragte ihn nie auch nur, wie er zu seinem demolierten Gesicht gekommen war. Hätte ich's getan und hätte er's mir erzählt, so wären möglicherweise ein paar Menschen mit dem Leben davongekommen. Möglicherweise nur, mehr nicht.

Es war im Mai, als wir zum letztenmal zusammen in einer Bar bei einem Drink saßen, und es war früher als gewöhnlich, kurz nach vier Uhr. Er sah müde aus und magerer, aber er blickte sich mit einem gelassenen Lächeln des Behagens um.

»Diese Bars, so kurz nachdem sie aufgemacht haben für den Abend – da fühle ich mich richtig wohl. Wenn die Luft drinnen noch kühl ist und rein und alles glänzt und der Barmann seinen letzten Blick in den Spiegel wirft, um zu sehen, ob seine Krawatte auch grade sitzt und sein Haar schön glatt. Ich mag die sauberen Flaschenreihen auf dem Regal hinter der Theke und die blitzblanken Gläser und die ganze Erwartung, die darüber liegt. Ich sehe dem Mann gerne zu, wie er den ersten des Abends mixt und ihn auf einen frischen Untersatz stellt und die kleine gefaltete Serviette daneben legt. Ich liebe es, den ganz langsam dann zu kosten. Der erste stille Drink des Abends in einer stillen Bar – das ist was Wundervolles.«

Ich war ganz seiner Ansicht.

»Mit dem Alkohol ist es wie mit der Liebe«, sagte er. »Der erste Kuß ist magisch, der zweite vertraut, der dritte schon Routine. Danach dann zieht man das Mädchen aus.«

»Ist das so schlimm?« fragte ich ihn.

»Es ist ein in hohem Grade erregendes Gefühl, aber zugleich auch ein irgendwie unreines – unrein im ästhetischen Sinne. Ich bin durchaus kein Sexverächter. Sex ist notwendig, und er muß nicht häßlich sein. Aber er hat doch immer irgendwas von Veranstaltung an sich. Sein Nimbus ist das Produkt einer Billionen-Dollar-Industrie, und das zieht einen denn auch buchstäblich aus bis aufs Hemd.«

Er sah sich um und gähnte. »Ich habe nicht besonders gut geschlafen. Es ist nett hier drinnen. Aber nach einer Weile werden die ordinären Saufköppe das Lokal überschwemmen, und dann geht das laute Reden los und das Gelächter, und die gottverdammten Weiber fangen an, mit den Händen zu fuchteln und sich die Augen zu verrenken und mit ihren gottverdammten Armbändern zu klimpern und sich ihren wohlverpackten

Charme aufzuschminken, der dann später am Abend einen leichten, aber unverkennbaren Schweißgeruch haben wird.«
»Nehmen Sie's nicht so tragisch«, sagte ich. »Immerhin sind das doch menschliche Züge: sie schwitzen, sie werden dreckig, sie müssen mal unter die Dusche. Was hatten Sie denn erwartet – goldene Schmetterlinge, die durch rosige Nebel schweben?«
Er leerte sein Glas und hielt es umgedreht in der Hand und sah zu, wie sich am Rand ganz langsam ein Tropfen bildete und dann erzitterte und fiel.
»Mir tut's leid um sie«, sagte er langsam. »Sie ist einfach durch und durch ein Biest und ein Flittchen. Könnte sein, daß ich sie irgendwo auch wieder ziemlich gern habe. Eines Tages wird sie mich brauchen, und dann werde ich der einzige in ihrer Nähe sein, der keinen Schürhaken in der Hand hat. Aber höchstwahrscheinlich werde ich dann haushoch versagen.«
Ich sah ihn nur an. »Sie legen sich ja ganz schön ins Zeug heute, um sich zu verkaufen«, sagte ich nach einem Augenblick.
»Ja, ich weiß wohl. Ich bin ein schwacher Charakter, ohne Mumm und Ehrgeiz. Ich habe den Bronzering erwischt, und es hat mir einen Schock versetzt, als ich feststellte, daß er nicht aus Gold war. Ein Bursche wie ich hat im Leben nur einen einzigen großen Moment, wo er Schwung genug kriegt, um am Hochtrapez die perfekte Welle zu schaffen. Den Rest seiner Zeit verbringt er dann mit dem Versuch, nicht vom Gehsteig in die Gosse zu rutschen.«
»Wen soll denn das nun wieder streicheln?« Ich zog eine Pfeife heraus und begann sie zu stopfen.
»Sie hat Angst. Sie hat eine Heidenangst.«
»Wovor?«
»Weiß ich nicht. Wir reden nicht mehr viel miteinander. Vielleicht vor ihrem alten Herrn. Harlan Potter ist ein kaltherziger Lump. Nach außen ganz viktorianische Würde. Innerlich aber so grausam wie die Gestapo. Sylvia ist ein Luder. Er weiß das, und es stinkt ihm, und er kann nichts dagegen tun. Aber er wartet und sieht zu, und wenn Sylvia mal in einen richtig großen Skandal gerät, dann wird er sie in zwei Stücke reißen und die beiden Hälften tausend Meilen voneinander entfernt vergraben.«

»Sie sind doch ihr Mann.«

Er hob das leere Glas und ließ es schwer auf die Tischkante niederfallen. Es zersprang mit scharfem Knall. Der Barmann starrte herüber, sagte aber nichts.

»So ist es, alter Freund. Genau so. O ja, klar ich bin ihr Mann. So steht's in den Papieren. Ich bin die drei weißen Stufen und die große grüne Haustür und der Messingklopfer, mit dem man einmal kurz und zweimal lang draufhaut, damit das Mädchen einen reinläßt in den Hundert-Dollar-Puff.«

Ich stand auf und warf Geld auf den Tisch. »Sie reden ganz entschieden zuviel«, sagte ich, »und ganz entschieden zuviel über sich selber. Bis später.«

Ich ging hinaus und ließ ihn dort sitzen, bestürzt und mit weißem Gesicht, soweit ich bei dem Licht, das sie in solchen Bars haben, sehen konnte. Er rief mir irgendetwas nach, aber ich ging weiter.

Zehn Minuten später tat es mir leid. Aber zehn Minuten später war ich längst anderswo. Er kam nie mehr ins Büro zu mir. Überhaupt nie mehr, kein einziges Mal. Ich war ihm an eine Stelle gekommen, wo es wehtat.

Einen Monat lang sah ich ihn nicht wieder. Als ich ihn dann wiedersah, war es fünf Uhr in der Frühe, und es wurde gerade langsam hell. Das hartnäckige Klingeln an meiner Haustür riß mich aus dem Bett. Ich tappte die Halle hinunter und durch das Wohnzimmer und öffnete. Er stand da und sah aus, als hätte er eine Woche lang nicht geschlafen. Er hatte einen leichten Mantel an und den Kragen hochgeschlagen, und er schien zu zittern. Sein dunkler Filzhut war tief über die Augen gezogen.

Er hatte einen Revolver in der Hand.

Aus: Raymond Chandler, Der lange Abschied. Aus dem Amerikanischen von Hans Wollschläger.


**»Der Kriminalroman«, so Raymond Chandler in einem 1949 geschriebenen Text, »muß in Hinblick auf Gestalten, Schauplatz und Atmosphäre realistisch sein. Er muß von wirklichen Menschen handeln, die in einer wirklichen Welt leben. Je übertriebener die Grundvoraussetzungen sind, desto nüchterner und genauer müssen die Vorgänge geschildert sein, die sich daraus entwickeln.«**

Auf das Geschehen in ›Victor's Bar‹ übertragen, bleiben da doch ein, zwei Fragen. Es könnte ja leicht einem einfallen, den Realitätsgehalt des Romans ›Der lange Abschied‹ einfach an dem zu messen, was dort über einen Gimlet und seine Zubereitung mitgeteilt wird. Chandler hat das wohl geahnt und aufkommende Experimentierfreude mit einem Satz aus dem Mund Philip Marlowes gleich wieder einzuschränken versucht: »Ich bin mit Drinks nie besonders heikel gewesen.«

Gut gegeben von einem, der darauf insistiert, daß die Schriftstellerei ein Handwerk mit bestimmten Regeln ist und eine Kunst, die darin besteht, daß man manchmal gezielt gegen diese Regeln verstößt. Ein Gimlet aus je zur Hälfte Gin und Rose's Lime Juice zum Beispiel läßt sich ganz brauchbar lesen, aber keinesfalls trinken. In einem Verzeichnis der flüssigen Süßspeisen fände eine solche Mixtur vielleicht ihren Platz. Von einem englischen Verehrer nach den Gewohnheiten von Philip Marlowe befragt, hat Chandler dies mitgeteilt: »Er trinkt praktisch alles, was nicht süß ist.«

Wer Literaten in die Bücherwelt ihrer Obsessionen folgt, bekommt es mit der Wirklichkeit des Theaters zu tun. So wenig, wie die Beschläge einer auf eine Kulissenwand gemalten Tür den Belastungen ernsthafter Inanspruchnahme standhalten können, so wenig eignet sich ein Drink, der in einem Roman gereicht wird, umstandslos zum Verzehr. »Die simple Kunst des Mordes« hat Chandler ganz folgerichtig sein Verfahren genannt. Es lebt von der Reduktion, also davon, daß sich der Autor, bei aller Genauigkeit der die Handlung vorantreibenden Details, an anderer Stelle charakteristische Unschärfen gestattet. Er entwirft die Dekoration für ein Schauspiel, von dem bekannt ist, daß, selbst wenn dort Gift gereicht wird, das Leben und Sterben auf der Bühne keinerlei Übereinstimmung mit dem Schicksal lebender Personen aufweist. Es gibt keine Währungseinheit in der Literatur, die sich als bare Münze in Umlauf bringen ließe, und keinen Rausch, der etwas anderes sein könnte als buchstabengetreu. Wer authentisch erfahren will, was die Fiktion vorschreibt, dem bleibt nur der Weg in eine wirkliche Bar.

## GIMLET

Zutaten im Shaker auf Eis gut schütteln, in ein gekühltes Cocktailglas abgießen.

5 cl Gin
3 cl Rose's Lime Juice
Saft einer halben Zitrone

## GIN FIZZ

Zutaten im Shaker auf Eis gut schütteln. In ein mit Eiswürfeln gefülltes Longdrink-Glas abgießen, mit Sodawasser auffüllen.

4 cl Gin
Saft einer halben Zitrone
1 Teelöffel Puderzucker
Sodawasser

## ORANGE BLOSSOM

Zutaten im Shaker auf Eis gut schütteln, in ein gekühltes Cocktailglas abgießen.

4 cl Gin
4 cl Orangensaft
1 Messerspitze Puderzucker

## BRONX

Die Zutaten im Shaker auf Eis schütteln und in ein gekühltes Cocktailglas gießen.

6 cl Gin
3 cl Dry Vermouth
3 cl Orangensaft

## DEMPSEY

Zutaten im Shaker auf Eis gut schütteln, in ein gekühltes Cocktail-Glas abgießen.

3 cl Gin
3 cl Calvados (oder Applejack)
½ Teelöffel Anis (Pernod)
½ Teelöffel Grenadine

## WHITE LADY

5 cl Gin
2 cl Triple Sec (Cointreau)
Saft einer halben Zitrone
1 Teelöffel Puderzucker
1 Eiweiß

Zutaten im Shaker auf Eis gut schütteln, in ein gekühltes Cocktailglas abgießen.

## SINGAPORE SLING

siehe Seite 32

# Herzen im Schnee

Drei Tage später kam Regina an. Sie hatte in den letzten Jahren immer über die Feiertage ein Zimmer hier oben gemietet, angeblich ihrer Gesundheit wegen, zum Langlaufen und zwecks Tapetenwechsel, aber eigentlich ging es ihr nur darum, vor den sexbesessenen Einsiedlern, die das ganze Jahr zwischen Kiefern und Sequoien verbrachten, ihren stretchbehosten Hintern herumzuzeigen. Sie war Zahnarzthelferin aus Los Angeles. Ihr Gebiß war perfekt, sie lächelte ununterbrochen, und zwar mit dem Gleichmut der Mona Lisa, und sie trug die Sorte Büstenhalter, die in den fünfziger Jahren populär waren – die Sorte, die ihre Brüste durch den Skipullover trieb wie Atomsprengköpfe. Es war bekannt, daß sie gelegentlich mit einem Touristen ins Bett ging oder mit einem vom Glück begünstigten Einheimischen, wenn ihr der Sinn danach stand, aber im Grunde war sie auf Marshall scharf. Zwei Wochen lang zu Weihnachten und dann noch einmal eine Woche über Ostern war sie Stammgast in seiner Kneipe, wurde ebenso Teil der Dekoration wie das Elchgeweih oder der ausgestopfte Bär, wenn sie im Norwegerpulli, roten Skihosen und Sealstiefeln auf ihrem Barhocker saß, einen Sektcocktail schlürfte und darauf wartete, daß er mit der Arbeit fertig war. Manchmal hielt sie nicht durch, und jemand anders schleppte sie ab, während Marshall grimmig von hinten aus der Küche zusah, meist aber blieb sie brav sitzen, wie eine Blume, die darauf wartet, ihre Blütenblätter abzuwerfen.

Als sie an jenem Nachmittag in diese weiße Welt hereinschneite, war es ein Vorgeschmack auf die guten Zeiten, die auf uns zukamen – Frauen aus der Stadt, Wochenend-Cowboys, Großmütter, Kinder, Hunde und Anwälte waren unterwegs, Weihnachtsbäume und -dekorationen wurden aufgebaut, das große Fest der gänsefressenden Christen stand dicht bevor. Ihr Honda mit den kleinen schneekettenbewehrten Rädern, die mich immer an Spielzeug erinnerten, rollte auf den schneeumfriedeten Parkplatz. Es war etwa vier Uhr nachmittags, der Himmel war von einem tristen Grau, und eine lockere Verwehung türmte sich langsam auf der Veranda auf. Dann kam sie herein, stampfte und schüttelte sich, die Strickmütze tief in die Stirn gezogen, und hielt sofort nach Marshall Ausschau.

Ich saß auf meinem Stammplatz, mit dem fünften Bier beschäftigt, der Scheck, den Marshall mir drei Tage zuvor mitgebracht hatte, war zu einem Drittel aufgebraucht, und ich rechnete mißmutig nach, daß ich bei diesem Tempo schon Weihnachten wieder pleite sein würde. Scooter stand hinter der Theke, und seine verwitwete Schwiegertochter Mae-Mae hockte mürrisch über einem Tom Collins drei Plätze neben mir. Mae-Mae hatte ihren Mann vor zwei Jahren an den Berg verloren (oder vielmehr an die Serpentinenstraße, die uns mit der Zivilisation verband und die sich, verräterisch wie ein Ziegenpfad im Himalaja, in nur vierzig Kilometern die 2200 Höhenmeter aus dem San-Joaquin-Tal bis zu uns heraufschlängelte), und seitdem hatte sie weder gelächelt noch ein Wort gesprochen. Sie war aus Thailand. Scooters Sohn, ein Vietnam-Held, hatte sie aus Südostasien mitgebracht. Wenn Jill frei hatte oder zu viele Touristen den Laden stürmten, kam Scooter von seiner Hütte bei Little Creek, in 1650 Meter Höhe gelegen, heraufgefahren und hängte seinen Skianorak im Hinterzimmer an den Haken, um Cocktails zu schütteln, zu rütteln und zu mischen. Er nahm dann immer Mae-Mae mit, damit sie aus dem Haus kam.

Scooter und ich hatten gerade mit Blick auf die bevorstehenden Football-Ausscheidungsspiele fachmännisch diverse Einzelfragen der Verteidigungs-

taktik diskutiert, als Reginas Honda auf den Platz rollte; nun brachen wir das Gespräch ab und sahen lieber mit offenem Mund zu, wie sie sich wie eine Go-Go-Tänzerin schüttelte, ihre Jacke aufknöpfte, um die zinnenartigen Brüste freizulegen, und es sich auf einem Barhocker bequem machte. Scooter schob sich das weiße Haar aus der Stirn und grinste sie breit an. »Naa«, sagte er und versuchte, sich an ihren Namen zu erinnern, »äh, äh, schön, Sie wiederzusehen.«
Sie strahlte ihn mit ihrem Fluorlächeln an, blickte an der geistesabwesenden Mae-Mae vorbei zu mir, der ich wie ein nervöser Hund nickte, dann wandte sie sich wieder an ihn. »Marshall hier?«
Scooter setzte sie davon in Kenntnis, daß Marshall unten im Tal ein paar Besorgungen machte, aber bis zum Abend zurück sein sollte. Und was wollte sie trinken?
Sie seufzte, schlug die Beine übereinander und zündete sich eine Zigarette an. Ihre Mütze paßte zu allem anderen – aus Skandinavien importiert und handgestrickt, die Wolle von den Trollen höchstpersönlich aus Barthaaren von Widdern gesponnen, zweihundert Kröten im Designer-Store. Oder so ähnlich. Die Mütze war grau, wie ihre Augen. Mit schwungvoller Gebärde nahm sie sie ab, fuhr sich durch das kurze schwarze Haar und bestellte einen Sektcocktail. Ich sah auf die Uhr.

Irgendwo hatte ich gelesen, daß in Alaska neunzig Prozent aller Erwachsenen Alkoholprobleme haben. Das konnte ich mir vorstellen. Schnee, Eis, Graupeln, Wind, die dunkle Nacht der Seele: Was sollte man schon sonst machen? Hier oben in den Bergen war es genauso. Big Timber war eine Ansammlung von vielleicht hundert weit verstreuten Hütten auf einem plateauartigen Gipfel in den südlichen Sierras. Die Hütten gehörten größtenteils Sommerfrischlern und Langlauf-Fans aus L.A. und San Diego, Gynäkologen, Bühnen-Agenten, Werbefritzen, Trinkern und Naturfreunden, der Rest einem harten Kern von siebenundzwanzig asozialen Typen, die diesen Ort das ganze Jahr über ihr Zuhause nannten. Ich gehörte zu den letzteren. Jill auch. Unter den übrigen fünfundzwanzig xenophoben Provinzlern fanden sich drei Frauen, davon waren zwei verheiratet, zudem ohnehin jenseits der Wechseljahre. Das einzige weitere weibliche Wesen war eine trunksüchtige Lyrikerin mit extremem Silberblick, die am äußersten Rand der Siedlung in der Hütte ihrer Eltern lebte und Männer haßte. Der Fernsehempfang ließ zu wünschen übrig, Radio gab es keins, und die nächstgelegene Bücherei war eine Einzimmer-Angelegenheit auf halbem Wege ins Tal, wo man sich mit drei Exemplaren der ›Dornenvögel‹ und den gesammelten Werken von Irving Wallace brüstete.

Also tranken wir.

Das gesellschaftliche Leben, soweit es eins gab, spielte sich rund um Marshalls Kneipe ab, die ihr gesamtes Angebot in einem einzigen riesigen Raum bereitstellte, von Hamburgern und Chili-Omeletts über Tabletten gegen Sodbrennen, Grippemittel und Dosen mit eingelegten Rüben bis zum Toilettenpapier, außerdem Alkohol, die Nähe anderer Menschen und die Gelegenheit, an den Hebeln eines Videospiels in der Ecke außerirdische Eindringlinge zurückzuschlagen. Jeden Freitag organisierte Marshall Familienmenüs, an Thanksgiving und zu Weihnachten veranstaltete er Truthahnfestessen, zu Silvester schmiß er eine Party, und während des langen, einsamen Winters hielt er die Bar auch an den Wochenenden offen, wobei er weniger an seinen Profit als an unsere geistige Gesundheit dachte. Zum Anwesen gehörten auch acht recht rustikale Hotelzimmer, die normalerweise nicht belegt waren, sich aber jetzt – mit dem Eintreffen von Boo, dessen Killerkollegen, Regina und mehreren anderen Touristen – allmählich füllten.

Am Tag, als Regina einrollte, hatte Jill das ausnahmsweise einmal gute Wetter ausgenutzt, um mit ihrem Kombi den Berg hinunterzukurven und Weihnachtseinkäufe zu erledigen. Eigentlich hätte ich mitfahren sollen, aber wir hatten Streit gehabt. Wegen Boo. Am Abend vorher war ich von meinem Nachmittagsspaziergang hereingekommen und hatte gesehen, wie Jill mit einem leeren Kuhaugenblick halb über der Theke lag, während ihr Boo aus etwa fünfzehn Zentimeter Entfernung sein Baritongesäusel ins Gesicht hauchte. Ich sah das, und dann sah ich auch, daß die Hände der beiden ineinander verschlungen waren, als wären sie beim Fingerhakeln oder so etwas. Marshall war in der Küche, Josh besorgte es dem Videospiel, und Scott hatte sich wohl auf sein Zimmer verzogen. »Hallo«, sagte Boo und drehte sich beiläufig zu mir um, »was tut sich so?« Jill warf mir einen trotzigen Blick zu, ehe sie sich losmachte und etwas planlos in der Kasse herumwühlte. Ich war in der Tür stehengeblieben und sagte gar nichts. *Wuschzz, wuschzz,* tönte das Videospiel, *pjing, pjing.* In der Küche ließ Marshall irgend etwas fallen. »Mach dem Mann da einen Drink, Schätzchen«, sagte Boo. Ich drehte mich um und ging hinaus.

»Verdammt, ich begreif dich nicht«, hatte Jill gemeint, als ich sie später von der Arbeit abholte. »Das ist doch mein Job, Mann. Was soll ich machen? Mir ein Schild um den Hals hängen, wo draufsteht: ›EIGENTUM VON M. KOERNER‹?«

Ich erwiderte, das hielte ich für eine ganz gute Idee.

»Hättest gar nicht herzufahren brauchen«, sagte sie. »Ich geh zu Fuß.«

»Und der Bär?« fragte ich, denn ich wußte, wie sehr sie der Gedanke an ihn erschreckte, wußte, daß es für sie entsetzlich war, die düsteren, nur vom Schnee erhellten Straßen entlangzugehen, weil sie Angst hatte, dem Vieh über den Weg zu laufen – ich wußte es und wollte, daß sie es zugab, daß sie mir sagte, sie brauche mich.

Doch sie sagte nichts weiter als: »Scheiß auf den Bären«, und dann war sie weg.

Jetzt bestellte ich ein weiteres Bier, schlenderte an der Theke entlang und setzte mich auf den Barhocker neben Regina. »Hallo«, sagte ich, »erinnern Sie sich an mich? Michael Koerner? Ich wohne oben hinter dem Haus von Malloy?«

Sie kniff die Augen zusammen und schenkte mir ein Lächeln, das ich bis tief hinunter in die entferntesten Zellen meines Fortpflanzungstraktes spürte. Ich war ihr nicht bekannter als irgendein chinesischer Landarbeiter, den man aufs Geratewohl aus der gesichtslosen Masse herausgeholt hat. »Sicher«, sagte sie.

Wir plauderten ein wenig. Wie glatt die Straßen doch waren – noch schlimmer als letztes Jahr. Ein wildgewordener Bär? Ach, wirklich? Und Marshall hatte jetzt einen Bart?

Ich hatte sie zu zwei Sektcocktails eingeladen und pflegte wieder einmal ein neues Bier, da kam Jill zur Tür hereingestürmt, die Arme mit glitzernd verpackten Paketen beladen. Sie strahlte vor Menschenfreundlichkeit und Festtagslaune; neben ihr zottelte Adrian her, der aussah, als wäre er eben vom fliegenden Rentier des Weihnachtsmannes abgestiegen. Falls Jill vom Anblick Reginas irritiert war – genauer gesagt davon, daß ich diesem Anblick so nahe und so mit ihm verknüpft war –, so ließ sie es sich keinen Moment anmerken. Die Pakete knallten dumpf auf die Theke, Scooter und Mae-Mae wurden mit fröhlichem Quietschen begrüßt, Regina umarmt – und ich ignoriert. Adrian ging direkt auf das Videospiel los, wobei er nur kurz haltmachte, um die sechs Vierteldollarmünzen einzustreichen, die ich ihm wie eine Opfergabe entgegenhielt. Jill bestellte sich einen Cocktail und redete auf Regina ein, schwatzte los über Frisuren, Fingernägel, Schuhe, Blusen und so weiter, als freute sie sich, sie hier zu sehen. »Diese Mütze finde ich einfach wunderschön!« rief sie irgendwann aus und streckte die Hand aus, um die Wolle zu befühlen. Ich drehte mich auf dem Barhocker um und starrte aus dem Fenster.

In diesem Augenblick tauchte Boo auf. Undeutlich erkennbar, vom Schnee weichgezeichnet, stapfte er über die öde weiße Fläche des Parkplatzes wie in einem Traum. Die Kapuze seines weißen Anoraks war hochgeschlagen, er trug ein Gewehr über der Schulter und zerrte irgend etwas hinter sich her. Etwas Schweres, Schwarzes, eine längliche, schmale Form, die sich wie ein Schatten hinter ihm ausbreitete. Als er stehenblieb, sich aufrichtete und in Dampfschwaden gehüllt nach Luft rang, bemerkte ich schockiert, daß zu seinen Füßen der Kadaver eines Tiers lag, rot wie eine offene Wunde im Schnee. »He!« schrie ich, »Boo hat den Bären erwischt!« Im nächsten Augenblick stürzten wir alle hinaus auf den windgepeitschten Parkplatz, standen zwischen den bedrohlichen Baumreihen und unter dem geschwollenen Bauch des grauen Himmels, und Boo blickte verdutzt von dem ausgenommenen Kadaver eines Rehbocks auf. »Was ist denn los, Feuer in der Kneipe?« fragte er. Seine scharfen blauen Augen parierten kurz meinen Blick, dann musterte er nacheinander Scooter, Adrian und Mae-Mae, betrachtete einen Moment lang Jill und fixierte schließlich Reginas erstauntes Gesicht. Er grinste.

In der schwarzen Schnauze des Rehbocks bleckten die gelblichen Zähne; die Augen waren glasig. Boo hatte das Tier von der Brust bis zur Lende aufgeschlitzt, und aus dem hinteren Ende der schartigen Wunde quoll ein halbgefrorener Klumpen grauweißer Darmschlingen. Ich kam mir lächerlich vor.

»Köder«, erklärte Boo und ließ den Blick dabei wieder über uns schweifen. »Ich ziehe eine Blutspur, die man noch mit geschlossenen Augen und zugeklebter Nase verfolgen könnte. Dann häng ich das Fleisch an einen Baum und brauch bloß noch auf Meister Petz zu warten.«

Jill wandte sich ab, ein wenig theatralisch, wie ich fand, und bekundete halblaut Protest und Abscheu unter Berufung auf »das arme Tier«, dann nahm sie Adrian bei der Hand und zerrte ihn in Richtung des Hauses. Mae-Mae starrte durch uns alle hindurch, dieses Gemetzel ähnelte für sie jenem anderen, das ihren Mann das Leben gekostet hatte, kopfüber in der kleinen Blechdose seines Autos, Blut auf dem Berghang. Regina musterte Boo. Er stand vor dem erlegten Rehbock und grinste wie ein Urmensch angesichts seiner Jagdbeute, dann bückte er sich, um das Vieh beim Geweih zu packen und es quer über den Platz zu schleifen, als wäre es ein alter Teppich für den Kirchenbasar.

An diesem Abend ging es in der Kneipe rund. Die ersten Touristen waren eingetroffen, und deshalb sah man zehn bis zwölf neue Gesichter an der Bar. Ich löffelte in der Einsamkeit meiner Hütte Hühnersuppe und eine Dose kalte Rüben, wickelte mir einen kitschigen schwarzgoldenen Schal um den Hals und stapfte durch den dunklen, konturlosen Wald zur Kneipe hinüber. Als ich eintrat, roch ich Parfüm, süße Liköre, heiße Körper, und ich hörte das sinnliche Klicken der Billardkugeln, die das Gegröle der rings um mich anschwellenden Stimmen rhythmisch untermalten. Festtagslaune, o ja, allerdings.

Jill stand hinter der Theke. Alle Bewohner der Siedlung waren da, einschließlich der zwei alten Frauen und der schielenden Lyrikerin. An der Theke lehnte, lümmelte und lachte eine Schar johlender Fremdlinge und etliche, die ich vage von früheren Jahren her kannte; andere hockten hinten an den Tischen über ihren Steaks. Marshall stand am Grill. Ich schlängelte mich zur Theke hindurch und stellte mich zwischen einen bärtigen Fremden mit einem Cowboyhut aus grauem Filz und einen Kerl, der mir irgendwie bekannt vorkam, der mich aber mit zutiefst verächtlichem Blick ansah und sich dann abwandte. Ich fragte mich kurz, womit ich diesen Mann wohl gekränkt haben konnte (Wintergäste – ich wußte ja kaum noch, was ich letzte Woche getan und gesagt hatte, geschweige denn letztes Jahr), als ich Regina erblickte. Und Boo. Sie saßen hinten in einer Nische, ihr Tisch war übersät mit leeren Gläsern und Bierflaschen. Gut, dachte ich. Ein heimtückisches Lächeln der Befriedigung huschte über meine Lippen, und dann sah ich Jill an.

Ich merkte, daß sie die beiden aus dem Augenwinkel beobachtete, obwohl ein unbeteiligter Zuschauer sicher geglaubt hätte, ihre ganze Aufmerksamkeit gelte Alf Cornwall, dem alten Furzer, der vor ihr an der Theke saß und ein Gläschen Pfefferminzschnaps trank, während er bis zum Erbrechen das einzige Thema wiederkäute, das ihm wichtig war – d.h. den beklagenswerten Zustand seiner Gesundheit. »Jill«, rief ich schadenfroh, »wie wär's denn mit ein bißchen Bedienung hier?«

Sie warf mir einen Blick zu, der Metall hätte zerfressen können, dann stieß sie sich von der Theke ab, goß mir langsam einen Schluck Wild Turkey ein und zapfte noch langsamer ein Glas Bier. Ich zwinkerte ihr zu, als sie mir die Drinks hinstellte und mein Geld vom Tresen aufsammelte. »Heute abend nicht, Michael«, sagte sie, »ich fühl mich nicht danach.« Ihre Stimme klang so schleppend und düster wie die eines professionellen Klageweibes. Langsam wurde mir klar, wieviel sie von diesem Boo gehalten hatte (und wie wenig von mir), und ich sah über die Schulter, um ihn kurz mit haßerfüllter Eifersucht zu mustern. Als Jill mir das Wechselgeld hinlegte, packte ich sie am Handgelenk: »Zum Teufel, was soll das heißen: ›Heute abend nicht‹?« zischte ich. »Darf ich jetzt nicht mal mehr mit dir reden, oder was?«

Sie sah mich an wie eine Märtyrerin, eine achtundzwanzigjährige Frau, die von ihrem Mann am Ende der bewohnten Welt im Stich gelassen worden war und einen unglücklichen Jungen und einen abgehalfterten Beau durchbringen mußte, für den der Gedanke ans Heiraten etwa so verlockend war wie eine Lobotomie; sie sah mich an wie eine Frau, die die Hoffnung auf romantische Abenteuer aufgegeben hatte. Dann riß sie sich los und schlurfte davon, um sich wieder sämtliche faszinierenden Begleitumstände von Alf Cornwalls letztem Stuhlgang anzuhören.

Gegen elf ließ der Andrang etwas nach, und Marshall kam hinter dem Grill vor, um sich an der Bar einen Rémy Martin einzugießen. Auch er legte ein außergewöhnliches Interesse an Alf Cornwalls Verdauungstrakt an den Tag und schnüffelte etwa fünf Minuten lang versonnen an seinem Cognac, ehe er mit dem Glas in der Hand zu Boo und Regina hinüberschlenderte. Er setzte sich neben Regina, nickte und grinste, aber er wirkte nicht allzu vergnügt.

Wie Boo war Marshall ein massiger Typ. Breiter Schädel, breit um den Bauch, graues Haar und weißgesprenkelter Bart. Er war Mitte Vierzig, zweimal geschieden, und er hatte eine lässige, naturburschenhafte Art, die Frauen anziehend fanden, oder einmalig – oder was auch immer. Jedenfalls die Frauen hier oben. Jill hatte in dem Jahr, bevor ich hergezogen war, etwas mit ihm gehabt, er war einer der Hauptgründe, warum die schielende Lyrikerin Männer haßte, und unzählige Langlauf-Skihäschen, Arztgattinnen und Ausflüglerinnen hatten schon ein kleines außerplanmäßiges Training auf dem Wasserbett im Eichenholzrahmen eingelegt, das sein Zimmer hinten im Haus beherrschte. Boo hatte keine Chance. Zehn Minuten, nachdem Marshall sich hingesetzt hatte, stand er an der Bar, etwas unsicher nach den vielen Drinks, und taxierte Jill von oben bis unten, als hätte er nur einen Gedanken.

Ich war bei meinem dritten Bourbon und dem fünften Bier, das Licht war schummrig, das Feuer prasselte, und der Sechs-Meter-Weihnachtsbaum glitzerte wie ein Satellit. Alf Cornwall hatte seinen Mist mit nach Hause genommen, die Lyrikerin, die Ehefrauen und zwei Drittel der Neuankömmlinge waren gegangen. Ich diskutierte mit dem Typen im Cowboyhut, der, wie sich herausstellte, aus San Diego kam, über Stranderosion und behielt dabei Boo und Jill am anderen Ende der Theke im Auge. »Also, echt«, brüllte San Diego, als wäre ich eine halbe Meile weit weg, »da bauen sie diese gottverdammten, total sinnlosen Wellenbrecher hin, und was hat man davon, frag ich Sie? Hä?«

Ich hörte ihm nicht zu. Boo streichelte Jills Hand wie ein Handschuhvertreter, Marshall und Regina saßen in ihrer Nische im Clinch, und ich fühlte mich verletzt, gekränkt und ausgeschlossen. Ein brennendes Holzscheit brach auseinander und krachte dumpf in die Glut. Marshall stand auf, um das Feuer zu schüren, und auf einmal ging mir der Hut hoch. Ich drehte San Diego abrupt den Rücken zu, schob meinen Hocker nach hinten und ging rasch ans andere Ende der Bar.

Jill sah meinen Gesichtsausdruck und zuckte zusammen. Ich legte die Hand auf Boos Schulter, der sich im Zeitlupentempo zu mir umdrehte, das Gesicht riesengroß, über seinem Backenknochen glänzte die Narbe. »Das kannst du nicht machen«, sagte ich.

Er sah mich nur an.

»Michael«, sagte Jill.

»Häh?« fragte er. »Was meinst du?« Dann blickte er zu Jill, und als er den Kopf wieder zu mir umdrehte, wußte er es.

Ich schubste ihn, als er sich gerade vom Barhocker erhob, und er knickte kurz mit den Knien ein, ehe er sich fing und auf mich losstürzte. Wenn Marshall nicht eingeschritten wäre, hätte er mich vernichtet, aber das war mir egal. Auch so bekam ich noch einen fürchterlichen Schlag aufs Brustbein, der mich gegen den Tresen schleuderte, so daß ein paar Gläser umflogen. Paff, paff, zerschepperten sie auf dem Fliesenboden, wie Glühbirnen, die man von einer Leiter fallen läßt.

»Verdammt noch mal«, brüllte Marshall los, »jetzt reicht's aber.« Sein Gesicht war bis zu den Wurzeln des Schnurrbarts rot angelaufen. »Michael!« sagte er oder vielmehr donnerte er, dann winkte er angewidert ab. Boo stand hinter ihm und sah mich böse an. »Ich glaube, du hast genug getrunken, Michael«, sagte Marshall. »Geh jetzt nach Hause.«

Ich wollte sofort widersprechen, wollte Obszönitäten herausbrüllen, wollte auf beide zugleich losgehen, das Mobiliar zerlegen und den Raum in Brand stecken, aber ich tat es nicht. Ich war nicht mehr sechzehn: ich war einunddreißig und vernünftig. Die Kneipe war die einzige im Umkreis von vierzig Kilometern, und ich würde verflucht durstig und verflucht einsam werden, wenn ich hier auf Dauer Lokalverbot bekäme. »Schon gut«, sagte ich. »Schon gut.« Und dann, während ich mir die Jacke überstreifte: »Tut mir leid.«

Boo grinste, Jill sah aus wie in der Nacht, als der Bär bei ihr eingebrochen hatte. Regina musterte mich entweder interessiert oder amüsiert – ich war mir nicht sicher –, Scooter sah aus, als müßte er dringend pinkeln gehen, und San Diego machte mir wortlos Platz. Ich zog die Tür hinter mir zu. Leise.

Draußen schneite es. Große, warme, tröstliche Flocken. Es war die Art von Schneefall, bei der mein Vater immer die Hände aufgehalten und gemurmelt hatte: *Gott rupft sicher gerade Gänse da oben.* Ich wickelte mir den Schal um den Hals und wollte eben über den Parkplatz gehen, da sah ich durch die Flocken eine verschwommene Bewegung. Zuerst dachte ich an einen Spätankömmling aus dem Tal, irgendeinen Teilzeit-Bewohner, der seine Hütte beziehen wollte. Dann dachte ich, es sei der Bär.

In beidem hatte ich unrecht. Der Schnee fiel auf die dunklen, astlosen Säulen der Baumstämme nieder, Kreidestriche auf einer Schiefertafel, ich zählte drei Atemzüge ab, und dann trat Mae-Mae aus der Finsternis. »Michael?« sagte sie und kam näher.

Ich konnte ihr Gesicht in dem gelben Licht erkennen, das durch die Fenster der Kneipe sickerte und wie Schimmelpilz auf dem Schnee lag. Sie lächelte mich freundlich an, dann veränderte sich ihre Miene, und sie berührte mit dem Zeigefinger meinen Mundwinkel. »Was passieren dir?« fragte sie, und auf ihrem Finger schimmerte Blut.

Ich leckte mir die Lippe. »Nichts. Hab mir wohl auf die Lippe gebissen.« Der Schnee fing sich wie Konfetti im Federbusch ihres Haars, und ihre Augen strahlten mich aus der Dunkelheit an. »Heh«, begann ich, von einer Eingebung überkommen, »willst du vielleicht mit zu mir kommen und noch was trinken?«

Aus: T.C. Boyle. Wenn der Fluß voll Whisky wär. Aus dem Amerikanischen von Werner Richter.


**Après ski ist eine zweideutige Angelegenheit, erst recht in Alaska, wo durchaus nicht zu erwarten ist, daß eine fröhliche Touristenschar in lichtloser Waldeinsamkeit Sektcocktails schlürft. Nur ist dieses Alaska, die literarische Heimat des versierten Trinkers Jack London, längst zu etwas ganz anderem geworden. Kein Ort mehr, an dem sich Schlittenhunde nach gedörrtem Klippfisch und schneeblinde Fallensteller nach der Hitze von Branntwein verzehren. Kalifornien, sonnengeplagt und deswegen auf Extreme versessen, hat sich in dem Land am Yukon einen Außenposten geschaffen und mit seinen gelangweilten Connaisseurs auch deren verfeinerten Geschmack dorthin exportiert. Den Sektcocktail in polarer Winternacht muß man T.C. Boyle daher einfach glauben, zumal in Kalifornien Champagner hergestellt wird, der mit dem der Europäer durchaus mithalten kann.**

**Über Champagner sollte man nicht allzuviel reden, man muß ihn genießen, aber nach bestimmten Regeln der Kunst. Erstens taugt er für beinahe jede Gelegenheit, ist also, als Stimulans für den Kreislauf und die Kreisläufe des bevorstehenden Tages, bereits am frühen Morgen erlaubt. Zweitens hat er eine in jeder Hinsicht gewinnende Art. Er entfaltet seine Reize im Verein mit frischgepreßten Säften so unauffällig wie mit Likören oder edlen Obstbränden, ohne deren Raffinement zu verderben. Drittens schließlich ist der Champagner ein Getränk, das zur Geselligkeit führt, ein Grund, weshalb die einsamen und mürrisch gewordenen Trinker ihn meiden.**

**In der Collins-Familie dagegen dominieren die bittersüßen, im Zusammenspiel mit dem Alkohol allerdings gleichfalls belebenden Seelenzustände. Diese Unausgewogenheit erklärt sich daraus, daß dort Zuckersirup und Zitronensaft aneinandergeraten, in einem zudem recht grell geschminkten Ambiente, hervorgerufen vom dekorativen Lippenstiftrot einer obligatorischen Cocktailkirsche und davon, daß es durchaus üblich ist, den Collins mit einem Strohhalm zu servieren. Auf diese Weise gerät bereits vor dem Genuß dann doch einigermaßen Farbe ins Leben.**

## CHAMPAGNER COCKTAIL

Würfelzucker in einen Champagnerkelch geben, mit zwei Spritzern Angostura versetzen und mit Champagner auffüllen.

1 Stück Würfelzucker
Angostura
Champagner

## KIR ROYAL

Crème de Cassis nach eigenem Ermessen in einem Champagnerkelch mit Champagner aufgießen.

Crème de Cassis
Champagner

## BELLINI

Die Pfirsiche schälen und pürieren. Mit einer geringen Menge Apricot Brandy versetzen, in einen Champagnerkelch geben und mit Champagner aufgießen.

Weiße Pfirsiche
Apricot Brandy
Champagner

## FRENCH ›75‹

Die Zutaten im Shaker gut schütteln, durch ein Sieb in ein Collins-Glas gießen, Eiswürfel hinzufügen und mit dem Champagner auffüllen. Mit einer Zitronen- oder Orangenscheibe dekorieren; mit Strohhalm servieren.

5 cl Gin
Saft einer Zitrone
Zuckersirup
Champagner

## TOM COLLINS

Die Zutaten im Shaker kräftig aufschütteln. Durch ein Sieb in ein Collins-Glas gießen, Eiswürfel hinzufügen, mit Soda auffüllen und rühren. Mit einer Zitronen- oder Orangenscheibe und mit einer Cocktailkirsche dekorieren. Mit Strohhalm servieren.
Wird der Collins anstelle von Gin mit Whisky zubereitet, heißt er je nach Herkunft ›Sandy Collins‹ (Scotch), ›Colonel Collins‹ (Bourbon) oder ›Captain Collins‹ (Canadian Whiskey).

5 cl Gin
Saft einer halben Zitrone
1 cl Zuckersirup
Soda

# Forellentod durch Portwein

Es war kein Klohäuschen im Freien, das sich nur der Phantasie verdankte.

Es war Realität.

Eine fünfundzwanzig Zentimeter lange Regenbogenforelle war ermordet worden. Jemand gab ihr einen Schluck Portwein zu trinken, und sie konnte nie wieder durch die Gewässer der Erde ziehen.

Es ist gegen die natürliche Ordnung des Todes, daß eine Forelle an einem Schluck Portwein stirbt.

Es ist in Ordnung, wenn einer Forelle von einem Angler das Genick gebrochen und wenn sie dann in den Fischkorb geworfen wird oder wenn sie an einem Pilz stirbt, der wie zuckerfarbene Ameisen ihren Körper überzieht, bis sie in der Zuckerdose des Todes landet.

Es ist in Ordnung, wenn eine Forelle in einem Teich endet, der im Spätsommer austrocknet, oder wenn sie sich in den Krallen eines Vogels oder den Klauen eines Tieres wiederfindet.

Ja, es ist sogar in Ordnung, wenn eine Forelle durch Umweltschäden ums Leben kommt und in einem Fluß stirbt, der voll tödlicher, erstickender menschlicher Exkremente ist.

Es gibt Forellen, die an Altersschwäche sterben und deren weiße Bärte ins Meer treiben.

Alle diese Dinge liegen in der natürlichen Ordnung des Todes, aber wenn eine Forelle an einem Schluck Portwein stirbt, dann ist das eine andere Geschichte.

Dieser Vorgang findet keine Erwähnung im »Traktat über das Fischen mit einer Angel« im *Buch von St. Albans*, erschienen 1496. Er findet keine Erwähnung in *Kleine Angelschule für Kalkbäche* von H.C. Cutcliffe, erschienen 1910. Keine Erwähnung in *Die Wahrheit ist merkwürdiger als das Angeln* von Beatrice Cook, erschienen 1955. Keine Erwähnung in *Memoiren aus dem Norden* von Richard Franck, erschienen 1694. Keine Erwähnung in *Ich gehe fischen* von W.C. Prime, erschienen 1873. Keine Erwähnung in *Forellenfischen und Forellenfliegen* von Jim Quick, erschienen 1957. Keine Erwähnung in *Spezielle Experimente mit Fisch und Frucht* von John Taverner, erschienen 1600. Keine Erwähnung in *Ein Fluß schläft nie* von Roderick L. Haig-Brown, erschienen 1946. Keine Erwähnung in *Bis daß der Fisch uns scheidet* von Beatrice Cook, erschienen 1949. Keine Erwähnung in *Fliegenfischen aus der Sicht der Forelle* von Col. E.W. Harding, erschienen 1931. Keine Erwähnung in *Studien zum Kalkstrom* von Charles Kingsley, erschienen 1859. Keine Erwähnung in *Geisteskrankheiten bei Forellen* von Robert Traver, erschienen 1960.

Keine Erwähnung in *Sonnenschein und die Trockenfliege* von J.W. Dunne, erschienen 1924. Keine Erwähnung in *Nichts als Fischen* von Ray Bergman, erschienen 1932. Keine Erwähnung in *Laichzeiten und Laichplätze* von Ernest G. Schwiebert jun., erschienen 1955. Keine Erwähnung in *Die Kunst des Forellenfischens in schnellen Fließgewässern* von H.C. Cutcliffe, erschienen 1863. Keine Erwähnung in *Alte Fliegen in neuen Kleidern* von C.E. Walker, erschienen 1898. Keine Erwähnung in *Frühling des Fischers* von Roderick L. Haig-Brown, erschienen 1951. Keine Erwähnung in *Der konsequente Angler und die Bachforelle* von Charles Bradford, erschienen 1916. Keine Erwähnung in *Auch Frauen können fischen* von Chisie Farrington, erschienen 1951. Keine Erwähnung in *Geschichten aus dem Anglerparadies Neuseeland* von Zane Grey, erschienen 1926. Keine Erwähnung in *Leitfaden für den Fliegenfischer* von G.C. Bainbridge, erschienen 1816.

Nirgendwo wird eine Forelle erwähnt, die an einem Schluck Portwein stirbt.
Um den höchsten Vollstrecker zu beschreiben: Wir wachten am Morgen auf, und draußen war es dunkel. Auf seinem Gesicht lag fast so etwas wie ein Lächeln, als er in die Küche kam, und wir frühstückten.
Bratkartoffeln, Eier und Kaffee.
»Na, du alter Schweinehund«, sagte er. »Gib mir doch mal das Salz rüber.«
Das Angelzeug war schon im Wagen, und wir stiegen ein und fuhren los. Im ersten Licht der Morgendämmerung erreichten wir die Straße am Fuß der Berge und fuhren in die Dämmerung hinauf.
Das Licht hinter den Bäumen war wie ein langsamer Spaziergang durch ein seltsames Kaufhaus.
»Das war ein hübsches Mädchen, letzte Nacht«, sagte er.
»Ja«, sagte ich. »Das hast du gut hingekriegt.«
»Naja, wenn einem ein Schuh paßt ...«, sagte er.
Der Owl Snuff Creek war ein kleiner Bach, nur ein paar Meilen lang, aber es gab gute Forellen da oben. Wir stiegen aus dem Wagen und gingen eine Viertelmeile den Bergabhang hinunter zum Bach. Ich steckte meine Angelrute zusammen. Der höchste Vollstrecker zog eine Flasche Portwein aus der Jackentasche und sagte: »Das hast du dir doch denken können.«
»Nein, danke«, sagte ich.
Er trank einen kräftigen Schluck, schüttelte dann den Kopf von links nach rechts und sagte: »Weißt du, woran mich dieser Bach hier erinnert?«
»Nein«, sagte ich und befestigte eine graugelbe Fliege an meiner Leine.
»Er erinnert mich an Evangelines Vagina, die einer der ewigen Träume meiner Kindheit und der Trost meiner Jugend war.«
»Das ist gut«, sagte ich.
»Longfellow war der Henry Miller meiner Kindheit«, sagte er.
»Gut«, sagte ich.
Ich warf meine Leine in eine ruhige Stelle, an deren Rand ein Schwarm Tannennadeln kreiste. Die Tannennadeln bewegten sich die ganze Zeit im Kreis. Es gab eigentlich keinen Grund, warum sie von Bäumen gefallen

sein sollten. Sie wirkten im Wasser vollkommen zufrieden und natürlich, als seien sie da drin auf Wasserästen gewachsen.

Als ich die Angel zum dritten Mal auswarf, traf ich nur knapp daneben.

»Junge, Junge«, sagte er. »Ich glaub, ich schau dir jetzt mal beim Fischen zu. Das gestohlene Gemälde hängt im Nachbarhaus.«

Ich fischte und zog immer weiter stromaufwärts und kam immer näher an das enge Treppenhaus des Canyons. Ich ging das Treppenhaus hinauf, als würde ich ein Kaufhaus betreten. Im Fundbüro fing ich drei Forellen. Der höchste Vollstrecker steckte nicht einmal seine Angelrute zusammen. Er ging einfach hinter mir her, trank Portwein und stocherte mit einem Stock in der Weltgeschichte herum.

»Das ist ein wunderschöner Bach«, sagte er. »Er erinnert mich an Evangelines Hörgerät.«

Schließlich kamen wir an eine große unbewegte Stelle des Bachs, die an dem Punkt entstanden war, an dem der Bach durch die Spielwarenabteilung toste. Am Anfang dieser unbewegten Stelle war das Wasser wie Sahne, dann wurde es klar, und der Schatten eines großen Baumes spiegelte sich darin. Jetzt war auch die Sonne rausgekommen. Man sah, wie sie den Berg herunterkam.

Ich warf meine Angel aus, warf sie in die Sahne hinaus und ließ sie neben einem Vogel an einem langen Zweig des Baums hinuntergleiten.

Zack-peng!

Ich ruckte mit der Angel, der Haken saß, und die Forelle fing an zu zappeln.

»Giraffenrennen am Kilimandscharo!« rief der höchste Vollstrecker, und jedesmal, wenn die Forelle zappelte, dann zappelte er auch.

»Bienenrennen am Mount Everest!« rief er.

Ich hatte kein Netz dabei, deshalb zog ich die Forelle an den Rand des Bachs und schleuderte sie aufs Ufer.

Die Forelle hatte einen großen roten Streifen an der Seite.

Es war eine ganz beachtliche Regenbogenforelle.

»Ein schöner Fisch«, sagte der höchste Vollstrecker.

Er hob sie auf, und sie wand und drehte sich in seinen Händen.

»Brich ihr den Hals«, sagte ich.
»Ich weiß was Besseres«, sagte er. »Bevor ich sie umbringe, will ich ihr den Tod etwas erleichtern. Diese Forelle hier braucht einen Drink.« Er zog die Flasche Portwein aus der Tasche, schraubte den Verschluß ab und kippte der Forelle einen kräftigen Schluck ins Maul.
Die Forelle begann zu zucken.
Sie wand sich in Krämpfen und zitterte wie ein Fernrohr bei einem Erdbeben. Ihr Maul stand weit offen und zitterte und bebte wie ein Mund eines Menschen, der mit den Zähnen klappert.
Der höchste Vollstrecker legte die Forelle auf einen weißen Felsen; sie lag mit dem Kopf nach unten, Wein lief ihr aus dem Maul und hinterließ auf dem Felsen einen Fleck.
»Sie hat einen angenehmen Tod gehabt«, sagte der höchste Vollstrecker. »Das ist meine Ode an die Anonymen Alkoholiker.«
»Schau mal da!«

Aus: Richard Brautigan, Forellenfischen in Amerika. Aus dem Amerikanischen von Günter Ohnemus. 

**»I think we'll have white wine with the fish.« So lautet die unumstößliche Regel, nicht nur beim ›Dinner For One‹. Aus ihr ließe sich auch erklären, weshalb der Genuß von Portwein eine Forelle derart umstandslos aus dem Leben befördert. Tierschützer haben gleich zweifachen Grund, deswegen nicht allzusehr in Unruhe zu geraten: Erstens wird bei Richard Brautigan die an den Haken gegangene Forelle nur literarisch auf diese ungewöhnliche Weise erledigt, und zweitens soll man den Portwein ohnehin nicht zu einem, sondern erst nach einem gelungenen Essen einnehmen. Damit bleibt dem Fisch jede vorzeitige Begegnung mit ihm erspart.**
**Seinen Namen hat der Portwein natürlich vom portugiesischen Porto, der Hafenstadt, von der der Fluß Douro ins zerklüftete Hinterland der Weinberge führt. Portwein ist ein entweder aus weißen oder aus roten Trauben gewonnener Wein, dessen Gärung durch die Beigabe von Brandy gestoppt wurde. Auf diese Weise verbleibt ein beträchtlicher Rest von natürlichem Traubenzucker in dem Getränk. Es wird gleichzeitig mit Alkohol angereichert und erlangt eine schwere, charakteristische Süße. Am wenigsten tritt diese beim weißen Port in Erscheinung. Dem in**

England bevorzugten roten Port, der nur kurzzeitig in Holzfässern reift, gibt man vor dem Genuß oft noch einmal einen Schuß Brandy bei. Diesen klassischen ›Portwein Cocktail‹ bevorzugen die Besucher englischer Pubs.

Die meisten der in Holzfässern gelagerten Ports sind Verschnittweine, als ›Ruby‹ zum alsbaldigen Verzehr bestimmt, während der ›Tawny Port‹ nach längerer Reifung und der Aufnahme von Aromastoffen eine entsprechende Verfärbung aufweist. Der mit ›Vintage‹ gekennzeichnete Port entstammt jeweils einem einzigen Jahrgang. Sein Reifeprozeß kann sich über Jahrzehnte erstrecken. Die ausgesuchtesten Jahrgänge werden üblicherweise nicht getrunken, sondern als kostbares Familienerbstück weitergereicht.

Die Vorliebe der Briten für den Portwein ist das Resultat einer innigen Handelsbeziehung zwischen England und Portugal, die während ihrer kriegerischen Auseinandersetzungen mit den Franzosen im 18. Jahrhundert zur Blüte gelangte. Seine distinguierten Geschmackseigenschaften und der gediegene Umgang, den man mit dem Port auf der Insel bis heute pflegt, haben etwas damit zu tun, daß wegen der oft unterbrochenen Schiffahrtsrouten auf die Lagerhaltung von Weinen besondere Sorgfalt verwendet werden mußte. Der Port ist gewissermaßen das Kind eines vergessenen Krieges und ein exzellentes Beispiel dafür, wie Mangel die Verfeinerung von Sitten und Gebräuchen begünstigt.

Beim ›Dinner For One‹ wird daher, ungeachtet aller alkoholbedingten sprachlichen und motorischen Verfehlungen, bis zuletzt streng auf Etikette geachtet: »I think we'll have port with the fruit.« Störend wirkt allein der Umstand, daß Butler James am Ende statt ans Glas nur noch an den Inhalt einer Blumenvase gerät. In einem solchen Fall machte dann auch das bei langjährig gereiften Portweinen unumgängliche Dekantieren kaum noch Sinn.

## PORTWEIN COCKTAIL

Portwein und Brandy in ein mit Eis gefülltes Rührglas gießen. Nach dem Rühren in eine gekühlte Cocktailschale abseihen.

8 cl Portwein
1 Teelöffel Brandy

## PORTWEIN SANGAREE

1 Teelöffel Zuckersirup in ein Highball-Glas geben. Portwein und Eiswürfel hinzufügen, mit Sodawasser auffüllen und zuletzt den Brandy aufgießen. Rühren und mit einer Prise Muskat bestreuen.

6 cl Portwein
Zuckersirup
Sodawasser
1 Eßlöffel Brandy

## PORT MILK PUNCH

Zutaten mit Eis im Shaker aufschütteln und in ein Collins-Glas abseihen. Eine Prise Muskat auf die Oberfläche geben.

6 cl Portwein
2 cl Zuckersirup
1 Tasse Milch

## PORTWEIN FLIP

Zutaten mit Eis im Shaker aufschütteln und in ein Sour-Glas abseihen. Eine Prise Muskat auf die Oberfläche geben.

1 ganzes Ei
1 Teelöffel
Puderzucker
4 cl Portwein
2 Teelöffel Sahne

# Wahrheit und Lüge

Spiderman, der Spinnenmann, hieß eines der noch am wenigsten widerwärtigen Geschöpfe des Seriendämons Stan (the Man) Lees: ein armer Teufel mit sechs Armen, mit denen er nie etwas anzufangen wußte. Henry verfolgte dessen Schicksal stets sehr aufmerksam unten beim Zigarrenhändler. Und nicht von ungefähr erinnerte Henry *der Barkeeper* vor allem an jenen Spiderman. Der Unterschied war nur der, daß Henry sehr genau wußte, was er mit seinen Armen machen mußte: einschenken, messen, schütteln, umrühren, mixen, zuckern, würzen, zerstampfen und servieren. An jenem Tag, als wir Gregers Auferstehung feiern sollten, durften wir das Repertoire bewundern.

Die gedrückte Stimmung hatte sich zu glücklicher Ausgelassenheit verwandelt. Wir hatten Greger nicht nur in allerbester Verfassung angetroffen, sondern waren auch dem Schatz ein gutes Stück auf die Spur gekommen. Davon waren wir alle überzeugt.

»Das ist ein Geschenk von oben, ein Vorzeichen, ein Streifen des Lichtes und der Hoffnung, nun, wo wir dem Winterdunkel entgegengehen«, deklamierte Henry und hielt den immer noch erdigen Becher aus dem glänzenden Metall hoch. »Dies ist ein Zeichen der Zuversicht und des Trostes, wenn es auch ein Geschenk von mir selbst ist«, schloß er und servierte vier delikate Drinks. »Bitteschön!«

»Wohlan, ihr Grafen und Barone«, sagte Birger, ganz so, wie wir das erwartet hatten.

Zu allen Katastrophen gehört eine bestimmte Anzahl von Opfern und eine bestimmte Anzahl von Helden. Greger gehörte zur letzteren Kategorie, und sein Pondus hatte dort unten in seinem neuentdeckten Gang zugenommen. Er hatte ein wenig von Franzén und Fälting an sich, denen, die die »Wasa« gehoben hatten, wie er so dastand und seinen Vanderbilt balancierte. Was Greger gerade geleistet hatte, würde in baldiger Zukunft vielleicht als genauso bemerkenswert gelten wie die Bergung des Kriegsschiffes »Wasa«. Greger hatte diesen Schluß alleine gezogen, und keiner wollte ihm diese Illusion rauben.

Henry holte die Karte, jenes bedeutungsvolle Dokument, das 1961 die ganze Tätigkeit in Gang gebracht hatte, und breitete sie auf einem Tisch im Salon aus. Wir anderen stellten uns drumherum und guckten.

»Es muß sich um den Gang handeln, der hier mit gestrichelten Linien angedeutet ist, westlich verlaufend, parallel zur Hornsgatan, oder?«

Wir murmelten zustimmend und starrten auf die gesammelten Bemühungen, Hoffnungen, Illusionen und Träume des alten Historikers und Mitglieds der Gesellschaft GGG, die ebenjenes beseligte und kryptische Aussehen hatten, wie es eine nachträglich rekonstruierte Schatzkarte nun einmal haben muß. Der gestrichelte Gang führte in eine von vier angenommenen Schatzkammern. Bisher hatte sich die Unternehmung auf zwei andere östlicher gelegene konzentriert. In vollem Einvernehmen legten wir fest, daß die einzige gangbare Möglichkeit genau westlich liege.

»Ich schlage vor, wir nennen die neue Lagerstätte ›Gregers Grotte‹«, sagte Henry.

Greger wurde glühend rot im Gesicht vor Stolz, und niemand hatte etwas gegen diesen Vorschlag einzuwenden. Wir tranken auf »Gregers Grotte«, und vermutlich waren wir von der erhebenden Stimmung derart in An-

spruch genommen, daß niemand bemerkt hatte, wie sich Leo in den Salon schlich. Er war nur ganz plötzlich da und schien an neuen Fundorten nicht im mindesten interessiert zu sein.
»Hat jemand eine Zigarette?« fragte er, gähnte und setzte sich auf das Fensterbrett.
»Gewiß«, sagte Birger zuvorkommend und hielt ihm eine Pall Mall hin.
»Du wärst wohl fast gestorben, Greger?« fragte Leo.
Greger plumpste schlagartig auf den Boden der Tatsachen.
»Aber nein, überhaupt nicht«, versicherte er. »Da ist zwar ein bißchen was eingestürzt, aber dadurch hat es einen neuen Gang gegeben. Hier, hier ist er«, sagte er weiter und zeigte auf die Karte. »›Gregers Grotte‹ soll er heißen.«
Leo machte sich nicht die Mühe hinzusehen. Er war nicht interessiert, keine Spur neugierig. Er blieb am Fenster stehen und sah hinaus in den gleichmäßig grauen Dunst über den Dächern, den Straßen und ganz Stockholm.
»Ja, ja«, seufzte er. »Das ist schon ein guter Name.«

»Verdammt, bin ich aufgekratzt«, sagte Henry, als Greger und Birger uns nach mehrstündigen Diskussionen und guten Drinks verlassen hatten. Es war Leo nicht gelungen, uns zu deprimieren, und er war abgezogen zu seinem Weihrauch; Henry und ich befanden uns in Topform, genau zur rechten Zeit für den bevorstehenden Abend.
»Wir sollten uns einen schönen Abend gönnen!«
»Klar«, meinte Henry. »Zuerst müssen wir nur die Kasse checken.«
Nach einem leicht verlogenen Überschlag besaßen wir Spielraum für eine kleinere Ausschweifung. Henry hatte einen Geistesblitz: wir sollten Kerstin anrufen, die Tochter des Tip-Königs, die Funkbotenauto fuhr. Geistesblitz, das war die richtige Bezeichnung, und ich übernahm es, Kerstin anzurufen. Sie war tatsächlich zu Hause und wollten allen Ernstes zu einem Souper kommen, und alles verlief einfach zu gut, um wahr zu sein.
Wir sausten zu Åhléns in der City, kauften Delikatessen wie Riesengarnelen, Neunaugen, Bündnerfleisch, reifen, weichen Käse, Patés und an-

dere kleine und gute Leckereien, die einen, was das Klima anging, grauen und düsteren Abend Ende November vergolden konnten. Henry trug immer noch seinen erdigen Blaumann, und ich hatte mir nach der Katastrophe noch nicht einmal die Hände gewaschen, weshalb die Leute uns wahrscheinlich für zwei Ausbrecher aus einem Gefängnis hielten, die in reiner Verzweiflung in den letzten, spannungsgeladenen Stunden, bevor die Polizei sie wieder schnappen würde, herumprassen wollten.

Dann ging es nach Hause zum Waschen und Rasieren, einer kurzen Ruhepause und zum Anlegen properer Bekleidung. Henry war sage und schreibe so großzügig, daß er Leo fragte, ob er Lust habe mitzumachen. Aber Leo wollte in die Stadt, ins Kino. Wir würden Kerstin für uns allein haben, bildeten wir uns ein.

Kurz vor acht Uhr abends stand ein prachtvoller, von Henry *le gourmet* artifiziell gedeckter Tisch bereit. Es war eine Augenweide. Er hatte nichts ausgelassen. Die Tafel wurde gekrönt von einer großartigen Bergpalme, umgeben von kleinen Ananasfrüchten, die dem Arrangement einen Hauch von Riviera, Süden und Casino verliehen.

Kerstin traf mit ausreichender Verspätung ein und hatte recht gute Laune. Henry servierte uns Palm Breeze von Rum, Chartreuse und Kakaolikör, preisgekrönt bei einem Cocktailwettbewerb in London, dem Barkeeper zufolge.

»Ich hab sicher mehrere Hundert von diesen Palm Breezes gemixt, als ich in ...«, fing Henry an, auf eine völlig verstummte Kerstin einzuschwätzen, die stark nach schwerem Eau de Cologne roch.

»Jedenfalls war er gut«, sagte sie, als sie aus der Narkotisierung aufgewacht war.

»Aber das war bloß eine Nebensächlichkeit«, sagte Henry. »Du bist heute abend sehr hübsch. Nur Kaugummi darfst du nicht kauen, wenn du einen Cocktail trinkst!«

»-schuldige«, sagte sie verlegen und spuckte den Kaugummi in die Hand. »Ich kau immer Kaugummi.«

»Wenigstens machst du's schön. Es gibt welche, die werden davon häßlich, du nicht.«

»Das geht zu weit«, fühlte ich mich gezwungen einzuwenden.

»-kej, Klasi«, sagte der Gastgeber und hob die Hände wie bei einem Banküberfall. »Das war plump.«

»Nur keinen Streit vermeiden, Leute«, sagte Kerstin. »Darf man sich mal umgucken?«

»Klasi, führ die Dame herum, dann mach ich in der Küche alles fertig«, sagte Henry und verschwand.

Das Abendessen später lief nach einem vielleicht etwas strengen, aber sehr würdigen Ritual ab. Die Delikatessen waren ausgezeichnet und die verschiedenen Weine ganz und gar vortrefflich. Was vor allem den GASTGEBER ein wenig die Contenance verlieren ließ.

Kerstin kaute Kaugummi beim und zum Kaffee, weder Henry noch ich schafften es, auf sie einzuwirken, wir waren schließlich alle drei nach dem Souper ziemlich matt, und jeder saß in seinem Sessel im Salon, die Beine auf den Fußschemeln, und döste. Das Feuer zwischen den beiden Parianfiguren, der »Wahrheit« und der »Lüge«, zischte und knisterte in einem einschläfernden, betäubenden Konzert.

Henry war sicher recht zufrieden mit sich. Immer wenn er zufrieden mich sich und seinen Leistungen war, bekam er einen besonders albernen Zug ins Gesicht. Es sah so aus, als würden die Augen länger. Jetzt hatte er Konversation getrieben und serviert und mehrere Stunden lang den Unterhalter gemacht wie ein routinierter Gastgeber und konnte es sich mit Recht wohl sein lassen vor dem Feuer, bei Kaffee und Cognac.

»Ihr seid schon zwei Filous«, seufzte Kerstin so ganz nebenbei.

»Filous, was heißt Filous«, wiederholte Henry. »Das wage ich aber zu bezweifeln. Wir leben fast wie die Mönche hier oben.«

»Na, Mönche, Mönche...«, wiederholte ich.

»Mensch, Klasi!« stieß Henry plötzlich hervor. »Weißt du, was wir jetzt machen!?«

»Take it easy, nehm ich an.«

»Das Lied...«, flüsterte er. »Kerstin mit Linsen und Trauerflor.«

»Ach ja!«

Wir tranken geschwind den Kaffee und den Cognac aus und lockten Kerstin in Henrys Klavierzimmer, setzten sie auf den Diwan mit den schwarzen Troddeln, zündeten ein paar Stimmungskerzen an und suchten die Noten zu diesem Lied, das wir zur Ehre Kerstins an Allerheiligen zusammengebastelt hatten. Wir hatten es schon fast vergessen, und als Henry sich räusperte und einige Akkorde auf dem Klavier anschlug, wirkte er ein wenig verlegen. Kerstin dagegen sah sehr belustigt aus.

Henry *der Entertainer* zog das ganze Lied ohne einen einzigen kleinen Fehler durch. Vielleicht wurde es ein bißchen sehr forciert vorgetragen, aber doch nicht ganz ohne Gefühl. Kerstin war tief gerührt über diese Reverenz und applaudierte mit glänzenden Augen. Wir bekamen jeder einen Kuß, ihre Lippen schmeckten nach Labello.

»Noch mal ... Kann ich es nicht noch mal hören«, bat Kerstin, »ich hab noch nie so ein Lied bekommen, ihr ...«

Henry konnte nicht gut ablehnen und sang *Kerstin, mit Linsen und Trauerflor* noch einmal ganz. Unsere Muse fühlte sich betroffen von jedem Wort über diese wunderbare Tochter des Tip-Königs mit schlechten Augen und Trauer. Dann gingen wir wieder in den Salon, um Grog zu trinken, mehr Holz auf das Feuer zu legen und über gemeinsame Freunde und Feinde zu reden. Wir fanden keine gemeinsamen Freunde, bis wir entdeckten, daß wir auch einen ganz schönen sitzen hatten, alle drei.

In dem Augenblick kam Leo nach Hause. Es war schon weit nach ein Uhr abends, wie sich zeigte. Er begrüßte Kerstin ungewöhnlich höflich, und sie folgte ihm lange mit dem Blick. Leo schenkte sich einen Grog ein und zündete sich am Schachtisch eine Zigg an, weil er plötzlich die Idee hatte, den Zug der Woche gegen Lennart Hagberg in Borås zu machen.

Henry war bei sprudelnder Laune und machte Reklame für seinen Bruder, gab lange mit seinen Gedichten und seinem fantastischen Schachspiel an.

»Ich hab immer gerne Schach spielen wollen«, sagte Kerstin.

»Dann hast du dort ein Genie zum Lehrer«, sagte Henry und nickte hinüber zu Leo.

Kerstin war nicht sonderlich schüchtern und ging zu dem Genie hin, das ausnahmsweise einmal richtig sozial war und ihr die Züge der Figuren zu erklären begann, den Zug der Woche vorführte, das Wie und Warum und die Wirkung auf den Gegner.

Henry gähnte breit, und ich selbst hockte da und nickte ab und zu in meinem Sessel ein. Es war ein anstrengender Tag gewesen, das Abendessen verlangte sein Recht, und die schweren Grogs hatten die Sache nicht leichter gemacht. Bald hörte ich nur das stille Schnorcheln eines schlummernden Henry und eines schlummernden Kamins, und Kerstin und Leo, die drüben in der Ecke beim Schachtisch murmelten, hörten sich an wie gedämpfte Stimmen weit weg hinter den Wänden. Das Feuer warf sein warmes, ruhiges Licht auf die Sessel, und ich schlief ein, auch ich.

Aus: Klas Östergren, Gentlemen. © 1985 Suhrkamp Verlag, Frankfurt am Main

**Sie verstehen sich noch auf den eleganten Lebensstil, der in den sechziger Jahren bereits der Lächerlichkeit preisgegeben wurde, die Gentlemen in Klas Östergrens Roman mit eben diesem unmißverständlichen Titel. Allein deswegen darf ein Kaugummi nicht so ohne weiteres mit einem aufwendig gemixten Cocktail in Berührung geraten. Henry Morgan, einer, der sich in diesem Buch wirklich das Prädikat des Helden verdient, ist ein Mann für nahezu alle Lebensarten, was sich schon daran zeigt, daß er noch imstande ist, einen korrekten ›Duke of Windsor‹ zu knoten. Das läßt ihn in den Augen seines literarischen Erfinders wie einen mystischen Anachronismus aussehen. Wie alle wahrhaft konservativen Charaktere glänzt er durch Unbefangenheit und Experimentierfreude. Daher seine in London preisgekrönte Kreation mit dem Namen ›Palm Breeze‹, die ihre Verführungskraft in einer sommerlichen Stockholmer Altstadtwohnung natürlich auf besonders exotisch-eindringliche Weise entfaltet.**

**Im übrigen ist Rum ein in Skandinavien gut eingeführtes Getränk, was daran liegen könnte, daß in der Karibik kurzzeitig ein Kolonialreich Dänisch-Westindien existierte. Die Destillerien dort haben Jesuiten mit eigens aus Afrika importierten Sklaven betrieben. Das lange Zeit dänische Flensburg verdankt dieser ein wenig bizarr anmutenden Episode bis heute seinen Rang als Hauptstadt des Handels mit allerdings oft gründlich verschnittenem Rum.**

**Eigentlich ist Rum ein Sammelbegriff, was daran liegt, daß bei seiner Herstellung sehr unterschiedliche Verfahren zur Anwendung kommen. Man gewinnt ihn ent-**

weder aus dem Saft des Zuckerrohrs oder aus der Melasse, die bei der Produktion von Rohrzucker anfällt. Ein kräftigerer Geschmack entsteht, wenn Rückstände aus vorherigen Destillationen, der ›dunder‹, dem Rohmaterial hinzugefügt werden.

Im französisch geprägten Teil der Karibik dient hauptsächlich Zuckerrohrsaft als Ausgangsbasis für die Rumdestillation. Die britische Tradition fußt auf der mit ›dunder‹ angereicherten Melasse; in beiden Fällen wird ohne eine Differenzierung der Substanzen in der Destillationsblase gebrannt. Die so entstehenden Rumsorten sind hocharomatisch und von hohem Alkoholgehalt. Sie eignen sich besonders für den Verschnitt und werden deshalb häufig unter der Handelsbezeichnung ›german-flavoured‹ vertrieben. Auf diesem Weg kommt noch einmal die dänisch-deutsche Rummetropole Flensburg ins Spiel.

Das Destillieren in Kolonnen, die Fraktionierung, erlaubt unterschiedliche Siedetemperaturen und damit die Absonderung unerwünschter Aromastoffe. Es dient der Erzeugung von leichteren Varianten, wie sie vom Publikum der Bars heute bevorzugt werden. Unmittelbar nach der Destillation ist Rum ein rohes, farbloses Branntweinprodukt, das erst durch Lagerung zu Geschmack und Reife findet. Auch die Farbe stellt sich über die Lagerung und Veredelung her. Gekohlte Eichenholzfässer lassen, abhängig von der Lagerzeit, die charakteristischen Gelb- oder Brauntöne entstehen; weißer Rum reift in Tanks aus rostfreiem Stahl. Das tiefe Braun mancher Rums wird durch den Zusatz von karamelisiertem Zucker erreicht, nicht immer zum Vorteil des Getränks, das bei übermäßigem Genuß beträchtliche Verwüstungen in den Köpfen anrichten kann.

Seefahrer aller Nationen haben den Rum zu ihrem getreuen Begleiter gemacht. »Fünfzehn Mann auf Totmannkasten – Jo-ho-ho, und die Buddel voll Rum!«, dieses garstige Lied war schon vor dem Aufbruch der Abenteurer zu Stevensons ›Schatzinsel‹ aus dem ›Admiral Benbow‹ zu hören. Die Neigung der Seeleute zu exzessivem Alkoholkonsum ist so bekannt wie letztlich nicht zu beweisen. Daß ihnen am Rum so sehr liegt, hat aber auch etwas mit den Restbeständen von Vitaminen zu tun, die mit den Aromastoffen ins Destillat gelangen. Bei der britischen Marine diente die tägliche Rumration vor allem dazu, die von der Skorbut ausgehenden Gefahren für die Schiffsbesatzungen zu mildern. Leichtmatrosen heutiger Tage halten sich beim Landgang an den Caipirinha, einen Cocktail aus dem Cachaça, einem brasilianischen Zuckerrohrschnaps.

## PALM BREEZE

(Stockholmer Variante nach Henry Morgan)
Alle Zutaten auf Eis gut schütteln, in ein gekühltes Cocktailglas abseihen.

4 cl weißer Rum
1 cl Crème de Cacao
1 cl Chartreuse
3 cl Sahne

## RUM SOUR

Zutaten auf Eis gut schütteln, in ein Sour-Glas abgießen, mit einer Cocktailkirsche dekorieren.

4 cl weißer Rum
1 cl Golden Rum
2 cl Zitronensaft
2 Teelöffel Puderzucker

## PLANTER'S PUNCH

Zutaten mit zerstoßenem Eis gut schütteln und in ein Collins-Glas abseihen. Eiswürfel und einen Schuß Sodawasser ins Glas geben, umrühren und mit einer Orangenscheibe dekorieren.

5 cl Jamaica Rum (Myer's)
10 cl Orangensaft
Saft einer halben Limone
1 Teelöffel Puderzucker
Sodawasser

## HURRICANE

Zutaten mit zerstoßenem Eis gut schütteln, in ein mit Eis gefülltes Longdrink-Glas abseihen. Mit einer Ananasscheibe oder einer Cocktailkirsche dekorieren.

3 cl Jamaica Rum
3 cl weißer Rum
2 cl Rose's Lime Juice
2 cl Orangensaft
2 cl Ananassaft
2 cl Limonensaft

## ZOMBIE

6 cl Golden Rum
1 cl Jamaica Rum
1 cl weißer Rum
2 cl hochprozentiger brauner Rum
2 cl Limonensaft
1 cl Ananassaft
1 cl Passionsfruchtsaft
1 Teelöffel Zuckersirup

Zutaten im Shaker auf gestoßenem Eis gut schütteln, in ein Longdrink-Glas abseihen, mit gestoßenem Eis auffüllen und nach Wahl mit verschiedenen Früchten dekorieren.

# Die Große Hure

Die Roxy-Bar erwies sich als schäbiger Animierschuppen. Trübe Funzeln erhellten einen schlauchartigen Raum. Neben dem Eingang gab es eine Art Bar, zu beiden Seiten des Schlauchs Nischen mit Resopaltischen, Holzbänken mit durchgescheuerten Sitzkissen, Lämpchen mit Plastikschirmen. An den Wänden, die in einem poppigen Erdbeerrot tapeziert waren, hingen verstaubte Pin-Up-Fotos; am Ende des Schlauchs gab es ein kleines Podium mit einem alten Klavier, und Blum war sich nicht ganz sicher, ob die zwei Frauen mit Schürzen und Kopftüchern, die dort den Boden schrubbten, ›Real Entertainment‹ darstellten oder zur Putzkolonne gehörten. In einigen Nischen hockten angetrunkene Handelsreisende und Seeleute und haderten mit ihrem Schicksal oder mit den Mädchen, die vor sich hindösten oder mit dröhnenden Stimmen Witze erzählten. Eine Musikbox dudelte einen Schlager, und es roch wie in einem Wartesaal zweiter Klasse.

Blum wandte sich an einen grauhaarigen Mann in einer schmierigen Kellnerjacke, der hinter dem Bartresen stand und Kassenbons abzählte. Eine lange weiße Narbe verzierte sein einfältiges Gesicht. Eine Frau, die etwa Mitte Fünfzig war, sah ihm dabei mißtrauisch zu. Sie war in voller Kriegsbemalung und hatte eine dicke Perlenkette um ihren Hals und eine tizianrote Perücke auf dem Kopf. Ihre dicken Finger mit den bunten Ringen und den spitz gefeilten Nägeln spielten mit einem Colaglas, das noch zu einem Drittel mit einer Flüssigkeit gefüllt war, die wie eine Mischung aus Eierlikör und Pernod aussah.

»Entschuldigung«, sagte Blum, »ich habe gehört, hier gäbe es die beste Show in Ostende.«

Der Barmann sah von seinen Bons hoch. Er hatte sich frisch rasiert, aber auf der Oberlippe geschnitten und vergessen, die Blutkruste wegzumachen. Er musterte Blum, und was er sah, schien ihm zu gefallen, denn er entblößte seine bräunlichen Zahnreste, doch ehe er etwas sagen konnte, legte ihm die Tizianrote ihre Hand auf den Arm und wandte sich in einer überraschend zarten und melodischen Stimme, der man die gelernte Sängerin anhörte, an Blum.

»Sie schmeicheln uns, Mister. Aber wenn einer so schön schmeicheln kann wie Sie, kommt selten etwas Gutes dabei heraus. Darf ich fragen, wer Ihnen das gesagt hat?«

»Ein Freund.«

»Ah, ein Freund. Vielleicht kennen wir Ihren Freund?«

Blum gab eine Beschreibung Hackensacks.

»Und er trägt immer bunte Hüte und den Bourbon trinkt er wie Wasser.«

»Nein, ist mir kein Begriff. Wissen Sie, die meisten Amerikaner sind seltsam angezogen, und wie Wasser saufen sie ihren Schnaps alle.«

»Vielleicht lernen Sie ihn noch kennen. Wir sind nämlich heute abend hier verabredet. Sie können uns doch einen Tisch reservieren?«

Sie ließ den Barmann los und knuffte ihn in den Rücken. Er strahlte.

»Gib dem Herrn etwas zu trinken, Joseph! Was möchten Sie? Sind Sie auch Amerikaner?«

»Bin ich auch seltsam angezogen?«

»Etwas zu kühl für unser Klima.«

»Oh, das macht mir nichts aus. Ich bin Deutscher. Geben Sie mir ein Bier.«

»Joseph, ein Bier! Deutsches Bier!«

»Das ist gestern ausgegangen.«

»Ich trinke gern ein belgisches.«

»Also gut. Aber wenn Sie einen Tisch reservieren, müssen Sie auch zwei Mädchen reservieren. Tische gibt es nur mit Mädchen.«

»Versteht sich. Gibt es heute abend auch eine Show?«

»Wir haben jeden Abend zwei Shows, um neun und um elf.«

»Dann reserviere ich einen Tisch für beide Shows.«

Er legte einen Geldschein auf den Tresen. Sie nahm ihn und sah Blum dabei seltsam an.

»Sie werden doch keinen Ärger machen?«

»Madame, Ärger ist für mich ein Fremdwort.«

»Ach, schon als ich Sie hereinkommen sah, habe ich so ein Gefühl gehabt.«

Joseph hatte die Flasche Bier aufgemacht, und die Madame goß Blum ein Glas halb voll.

»Aber mir macht es nichts mehr aus«, sagte sie und stieß mit Blum an, »Ärger kann ja auch amüsant sein. Zum Wohl, mein Herr!«

»Auf Ihr Wohl, Madame.«

Sie tranken, dann sagte sie: »Warum nehmen Sie nicht gleich einen Tisch? Vielleicht ist später soviel Betrieb, daß wir ein bißchen knapp mit den Mädchen werden. Oder Sie haben nur noch Ihre Geschäfte im Sinn, das kennt man doch. Kommen Sie, amüsieren Sie sich lieber vorher, wer weiß, was dann kommt. Mein Mann – Gott weiß, wie ich unter ihm gelitten habe! –, aber das muß man ihm lassen, er hat nie versäumt, den Frauen zu zeigen, daß sie mehr wert sind als alle Geschäfte. Nun, wie ist es? Nehmen Sie einen Tisch?«

Blum blickte verstohlen auf die trüben Nischen, die Rauchschwaden, die nirgendwo abziehen konnten, die Bierlachen, die angedröhnten Zecher. Dagegen war das Playgirl, wo die Kakerlaken in der Box bumsten, eine swingende Sache gewesen. Andererseits hatte er keine Lust auf einen Stadtbummel; der Regen prasselte an die Tür, und hier war es wenigstens warm.

»Ich schicke Ihnen auch ein gutes Mädchen«, sagte die Madame und goß ihm noch etwas Bier ins Glas, »etwas ganz Spezielles. Amüsieren Sie sich ein bißchen, wer weiß, wann Sie wieder Gelegenheit haben.«

»Na gut«, sagte Blum, »etwas Stimmung kann nichts schaden. Aber wenn dieser Amerikaner kommt, sagen Sie mir Bescheid.«

Er zwinkerte ihr zu. Sie lächelte zurück. Kaum hatte er an einem der Tische Platz genommen, erschien eine Eurasierin mit einem frischen Bier für ihn und etwas Limonade für sich selbst. Anscheinend meint die Madame es wirklich gut mit mir, dachte Blum. Mona, wie die Eurasierin hieß, war halb Chinesin, halb Französin, und ihr vom Alkohol aufgedunsenes Gesicht zeigte noch immer Spuren von animalischer Schönheit. Ihre olivenfarbene Haut glänzte wie Talg. Ihre wulstigen Lippen, die zu einer Schwarzen gepaßt hätten, ließen Coras Schmollmund völlig vergessen. Sie hatte ihr schwarzes Haar ganz kurz geschnitten, so daß es wie eine Badekappe auf ihrem flachen Schädel lag. Ihre fette Figur steckte in einem grünen Hosenanzug, der mit roten Glasperlen bestickt war. Selbst der barbarische Modeschmuck an ihren kurzen Fingern gefiel Blum an ihr. Sie thronte auf der Holzbank, ein chinesischer Touristen-Dämon, der ›Sherry-Cocktail‹ schlürfte und sich mit einem Zahnstocher die Nägel reinigte, während Blum allmählich ins Schwitzen kam. Sie war die Große Hure, die Hafen-Heilige. Madonna berikni u salvani. In 14 Tagen von Valletta bis Ostende, von der Zahnarztbraut Helga zu dieser importierten Mona, von einem Koffer mit Pornos zu einem Koffer mit Koks. Aber die Koffer waren nicht entscheidend, vielleicht waren sie sogar lästig; vielleicht sollte einer, der morgen vierzig wurde, in Zukunft ohne alles Gepäck reisen. Etwas gespenstisch Ödes lag in der Roxy-Bar, und in den Augen der Eurasierin lag etwas, das Blum einen Schauer über den Rücken jagte – das große Loch, das Nichts.

Er fragte, woher sie sei.

»Saigon«, sagte sie und sah ihn herausfordernd an. »Mein Vater aber großer General in China, geht zurück nach Schanghai, um das Vaterland zu retten, nehmen ihn gefangen, immer im Gefängnis. Wenn ich viel Geld habe, ihn befreien.«

»Vielleicht helfe ich dir dabei«, sagte Blum.

»Du? Warum du?«

»Na, vielleicht hätte ich es auch gern, wenn mich einer aus dem Gefängnis rausholen würde.«
»Warum du Gefängnis?«
Er grinste, wischte sich den Schweiß ab, trank sein Bier.
»Wir stehen doch alle auf der Kippe.«
»Ja?«
»Ich meine, wir könen doch alle jeden Augenblick in die Scheiße treten. Bäng, und schon schließen sie dich für zehn Jahre weg. Ich glaube, ich hätte nichts dagegen, wenn dann einer draußen wäre, der mich rausholen will.«
»Aber mein Vater General, im Gefängnis für China.«
»Ist das nach dreißig Jahren nicht ziemlich egal?«
Mona war das gar nicht egal. Im Vergleich mit ihrem Vater, dem General, schnitten alle anderen, die ins Gefängnis mußten, ziemlich ungünstig ab. Blum versuchte sich vorzustellen, wie Hermes von seiner Tochter – wenn es seine Tochter war – in ein günstiges Licht gerückt würde, wenn sie nach zwanzig Jahren in Hamburg oder Marseille ihren Kunden davon erzählte. Daß er für Deutschland im Knast sitze, konnte sie ja schlecht behaupten. Außerdem, Männer wie Hermes gingen höchst selten in den Knast. Sie hatten nicht nur ihre Nummernkonten, sie hatten auch ihre Fluchtrouten.
»Was denkst du, Blumm?«
»Blum. Wie Blume.«
»Blumm.«
»Du wirst lachen, ich denke an Geld.«
»Warum? Kannst du nicht bezahlen?«
»Aber sicher kann ich bezahlen, Mona.«
»Sherry-Cocktail?«
»Willst du noch einen?«
»Nein. Und mich, kannst du bezahlen?«
Natürlich könnte er auch für Mona bezahlen, sagte Blum, aber würde das nicht ihrer Freundschaft Abbruch tun? Er könnte trotzdem bezahlen, fand Mona. Schließlich brauchte sie das Geld nicht für sich selbst, sie lebte ja

von Wasser und Brot, von Luft, wenn es sein mußte; nein, sie brauchte es doch für ihren Vater, den General, der seit dreißig Jahren ganz allein in einem Gefängnis saß, von allen vergessen, außer seiner Tochter, weil das Gefängnis so geheim war, niemand wußte, wo es lag, irgendwo am Ende der Welt; aber einmal hatte er einen Brief herausgeschmuggelt, einen Brief, den sie nach einem Jahr bekommen hatte. Und er hatte geschrieben, nichts sei verloren; er hatte sich im Gefängnis eine Sonnenuhr gebaut, und Vögeln hatte er das Sprechen beigebracht, und Ratten brachten ihm Nahrung. Würde Blumm das auch fertigbringen? Ja, sagte Blum; wenn er eine Tochter wie Mona hätte, würde er das auch fertigbringen, und daß nichts verloren war, hatte er spätestens in Istanbul herausgefunden. Und Mona lächelte; es bildeten sich eigentlich nur zwei feine Rillen zu beiden Seiten des Mundes; aber es war doch ein Lächeln. Wenn man sonst nichts laufen hatte, war auch das schon das Glück.

»Jetzt gehn wir in Ruhezimmer«, sagte sie.

Das ›Ruhezimmer‹ war eine Überraschung. Dort, wo der Liebe gepflogen wurde, war die Roxy-Bar ein netter altmodischer Puff mit rosa tapezierten, gut geheizten Räumlichkeiten, wo weder an Topfpalmen noch an französischen Betten, weder an Lüstern noch an goldgerahmten Lustspiegeln gespart worden war. Vielleicht hatte Blum Hackensacks Geschmack doch unterschätzt; aber der Staub, der überall lag, bewies, daß das 19. Jahrhundert auch in Ostende nicht mehr viele Anhänger hatte.

Wenn am Mobiliar nicht gespart worden war, dann sparte Mona auch an nichts. Immer wieder entlockte sie Blum neue Gelüste und neue Geldscheine, und sie hatte sogar selbst Augenblicke der Lust und gab dann seltsame Laute von sich, wie Vogelgezwitscher, so daß Blum sich fragte, was für ein Mann dieser Vater sein mußte und was für Vögeln er das Sprechen beigebracht hatte. Schließlich legte er, schweißgebadet, seinen Kopf zwischen ihre Schenkel, auf ihren nassen Muff, und war in Gedanken schon weit in China, als von irgendwo ein kalter Luftzug durchs Zimmer strich. Er machte die Augen auf. In der Tür stand jemand in einem weißen Anzug. Irgendwie kam ihm der Mann bekannt vor. Dann drückte sich ein zweiter ins

Zimmer, durch eine Tür in der Tapete. Der hatte eine Lederjacke an und kam ihm weniger bekannt vor. Im gleichen Augenblick schob Mona ihn von sich und entschwand durch die Tapetentür. Blum richtete sich auf und rieb sich die Augen. Den Kerl hatte er doch fast vergessen.
»Ich nehme an, du bist fertig«, sagte Rossi und machte die Tür hinter sich zu.



**In den Spelunken wird, nach Georg Kreisler, vornehmlich getrunken, und gleich nebenan, da tanzten bei dem Wiener Protagonisten eines besonders schwarzen Humors zwei alte Tanten auch noch den Tango, mitten in der Nacht. Jörg Fausers Roxy-Bar in Oostende hat nicht ganz diesen melancholischen Charme, aber ihre spelunkenhaften Züge machen das leicht wieder wett.**
**Es glaube nun aber keiner, allein deswegen sei der Sherry-Cocktail, den er servieren läßt, nur eine ganz abseitige Erfindung aus dem belgischen Hafenmilieu. Sherry hat in den besseren seiner Spielarten in jedem Fall das Zeug zu einem gediegenen Aperitif und auf diese Weise vor allem in England geradlinig Karriere gemacht. Der mit Brandy angereicherte Wein aus der andalusischen Region Jerez entsteht in einem besonderen Gärungsverfahren, bei dem gegen den von ihr produzierten Alkohol widerständige Hefe sich auf der Oberfläche ablagert und die besondere Geschmacksnote bewirkt.**
**Diese wird weiter verfeinert durch eine einzigartige, ›Solera‹ genannte Verschnittmethode. Der Wein wandert in einer Schichtlage von Eichenholzfässern während seiner Reifung jeweils eine Station nach unten; die oberen Fässer werden danach erneut mit jungem Wein aufgefüllt, aus den unteren wird schließlich der vollendete Sherry entnommen. Das Verfahren haben vor gut eintausend Jahren die Mauren nach Spanien gebracht.**
**Auch bei der von Fauser mit leicht angewidertem Blick präsentierten Mischung von Eierlikör und Pernod sollte man die Nase nicht voreilig rümpfen. Eierlikör, als Advocaat in den Niederlanden und in Flandern weitverbreitet, weckt, ohne weitere Zutaten genossen, bei älteren Damen eine gewisse Redseligkeit und soll auf den Magen eine beruhigende Wirkung ausüben. Unter Teenagern war bis in die siebziger Jahre eine Mixtur aus Eierlikör und Zitruslimonaden wie ›Sinalco‹ oder ›Libella‹ ungemein populär.**

## SHERRY COCKTAIL

5 cl Cream Sherry
Angostura

Sherry in einem Rührglas auf Eiswürfel gießen und vor dem Rühren mit einem Spritzer Angostura verfeinern. Danach durch ein Sieb in ein Cocktailglas abseihen. Mit einer Orangenschale dekorieren.

## SHERRY FLIP

1 ganzes Ei
Zuckersirup
5 cl Cream Sherry

Zutaten im Shaker auf Eis aufschütteln und in ein Sour-Glas abseihen. Mit einer Prise Muskat auf der Oberfläche garnieren.

## KNOCK-OUT COCKTAIL

3 cl Anis
4 cl Gin
4 cl Dry Vermouth
1 Teelöffel Crème de Menthe (weiß)

Zutaten in einem Rührglas auf Eiswürfel geben, sorgfältig rühren und in ein Cocktailglas abseihen. Mit einer Kirsche dekorieren.

## CAFÉ DE PARIS

1 Eiweiß
1 Teelöffel Anis
1 Teelöffel Sahne
5 cl Gin

Zutaten im Shaker auf Eis aufschütteln und in ein Cocktailglas abseihen.

## EYE OPENER

1 Eigelb
Zuckersirup
1 Teelöffel Anis
1 Teelöffel Triple Sec
1 Teelöffel Crème de Cacao (weiß)
6 cl Light Rum

Zutaten im Shaker auf Eis aufschütteln und in ein Sour-Glas abseihen.

# München – Eine Stadt hat Fieber

München ist die Stadt des »P 1«. Eine Körperdisco, sagt man, auf den Toiletten treiben es weichgesichtige Jungs mit Mädchen in Cowboystiefeln, und platzt man in eine solche Szene hinein, sieht man nur die Beine der Frau über der Kloschüssel und den kleinen Hintern ihres Liebhabers. Schöne Schweine! Der »P 1«-Mensch ist überhaupt ganz prächtig anzschauen, er ist immer schweißüberströmt, und wenn er nicht fickt, dann tanzt er. Es muß sehr laut um ihn herum sein, der Soul muß in jeden Muskel dringen, die Musik muß hämmern und dröhnen. Auf der Empore aber stehen die Schönsten der Schönen, Models und Mannequins, Männer und Frauen. Wippend und schaukelnd beobachten sie das Treiben unter sich, sie sind die Herrscher des »P 1«, und wenn um vier Uhr morgens nach der letzten Maxi-Single plötzlich Stille eintritt, fangen sie an zu klatschen, zu klopfen, mit den Füßen zu stampfen und Gläser zu zerschlagen. Bald kreischen alle, und schließlich steigt der dicke DJ wieder in seine Maschine, die Propeller laufen, für eine halbe Stunde gibt es noch einmal Musik. Auf der Bar steht jetzt Kevin aus Kansas, die Ärmel seines weißen Hemdes hängen zerfetzt herunter, er hält eine Tequila-Flasche in der Hand und träufelt der doofen

Angie aus Harlaching den Alkohol in den Mund, den die nun genauso weit aufreißt wie sonst nur die Oberschenkel beim Sonnenbad im Englischen Garten.

Das also ist München, Fremder. Es gefällt dir nicht? Du denkst, es ist oberflächlich? Ach was! In Wahrheit vergehst du vor Neid, weil du seit zehn Jahren mit denselben drei alten Klassenkameraden durch die Lokale von Hamburg, Frankfurt, Köln oder Düsseldorf ziehst, ohne auch nur ein einziges Mal die warme Nähe von Sex gespürt zu haben. Du bist ein Hanswurst, Fremder, weil es in deiner Stadt keinen Freudentempel wie das »P 1« gibt, statt dessen aber provinzielle Weinstuben und verstunkene Neonkneipen.

Im »P 1« findet nicht nur Waschraum-Sex statt und ein narzißtischer Model-Kult, hier dürfen schon mal auch Typen wie Sascha Hehn, Johannes von Thurn und Taxis oder Bea Fiedler ihre Feste feiern, die immer trivial und traditionsbewußt sind und stets unter einem Verkleidungs-Motto stehen. Mal kommen alle als Römer, mal als Bauarbeiter, mal, wie zuletzt, als Penner.

Ja, die Penner-Party von Michael Käfer, die war ein großer Erfolg. In der »Abendzeitung« sah man ihn, mit einer Flasche Rotwein in der Hand, einen verknautschten Hut auf dem Kopf, mit Zeitungen zugedeckt, an der Tür des »P 1« hocken und besoffen in die Kamera glotzen. Es waren fast alle gekommen an diesem Abend, und nur die wenigen Daheimgebliebenen mokierten sich mit dem neuen ›AZ‹-Gesellschaftskolumnisten Wolfgang Osinski über die Geschmacklosigkeit der mittleren Zehntausend, die ihren Gipfel in den Augen der Minderheits-Moralisten damit erreichte, daß die Caritas eine Wagenladung Altkleider für die Party-Dekoration anlieferte.

Über so eine Art von Aufregung kann er nur lachen: Joachim Kaiser, der Musik- und Literaturkritiker der ›Süddeutschen Zeitung‹. In den 50er Jahren lebte und arbeitete er in Frankfurt, wo damals die »Frankfurter Schule«-Diskurse mit viel Elan und Effet regelmäßig in den vergeistigten Intellektuellen-Himmel abhoben. Aber erst als er Anfang der 60er in die Stadt unter der heißen Föhnspirale kam, stieg er allmählich zum übermenschlich großen Kultur-Wunderkind auf, das er bis heute, ein Mann über sechzig, irgendwie immer noch ist. Ins »P 1« geht er nie, dafür umso öfter in die Münchner Oper, das Nationaltheater, und die hatte sich in dieser Saison das beinahe Unmögliche vorgenommen: Die aus vier Großteilen bestehende Wagner-Kitschette ›Der Ring des Nibelungen‹ nicht nur *komplett* aufzuführen, sondern auch noch *gut.* ›Rheingold‹ war gerade abgesungen und weggeklatscht, als ich mit Joachim Kaiser am Telefon ein Rendezvous verabredete. Kaiser flocht persönliche Reflexionen über die ›Rheingold‹-Sing-und-Frack-Party ein: Eine Bombe hätte er am liebsten gestern Abend ins Parkett geworfen, dann wären all die Bonzen, die sich dort versammelt hatten, um Macht und Geld zu demonstrieren, auf einen Schlag weg gewesen, er selbst auch!

Ich befolgte Kaisers Ratschlag, ich erschlich mir für den dritten ›Ring‹-Teil, für ›Siegfried‹, eine von jenen Karten, die offiziell zweihundert Mark kosten und schwarz für bis zu zweitausend gehandelt werden. An diesem Abend sah ich wirklich jede Menge Reichtum und Macht, und was ich obendrein sah, war (neben einer mit modernistischen Requisiten und guten Stimmen aufgemotzten sündhaft teuren Pop-Aufführung für Ärzte und Magnaten) ein freudig-erregter Joachim Kaiser, der den Repräsentations- und Party-Abend genoß: Nicht zuletzt in der zweiten großen Pause, als er ins nahegelegene Hotel »Vier Jahreszeiten« marschierte, um dort, auf Einladung der ›AZ‹-Herausgeberin Anneliese Friedmann, Champagner und Kaviar zu sich zu nehmen.

*München.* Das ist also da, wo sich niemand an der Koexistenz von Kritik und Kaviar stört. Das ist auch da, wo oben die schwarze Brut auf Diktatur macht und unten, im Biergartenparlament, jeder jeden anmeckert, anmacht und anlächelt, wie es ihm gefällt. Es ist da, wo man sich mit Kultur schmückt wie mit einem Brillantenkollier oder einem Dupont-Feuerzeug. Es ist da, wo ein Punker ebenso schnell verbürgerlicht wie der Fasching vorüber ist. Und es ist vor allem da, wo jeder Zugereiste sofort mitmachen darf, denn schließlich wird in dieser Stadt ständig und überall gesoffen, gejohlt und getanzt.

Und genau deshalb verlassen wir nun Joachim Kaiser, denn wir wollen noch viel, viel mehr von dieser verlogen-ehrlichen Stadt sehen, wir verbeugen uns noch einmal vor diesem in die Jahre gekommenen Wunderkind, wir zoomen aus seinen Büro heraus, und aus dem Close-up wird schon bald eine Super-Totale, die Kamera, von einem riesigen Kran bewegt, fliegt über die Kamine und Antennen. Sie landet auf dem Olympiaberg: Es ist ein kühlwarmer sonniger Frühlingstag, es ist Samstag, wir sehen das Eisstadion, die Schwimmhalle, den Fernsehturm, und wir sehen vor allem das mit achtzigtausend Leuten ausverkaufte Olympiastadion mit der riesigen Anzeigetafel, der wir entnehmen, daß die Bayern den 1. FC Nürnberg gerade mit 3:0 herunterputzen. Und da braust schon wieder ein Stimmensturm auf, Lothar Matthäus hat das vierte Tor geschossen. Wir drehen uns auf dem kleinen Hügel, wir betrachten die Stadt: Da ist das BMW-Hochhaus, da der Schlot der Verbrennungsanlage in der Müllerstraße, da die Kirchtürme und Palastkuppeln der Innenstadt, dahinter ein rotbraunes Dächermeer und dahinter dann, in der Tat, die zuckerweißen Alpen.
Unsere Kamera steht nicht still, sie will weiter. Zum Film. Zunächst einmal fährt sie in das »Arri«-Studio an der Türkenstraße. Es gehört Bob Arnold, jenem Mann, der seine Millionen vor allem mit den weltberühmten, in München gebauten »Arriflex«-Kameras gemacht hat. Bob Arnold, der alte Junggeselle, heiratet heute. Wir schreiben den 13. April, und schon seit Tagen lacht von den Litfaßsäulen der Stadt Bob Arnolds befriedigtes Gesicht die Passanten an: Der Kameraindustrielle annoncierte sein Hochzeit mit einer gewissen Delia Emslander wie einen Film. Und nun? Tatsächlich: Im »Arri«-Studio ist das Unvermeidliche an Prominenten versammelt, und all diese Menschen, die hier nur unvollständig aufgezählt werden sollen (Rudnik, Eichinger, Bogner, Lüftner, Gauweiler, Verhoeven, Berger, Boenisch), starren auf die Leinwand, auf der Bobbys Polterabend gezeigt wird, der vor einigen Tagen mit modernster »Arri«-Technik aufgezeichnet wurde – ein kleines, selbstsüchtiges Cineasten-Wunderwerk.
Während also Bobbys Freunde – im Film – vor seiner Villa hundert Kloschüsseln zerdeppern, die Haustür mit Pampers-Windeln verbarrikadieren

und Verarsch-Reden auf den Bräutigam halten – während also all dies Etabliert-Widerliche geschieht, schwenken wir ins Kulturzentrum Gasteig hinüber, wo es ein wenig subversiver zugeht: Gezeigt werden Kurzfilme, die in den sechziger Jahren in München entstanden sind und deren Regisseure und Akteure bis heute einen gewissen Ruf haben. Filme von Klaus Lemke, May Spils, Rudolf Thome oder Wolfgang Limmer – sie verbindet das hemmungslose Ausbeuten damals kursierenden Nouvelle-Vague-Gedankenguts, mehr aber noch eine unglaubliche Unkompliziertheit, Humorigkeit, Lebensfreude und – das ist das Zentralwort – Ideologielosigkeit. Wir sehen faule Menschen mit schönen Kleidern, schönen Körpern und lustigen Sprüchen – und stellen begeistert fest, daß in München sogar die verlotterten Sechziger schick und fein waren. Was wir aus dem kleinen Kurzfilm-Festival lernen? Eigentlich nur, daß in unserer kleinen Stadt immer Spaß dabei ist, egal, wie ernst oder avantgardistisch man sich gibt.

Den letzten Schwenk macht die Kamera ins »Schumann's«. Der Leser sieht die vom Trinken, Smalltalken, Angeben und Planen verzerrten Gesichter. Münchner Filmleute. Bernd Eichinger ist mit Freundin Barbara Rudnik beschäftigt, während Ex-Freundin Hannelore Elsner zwei Tische weiter einem neuen, jugendlichen Liebhaber fest ins Gesicht schaut. Filmfest-Manager Eberhard Hauff hat kleine, betrunkene Äuglein; Bruder und Regisseur Reinhardt Hauff ist, wie immer, vom Leben verbittert und angewidert. Regisseur Peter Fleischmann macht eine russische »Gosfilm«-Delegation betrunken, die er, wie viele andere seiner Geschäftspartner davor, in Windeseile über den Tisch gezogen haben wird. Doris Dörrie trägt ihren großen Kopf von einem der anwesenden Journalisten zum andern, um jeden von ihnen dafür anzumeckern, daß der letzte Artikel über sie viel zu kurz geraten sei. Und an dem Jungfilmer-Tisch in der hintersten Ecke der Bar beraten die Regisseure Müllerschön und Schmidt sowie Produzent Moszkowitz plus Anhang, ob sie heute den Rest des Geldes dafür ausgeben sollen, um Charles Schumann eine Flasche »Four Roses« abzukaufen, damit sie diese dann, für jeden sichtbar, großkotzig-pubertär aus der Bar hinaustragen können. Ja, sie tun es, verdammt nochmal, und es schaut einfach prächtig aus.

Prächtig, übrigens, gestalteten sich in München auch immer die Revolutionen. *1848* zum Beispiel, als bereits halb Deutschland in Flammen stand, regierte hier Ludwig I. noch immer mit milder Absolutistenhand. Die Menschen liebten ihn, und nie im Traum hätten sie daran gedacht, ihn zu stürzen. Erst als sie herausfanden, daß er es mit Lola Montez trieb, einer halbseidenen Tänzerin und Lebedame, gingen auch sie im wilden Jahr 48 wütend auf die Barrikaden. Doch während in Frankfurt, Heidelberg und Weimar für Gleichheit und Brüderlichkeit gekämpft wurde, war es die größte Sorge der Münchener, den guten Leumund ihres Königs wiederherzustellen. Lola Montez hielt dem Druck der Straße nicht stand und verschwand – und zehn Tage danach aber auch der König, der abdankte, weil er es nicht ertrug, öffentlich seine Bettgeschichten diskutieren zu müssen. Alles hatten die braven Münchener gewollt, nur das nicht, und sie hatten Ludwig sogar kurz vor seinem Rücktritt gegen einen versprengten Haufen militanter Radikaler beschützt. Nun also beweinten sie, wie reumütige Kinder, seinen plötzlichen Abschied. München schluchzte.

*1918/19* errichteten die Kaffeehaus-Literaten Toller, Eisner, Mühsam und Leviné eine Räterepublik. Es war eine anarchistische Schnapsidee, eine Bohème-Schwärmerei – aber sie funktionierte. Sie funktionierte ein halbes Jahr lang und dann aber nicht mehr, weil die Freikorps kamen und die Soldaten der bayerischen Armee, die die Ideale, Freuden und Dummheiten der Schriftsteller auf ihre Bajonette spießten. Egal. Wo sonst, außer im literaturverrückten Prag, haben jemals Dichter einen Staat, eine Stadt regiert? Und wo sonst hätte ein Augenzeuge die blutige Niederschlagung dieser Dichterrepublik mit folgenden Worten beschreiben können: »Die ganze Sache hatte einen Beigeschmack von wilder Gaudi, sie hatte etwas sehr Unernstes und Karnevalistisches.« München feierte.

*Ostern 1968.* An dem Tag, als Rudi Dutschke fast zu Tode kam, betrat ein schöner langhaariger Junge, von dem keiner so genau wußte, ob er nun Apo-Aktivist, Hippie oder einfach nur Zuhälter war, das »Big Apple«, die heißeste Diskothek, die es damals in München gab. »Sie haben auf Rudi geschossen!« rief er aus. Und: »Springer, diese Sau!« Dann verließ er das

Lokal, bestieg seinen weißen Cadillac und fuhr gemächlich die Leopoldstraße hinunter, in die Schellingstraße, zur ›Bild‹-Redaktion. Er war nicht allein: Die Türen der Diskothek öffneten sich, und ein breiter Strom von Menschen ergoß sich aus dem »Big Apple« – langsam und traurig marschierten sie hinter dem Cadillac her. Einige Wochen später geschah es auch, daß ein paar gutgelaunte Studenten die ›Süddeutsche Zeitung‹ besetzen wollten. Doch sie scheiterten bereits am Pförtner, der ihrem Vormarsch mit dem unerbittlichen Satz »Sie, da könnens net weiter!« prompt stoppte. Zum Schluß empfing der Chefredakteur eine Zwei-Mann-Abordnung, mit der er so lange diskutierte, bis die Rebellen es nicht mehr aushielten und in der nächstbesten Kneipe ihre Ideale in Weißbier ertränkten. München zitterte? München war nie in Gefahr.

In unseren postmodernen Tagen werden Münchener Revolutionen natürlich noch ein wenig anders ausgetragen, und Gaudi und Rebellion gehen dann eine besonders hinterfotzige Mischung ein. Wie bei Anatol etwa, der mit vier Freunden im Gärtnerplatz-Viertel das »Werkstattkino« betreibt. Anatol trägt ein schwarzes Hemd, darunter ein weißes Bundeswehrunterhemd. Er hat, glaube ich, eine Lederjacke an, aber ganz bestimmt braune Gabardinehosen sowie schwarze Stiefeletten. Seine Kleidung sieht bewußt billig aus, und billig ist auch die Art, wie er sich die Haare zurückkämmt. Dennoch hat das Ganze eine Ästhetik-Entschlossenheit, die rigoros auftritt. Anatol bestätigt: Was er anzieht, muß seinen Vorstellungen genau entsprechen.

Anatol ist erste Wahl für eine München-Untersuchung, weil er es fertigbringt, die München-Klischees pointiert zu brechen – und damit um so vehementer zu bestätigen.

Anatol und seine »Werkstattkino«-Kollegen setzen mit ihrem Filmprogramm der Münchner Oberflächlichkeit scheinbar etwas Existentielles, Gewalttätiges entgegen. Sie zeigen jede Menge harter Pornographie, es gibt Brutal- und Todesstreifen mit abgehackten Gliedern, und manchmal ist auch echte Sodomie zu sehen – das »Werkstattkino« ist, wohlgemerkt, ein Kunstkino. Anatol steht zum Spielplan seines Kinos. Haßt er München? Will er die Stadt mit Ficken, Furzen uind Fiessein besiegen? Wohl kaum. *Erstens:* »Ich bin ein Münchner«, sagt Anatol. Er geht zu jedem Bayern-Spiel, trinkt Weißbier zum Frühstück und verreist nie; in dieser Stadt will er sterben. *Zweitens:* Äußerlichkeit – neben Ideologielosigkeit *das* Schlüsselwort in dieser Stadt – wahrt auch Anatol, er *verehrt* es geradezu. Nicht nur, daß er ungeheuren Wert auf den tadellosen Zustand der gezeigten Kopien legt, weil er es hassen würde, ein Schmuddelhippie-Kino zu betreiben. Auch, weil im »Werkstattkino« sehr oft Nazi-Filme laufen, ohne erläuternde Vorabkommentare oder kritische Diskussionen danach. Sie laufen als Kultfilme. »NS-Filme zeigen wir«, sagt Anatol, »weil sie grandios sind. Sie sind perfekt gemacht, sie nutzen hundertprozentig die Form. Die Nazi-Zeit war halt die Blütezeit des deutschen Films, daran kommt man nicht vorbei« – bei diesen Worten wird Anatol ein bißchen rot, weil er weiß, daß er provoziert. Aber er meint es ernst, denn er fügt hinzu: »Vom Faschismus bin ich fasziniert.« Aber dann sagt er auch: »Ich hasse totalitäre Regime.«

Ist Anatol blöd? Oder ist er ein Münchner? Anatol und seine Freunde werfen nicht nur Härte auf die Leinwand, sie spielen sie auch durch. Anatols Cineasten-Clique dreht nämlich ab und zu einen Film auf Super-8, bei dem es in erster Linie darum geht, daß alles Gezeigte *in realiter* passiert sein muß. Im Moment planen sie einen Streifen, in dem drei Soldaten während eines Manövers in einer Wirtschaft sitzen und saufen. Zum Abschluß sollen sie die Bedienung vergewaltigen. *Wirklich.* »Ich hoffe«, sagt Anatol, »daß das Mädchen, das die Kellnerin spielt, die Sache mitmacht.« Warum, Anatol, muß die Szene wirklich sein? Schulterzucken. Anatol ist nicht nur Münchner, er ist auch ein verspäteter, unwissender Warholianer.

War Adolf Hitler das auch? Es muß endlich, an dieser Stelle, etwas über Münchens Hitler-Liebelei gesagt werden, und damit der Leser mit den modernen Augen nicht sogleich angeödet weiterschweift, versuche ich, ihn zu halten, indem ich ihn zum dritten und diesmal letzten Mal ins metaphorische »P 1« einlade, indem ich einfach nur sage: Das »P 1« mit seinen schönen, schwitzenden Körpern befindet sich im »Haus der Kunst«. Ja, genau, das ist eben das Museum, das Hitler, der München zur Hauptstadt der Bewegung erklärte, von einem seiner Spitzenarchitekten, Paul Ludwig Troost, errichten ließ. Es lag und liegt immer noch am Rande des Englischen Gartens, es ist geschmacklos, pompös und schwerfällig und säulenreich, es beherbergte einst Goebbels' Ausstellung »Entartete Kunst«, und später wurde dort in jedem Nazijahr der »Tag der *deutschen* Kunst« veranstaltet, mit Umzügen, Konzerten, Ausstellungen und, klar, vielen Partys. Hitler ist aus München nicht fortzudenken. Er verstand sich als Teil der Schwabinger Bohème, er verkehrte in ihren Lokalen, er hatte einen Stammtisch in der heute noch – unter anderem Namen – existierenden »Osteria Bavaria« an der Schellingstraße, und wenn er sonst noch soviel zu Mord und Totschlag aufrief – hier drinnen war er ruhig und gesittet, und herumgebrüllt hat er nur, wenn er betrunken war. Ja, der Herr Hitler liebte das Münchner Flair.

Als Hitler im Januar 1933 an die Macht kam, gab es sogleich eine Art Protestbewegung unter den besseren Bewohnern der Stadt. Klaus Mann, hier groß geworden, beschrieb den Beginn des Tausendjährigen Reiches aus Münchner Sicht in seiner Autobiographie ›Der Wendepunkt‹ so einleuchtend, daß das Zitat nicht ausbleiben kann:

»Wir tanzten im ›Regina-Palast‹-Hotel, während in der Hauptstadt das Reichstagsgebäude in Flammen stand. Wir tanzten im Hotel ›Vier Jahreszeiten‹, während die Brandstifter Unschuldige des Verbrechens bezichtigten, das sie begangen hatten. Das war am 28. Februar – Faschingsdienstag –, und tags darauf war Aschermittwoch. Als der Anarchist Erich Mühsam, der Pazifist Carl von Ossietzky und der Kommunist Ernst Thälmann von der Gestapo verhaftet wurden, kehrte man in München Luftschlangen und Konfetti von den Straßen. Man war verkatert. Der Fasching war vorüber.«

Wird denn in dieser Stadt immer nur getanzt? Und gefickt? Heute wie damals? Stemmen die Leute ihre wippenden Leiber den Herrschern in Ratlosigkeit entgegen – oder in Schlitzohrigkeit?

Der Weg nach München ist leicht. Wer hier nicht geboren ist, zieht – kaum hat er die Isarstadt bei einem noch so kurzen Besuch kennengelernt – sofort hierher. Doch das Wegfahren, das Weiterziehen ist schwer. Wieso? Ist es der warme Föhn, der laut Münchens bekanntestem Volksautor Siggi Sommer geil macht? Die schönen Mädchen? Die vielen Theater und Galerien, die Konzerte und Lesungen? Sind es die guten und teuren Geschäfte? Sind es die Nackten vom Englischen Garten? Ist es die offene Prunksucht? Das schick gekleidete Proletariat, das immer frecher die Feierdistrikte der Studenten und Privilegierten in Beschlag nimmt und dort mit Schnurrbart, Opel und »Boss«-Jackett, mit weißen Lederstiefeln und hautengen Röhrenjeans die eigene Party gibt? Sind es die Schein-Autokratie, die Schein-Liberalität, die Schein-Herzlichkeit, die Schein-Härte, die aus München eine Stadt des Totalverbots und zugleich auch des Total-Laisser-faire machen?

Wolfgang Koeppen, der Romancier, kam noch vor dem Krieg das erste Mal von Berlin hierher. Mit Klaus und Erika Mann zog er durch die Nachtlokale, und am besten gefiel es dem Trio beim »Schwarzfischer«, einer bayerischen Bierkneipe, wo sich damals die Schwulen und Lesben vergnügten, genauso offen und leger wie heute in der »Deutschen Eiche«, dem Stammlokal des seligen Rainer Werner Fassbinder. Einmal, irgendwann in den 20ern noch, feierte Koeppen beim »Schwarzfischer« Fasching, und da fiel es ihm das erste Mal auf: Daß man in München immer nur auf die Maske, die Verkleidung und Vermummung Wert legt – im Berlin der Golden Twenties hingegen kam es immer nur darauf an, wie man sich am besten und schnellsten auszieht. Während des Krieges dann, sagt Koeppen amüsiert, wirkten Münchens Straßen, trotz der Zerstörung, immer ein wenig freundlicher und aufgeräumter als die jeder anderen deutschen Stadt, und bereits im Mai 1945, fährt er noch vergnügter fort, bevölkerten die ersten Müßiggänger die Freibäder und Biergärten und Boulevards – respektive das, was davon übriggeblieben war. »Man kann die Münchener Mentalität ziemlich widerlich finden«, sagt Wolfgang Koeppen.

Warum er dennoch gekommen und geblieben ist?

Keine Antwort.

Charles Schumann, Deutschlands gebildetster Barmann, kam in den 70ern. Er studierte Politologie, aber mehr noch das Nachtleben, und bald war er, zunächst als Kellner in »Harry's New York Bar«, die prominenteste Gestalt der Szene. Charles, längst saturiert, längst mit prima Einkommen, schöner Frau und prächtigem Söhnchen ausgestattet, schimpft auf München. Er haßt die Enge, die hier herrscht, er haßt die reichen Kinder, die in seiner Bar Hunderte von Mark für Cocktails verpulvern, er haßt es, daß hier alles so leicht ist, leicht, aufzusteigen, und leicht, die Pfründe zu halten. Charles Schumann liebt das kaputte New York, aber er lebt im heilen München. Charles Schumann weiß nicht, wieso. Er weiß es genausowenig wie Wolfgang Koeppen.

Und Flatz? Der Österreicher, der Performance-Künstler, der Designer, der beste Bullshit-Artist, den wir haben, spricht fast ein wenig masochistisch von der Münchner Wurschtigkeit, die es ihm und seinen Heiße-Luft-Projekten so leicht macht. Flatz könnte dem Kulturreferenten der Stadt auch einen Furz als Aktion verkaufen – der finanziert alles, was nur im weitesten Sinne die Definition des Begriffs »Kunst« berührt. In den 70er Jahren hat Flatz einige lustige Selbstverstümmelungs-Performances gemacht, und von denen zehrt er noch heute. Schlecht?

Neben den München-Beschimpfern und den München-Lobern gibt es auch jene, denen die Stadt auf eine merkwürdige Art gleichgültig ist. Zu ihnen gehört Michael Krüger, Chef des Carl-Hanser-Verlags. Krüger, der immer nur an Literatur denkt, bekommt von der Stadt nicht viel mit. »Bayern – das ist Reaktion«, sagt er trotzdem. »München – das ist Großstadt, Vielfalt, Liberalität.« Dies erkenne man auch daran, was die bayrisch-staatlichen Kulturinstitutionen ins Programm hievten: Das Residenztheater, die Oper, die Neue Pinakothek – dort gäbe es Unmengen an Biederkeit und künstlerischem Konservativismus. Die Kammerspiele dagegen, das Stadtmuseum, das Filmmuseum, das Lenbachhaus – da wurde experimentiert und gewagt, da kämen sie alle dran, von Blinky Palermo über Beuys, Tabori und Heiner Müller bis Gilbert & George.

Aus der Ferne meldet sich noch eine Stimme. Der Journalist, Schriftsteller und Musiker Thomas Meinecke genießt gerade die Vorteile eines Berliner Autorenstipendiums. Am Telefon ist die Rede von seinem Heimweh. Er, der Hamburger, der vor einigen Jahren nach München kam, begreift München mit seinem Feierzwang als *die* deutsche Stadt der Swinging Eighties – »Zweihundertmal prächtige Langeweile in München ist mir lieber als zweihundertmal versuchte Sensation in Berlin« –, und zugleich beobachtet er, daß der Münchner Underground sehr konformistisch ist, daß es hier kaum subkulturelle Räume gibt.

Koeppen, Schumann, Flatz, Krüger, Meinecke – sie alle wissen wirklich viel über unsere Stadt, aber sie begreifen trotzdem nicht, wo der Schlüssel zu ihrem Magnetismus liegt. Sie liefern bestenfalls Puzzlesteine. Das Ganze überschauen sie nicht.

Um halb acht in der Früh läutet noch einmal das Telefon. Towje Kleiner, der Schauspieler und Komiker, der in München geboren und aufgewachsen ist, meldet sich unerwartet ernst und fanatisch zu Wort. Seine nölige Stimme explodiert im Hörer: »Sie haben auf meinen Anrufbeantworter gesprochen«, sagt er atemlos. »Für ein Treffen habe ich keine Zeit, aber hören Sie zu: München ist tödlich, schreiben Sie das, tödlich wie dieser Scheißdialekt, der so weich daherkommt, um die gemeinsten, gröbsten Sachen zu sagen, und den ich, logisch, selbst auch spreche. Oh ja, München ist toll, aber schauen Sie es sich von der Seite an oder von unten, als Kind oder als Krüppel. Eine Scheißstadt!«

Eine Scheißstadt?

»Es soll einer bloß mal versuchen, am Stachus in der Einkaufszone, in dieser stinkigen Unterführung, wo es wie überall anderswo in Deutschland aussieht, grau und asozial, aber bestimmt nicht wie im bayrischen Venedig, bayrischen Florenz, Isar-Athen, Föhn-Levante, Weltstadt mit Herz oder wie es auch sonst noch heißt – da soll einer versuchen, am Stachus eine Mark zu wechseln. Oder er könnte auch probieren, auf dem Viktualienmarkt, dem idyllischen, idiotischen Viktualienmarkt, einen von diesen blankgewischten dunkelroten Äpfeln anzulangen. Maulfaule Unverschämtheit und gemeine Sturheit erschlagen ihn.«

Das ist Ihnen passiert?

»Keine Zeit mehr, muß auflegen, muß arbeiten.«

Towje Kleiners Stimme verschwindet im Hörer wie der Dschinn in der Flasche. Natürlich hat er recht, aber es spielt trotzdem keine Rolle. Denn am Ende verzeiht man München *fast alles*.
Vielleicht, weil in dieser Maskeraden-Oberflächlichkeits-Ausgelassenheits-Stadt nichts wirklich echt und hundertprozentig ist, weshalb nie etwas so ist, wie man es sieht, im Bösen wie im Guten. Nichts stimmt ganz, weder Lob noch Tadel. Eine Stadt schlängelt sich durch.
Einfacher zu begreifen dagegen ist, warum Towje Kleiner nicht verzeihen kann. Seine Frau war jung, dann krank, dann tot; der Sohn ist Invalide. Das kann einem in jeder Stadt passieren. Hier aber tut es mehr weh. Hier gehört es nicht ins Programm. In München gibt es nur lebende Schönheit zu sehen, nicht den Verfall. Und wenn du unbedingt am Stachus vorbeimußt, dann schließt du eben die Augen.

Der Text von Maxim Biller ist dem dtv-Band »Die Tempojahre« entnommen.


**Man muß Tequila nicht von oben herab in den geöffneten Mund einer Frau laufen lassen, selbst wenn die sich bereit dazu zeigt. Man muß auch keineswegs schon zum Frühstück mit dem Weißbier loslegen, wie das, außer bei Anatol, zumindest zeitweise auch bei Sepp Maier und Klaus Augenthaler der Fall gewesen sein soll. Keiner sagt einem auch, alle Wege in München führten unweigerlich zu Charles Schumann, wo es dann wirklich passieren kann, daß einen die Sehnsucht nach dem Kopf von Doris Dörrie oder nach einer Flasche ›Four Roses‹ ereilt. Soviel sei dazu nur gesagt: ›Four Roses‹ trägt man weder in ein noch aus einem Lokal. Nicht vermeiden läßt sich freilich, daß genau dies in München trotzdem geschieht. Davon abgesehen, und um wenigstens die Alkoholika ins rechte Licht zu rücken, die Maxim Biller auf seinem apokalyptisch gefärbten Ritt durch das königsblaue München erspähte: Beim Tequila lohnt es sich in jedem Fall, an sämtlichen Adabeis vorbei unvoreingenommen in Charles Schumanns blankpolierte Gläser zu schauen, und die Sache mit dem Weißbier, die überprüft man als Einsteiger am besten beim Schneider im Thal.**
**Tequila, um nun endlich loszukommen von nichts als München, wird aus Agavensaft destilliert, den man mit Rohrzucker versetzt. So jedenfalls will es die gesetzliche Grundlage, um die sich allerlei dubiose Praktiken mit zweifelhafteren Ergeb-**

nissen scharen. Daß der Tequila in Mexiko und im mexikanisch gewesenen Kalifornien als Nationalgetränk gilt, hat mit seiner geschichtlichen Herkunft zu tun. Schon die Azteken verehrten ihn als heiliges Wasser, ein Kult, dem sich die spanischen Eroberer ausnahmsweise nicht widersetzten.
Populär ist er wahrscheinlich, weil das Ritual der Tequilaaufnahme, mit Salz, das man während des Trinkens vom eigenen Handrücken leckt, bei gleichzeitigem Versuch, das Glas in einem Zug zu leeren und dabei an einer Zitronenscheibe zu saugen (es sind auch andere Reihenfolgen und erotischere Varianten gestattet) ..., weil dieses Ritual selbst ungeübte Trinker wie Angehörige einer geheimnisumwitterten Priesterschaft aussehen läßt.
Don't worry, be happy: Tequila und der Sound der kalifornischen Beach Parties schafften etwa zur selben Zeit, in den fröhlichen Sechzigern, den Sprung in die Charts. Während einer beim Surfen aber immer noch die Balance halten muß und die Surf-Beat-Fun-Platten von damals schon reichlich angekratzt wirken, ist der Tequila Sunrise noch längst nicht zu Ende. Er läßt die Welt im Kopf so zauberhaft bunt aussehen wie zuvor die Ingredienzen das Glas. Schöner trinken mit dem, was im 19. Jahrhundert, im mexikanischen Tequila noch recht prosaisch ›Mezcal-Wein‹ genannt wurde: Maskerade muß sein, wo Tequila geleert wird; die Illusion der Stärke stellt sich dann sowieso ein.
Ein Wort noch zum Weißbier, das sich, in der Regel als urbayerische Spezialität ausgegeben, seiner Einzigartigkeit nicht allzu sicher sein sollte. Als Berliner oder Bremer Weiße ist dieses obergärige Brauerzeugnis, bei dem neben Gerstenmalz Weizenanteile Verwendung finden, im Norden Deutschlands seit langem verbreitet. Die Berliner Variante wird, weil nach einer Milchsäuregärung besonders bitter schmeckend, vor dem Trinken mit Waldmeister- oder Himbeersirup gesüßt. Weißbier kann hell (Kristall) oder ungefiltert (Hefe) angeboten werden, mit unterschiedlichem Alkoholgehalt und einer Vielzahl von vom Gärungsverlauf abhängigen Geschmacksnuancen. Nicht unbedingt zum Frühstück, aber an heißen Sommertagen durchaus als Aperitif läßt es sich ohne Reue genießen, wenn auch eher am Tisch eines Biergartens oder bei einem Grillfest als an einer Bar.

## TEQUILA SUNRISE

Zerstoßenes Eis in ein Longdrink-Glas geben, mit Tequila, Grenadine und einem Spritzer Zitronensaft aufgießen. Langsam den Orangensaft hinzufügen und vorsichtig rühren. Der Tequila Sunrise stellt sich ein, wenn die Grenadine im Glas nach oben zu steigen beginnt.

5 cl Tequila
8 cl Orangensaft
2 cl Grenadine
Zitronensaft

## TEQUILA SOUR

Die Zutaten im Shaker auf Eis kräftig schütteln und in ein Sour-Glas abgießen. Mit einer halben Zitronenscheibe und einer Cocktailkirsche garnieren.

6 cl Tequila
1 Teelöffel Puderzucker
Saft einer halben Zitrone

## MARGARITA

Tequila, Cointreau und Limonensaft im Shaker auf viel Eis schütteln. Den Rand einer Cocktailschale auf einer Zitronenscheibe befeuchten und auf eine mit Salz bestreute Untertasse stellen. Überflüssiges Salz abstreifen und das Getränk in die Cocktailschale gießen.

4 cl Tequila
2 cl Triple Sec (Cointreau)
Saft einer halben Limone

## BLUE MARGARITA

Zubereitung wie Margarita

4 cl Tequila
2 cl Blue Curacao
Saft einer halben Limone

## SILK STOCKINGS

Auf zerstoßenem Eis die Zutaten im Shaker gut schütteln. In ein Cocktailglas abseihen, Oberfläche mit gemahlenem Zimt bestreuen und mit einer Kirsche garnieren.

5 cl Tequila
3 cl Crème de Cacao
5 cl Sahne
1 Spritzer Grenadine

## BRAVE BULL

4 cl Tequila
4 cl Tia Maria

Zutaten auf Eiswürfel in ein Oldfashioned-Glas geben, rühren und mit einer Zitronenscheibe garnieren.

## BLOODY MARIA

3 cl Tequila
6 cl Tomatensaft
1 Spritzer Zitronensaft
1 Spritzer Tabasco
1 Prise Selleriesalz

Alle Zutaten im Shaker auf zerstoßenem Eis gut schütteln. In ein Oldfashioned-Glas auf Eiswürfel abseihen, mit einer Zitronenscheibe garnieren.

## LATIN LOVER

3 cl Tequila
2 cl Pitu
2 cl Limonensaft
4 cl Ananassaft
1 cl Zitronensaft

Original-Rezept von Charles Schumann
Alle Zutaten auf Eis kräftig schütteln, in ein bis zur Hälfte mit Eis gefülltes Longdrink-Glas gießen. Mit einem Ananas-Stück garnieren.

Joseph von Westphalen/**Moderne Zeiten**

# Das Leben ist hart. Über das Saufen

Nie wieder!« Der Mann um die Dreißig, der jetzt wie Ende Vierzig aussieht, richtet sich aschfahl im Bett auf, schlurft ins Badezimmer, reißt ein Schränkchen auf, füttert sich mit zwei Aspirintabletten und trinkt gierig und laut Wasser aus der hohlen Hand. Er stöhnt und ächzt, hält sich am Waschbecken fest und wackelt mit dem Oberkörper wie kurz vor dem Herzinfarkt. Dann setzt er sich auf das geschlossene Klo, vergräbt den Kopf in den Händen und verharrt eine Weile in der Pose des Rodinschen Denkers.

Obwohl er allein ist, führt er sich auf. Es geht ihm nicht gut, aber er spielt auch Theater. Kein Mitleid. Er spielt, was er in hundert miesen Filmen sah: den verkaterten Mann, dem immer nur eines durch den Kopf geht: die letzten drei Runden Schnaps hätten nicht mehr sein müssen.

Er spielt den Mann, der sein hartes Los erträgt. Er nimmt diesen furchtbaren Kater hin wie den hohen Preis dafür, daß er vorige Nacht ein Berserker war. Zwar hatte er gewankt, doch war er nicht gewichen. Obwohl in kläglicher Verfassung, beginnt sein vom Konkurrenzdenken bestimmtes Männerhirn schon wieder zu arbeiten. Andere, so sagt er sich jetzt, wären nach diesen gestrigen Mengen schon tot.

Ein mieses Theater, das hier gespielt wird. Billiges kleines Fernsehspiel. Es handelt sich um einen millionenfach vertretenen Typus, der Saufen für Leistung hält, und das Ertragen anderntags gehört eben dazu. Das ist auch Leistung. Das Hirn dieses Menschen ist so groß wie das eines Corpsstudenten. Zähne zusammen, und dann Ex. Runter mit den Bierlitern. Her mit dem Säbel und nicht gezuckt. »Es gibt nur eines: ertrage – ob Sinn, ob Sucht, ob Sage – dein fernbestimmtes: Du mußt.« – Armer Gottfried Benn. Von Idioten gelallt. Aber der Sinn dieses Verses ist schließlich auch idiotisch.

Der Verkaterte besieht sich nun im Spiegel. Obwohl er einem verquollenen Hormonpolitiker ähnelt, glaubt er, wie Yves Montand auszusehen; ein Trugschluß, wie er sich schon bei 0,5 Promille einstellt. Der Suff gräbt Falten der Dummheit ins Gesicht, die der Berauschte für Zeichen seiner schönen Reife, seines Charmes und seines Denkvermögens hält.

Nun schleppt sich der Hormon-Montand in sein Büro. Was sein muß, muß sein. Saufen wie die Großen, vertragen wie die Kleinen – das gibt es nicht. Er ahnt nicht, wie sehr er aus dem Mund stinkt. Die Sekretärin wird es sofort feststellen. Sie wird sein dumm gefaltetes Gesicht sehen, und die seltsame Ordnung der Welt will es, daß sie ihn nicht verachtet. Mitleid wird sie statt dessen verspüren, eine saloppe Bemerkung machen: Ist wohl spät geworden gestern? Und dann den mütterlich starken Kaffee.

So ist es: Der Besoffene wird mit Mitleid belohnt. Er erscheint am anderen Morgen als blessierter Heimkehrer. Man pflegt ihn, und er gibt sich unwillig. Hartes Kinn. Denn als echter Säufer war er in der Nacht ein Einsamer, trotz seiner Kumpane allein mit seinem Rausch.

Die hier observierte, noch immer säuerlich riechende Gestalt ist übrigens beileibe kein Alkoholiker. Die leiden bekanntlich nicht mehr unter billigen Katern. Die greifen nicht zu Aspirin und Alka Selzer, sondern zur nächsten Flasche und werden erst nach dem ersten Schluck Feuerwasser wieder ruhig. Aber einerlei, ob bayerische Biersäufer, rheinische Weinsäufer, westfälische Schnapssäufer, Ruhrpottpilssäufer, ob regelmäßig, unmäßig, gelegentlich oder quartal: in den privaten Trinkgewohnheiten spiegelt sich das gesamte Wirtschaftssystem mit Leistungszwang und Konkurrenzdruck, Blackout und Verkennung der Wirklichkeit.

Kein Mitleid mit den Lebern der Alkoholiker. Mögen sie schwellen, schrumpfen oder verfetten. Mitleid haben nur die Nerven der Nüchternen verdient, die von Trinkern belästigt werden. Mit ihrer martialischen Quantitätsprahlerei bleiben die Besoffenen zwar unter sich. Mit diesem Gipfel der Perversion, der das Versagen zum menschlichen Qualitätsmaßstab macht, wagen sie sich nicht nach außen. Aber sie halten sich ständig für galant, was sie in einer kurzen Phase zwischen zwei Gläsern auch manchmal sind, um dann allerdings endgültig penetrant, redundant, degoutant, hirnverbrannt zu werden.

Am unerträglichsten aber sind die schweren Alkoholiker, wenn sie wichtigtuerisch an die Öffentlichkeit treten und erfolgreich von sich behaupten, sie seien ein gesellschaftliches Problem. Sie schreiben Bücher über Runterkommen und Trockenwerden, sie gründen Clubs und Zirkel, sie bringen den Gesundheitsminister und geistliche Würdenträger dazu, sorgenvoll die Köpfe zu schütteln: Was kann man nur tun mit diesen so gutwilligen schwarzen Schafen unserer Wohlstandsgesellschaft? Vermutlich gibt es schon Spendenkonten, aus denen Entzugsstipendien für mittellose Trinker finanziert werden können. Und weil der Alkoholismus dem verständnisvollen Bürger näher ist als der Hunger in der Dritten Welt und der Bürgerkriegstod in Lateinamerika oder im Libanon, kann der Trinker mit dem tiefen Mitleid seiner Umwelt rechnen. Er hat sich gewissermaßen zur relevanten Randgruppe emporgesoffen. Sozialarbeiter müssen bereitgestellt werden. Her mit Entwöhnungsfachkräften, Spezialkliniken und diesen wunderbar unerbittlichen Entziehungskrankenschwestern.

Die Trunkenbolde und Suchtsäcke haben tatsächlich erreicht, was sie mit ihrer Sauferei anstreben: die Zuwendung. Ihre »Krankheitsberichte« kommen mit Sicherheit auf die Bestenliste des Südwestfunks, und in Bonn stellt man Überlegungen an, damit hier nicht schwedische Verhältnisse ausbrechen.

Die Besorgnis des Staates ist nicht leicht zu durchschauen. Hat er Angst, die Arbeitsmoral könne sinken und das Bruttosozialprodukt gefährden? Oder sind unsere Alkoholiker zu teuer? Jetzt, wo die Leber zum

Transplantationsorgan geworden ist, werden womöglich die Alkoholiker zu einer ungeahnten Kostenexplosion des Gesundheitswesens führen? Oder ist es den Politikern peinlich, wie Eltern von ihren wohlgeratenen Kindern ständig vom *mündigen Bürger* zu reden, der doch in Wahrheit nur lallend seine Stirn auf die Theke oder an die Kacheln eines verdreckten Kneipen-Pissoirs knallt?

Im Grunde könnte es dem Staat nur recht sein, wenn gesoffen wird. Suff führt zur Blödheit, und ein blöder Bürger ist ein guter Bürger. Blödgesoffene Bürger machen keinen Aufstand. Blödgesoffene Bürger schlagen sich vor, während oder nach Fußballspielen halb oder ganz tot, aber das hält sich in Grenzen. Blödgesoffene Deutsche lassen aus ihrer deutschen Kehle deutsche Lieder herausfahren, aber das ist auch nicht so schlimm; ein paar empfindliche Gemüter können nicht einschlafen, weil sie das Gegröle an die Nazizeit erinnert; ab und zu muß die Polizei ausrücken, einer Beschwerde wegen Lärmbelästigung nachgehen und die Jungs bitten, fünf Minuten lang leiser zu singen, weil da ein paar Hysteriker in der Nachbarschaft Ärger machten. Alles halb so schlimm. Blödgesoffene Bürger stürzen keine Regierung, sie wählen, wen man ihnen aufschwätzt, sie sind eine Gewähr dafür, daß alles so bleibt, wie es ist.

Warum also wollen die meisten Wohlstandsregierungen eine Einschränkung des Alkoholismus? Ganz einfach: weil sie selbst blödgesoffen sind. All die ausgestopften Regierungsproleten sind so abgefüllt, ihr Hirn ist so träge geworden, daß sie den Vorteil eines Volkes von Säufern gar nicht mehr erkennen. Mit 2 Promille im Schnitt hängen sie in den Fonds ihrer Regierungsmercedesse und hasten zum nahen Eingang des Bundestagsgebäudes. Keiner soll sie wanken sehen. Greifen sie in ihrer Freizeit selbst zum Steuer, was ihnen als eingefleischten Machtmenschen offenbar ein sinnbildliches Bedürfnis ist, verursachen sie häufig skandalöse Unfälle, die das durch Suff ramponierte Volksgedächtnis allerdings rasch wieder vergißt. – Was sollen wir bloß tun, fragt der Staatssekretär im Bundesgesundheitsministerium? Noch mehr Steuern auf Whisky? Das wäre dem EG-Partner unmöglich zuzumuten.

Das Leben ist nicht gerade weich. Und Grund zum Saufen gäbe es wahrhaftig genug. Vom Alkohol abzuraten, ist daher auch nicht ohne Penetranz. Es bringt einen in gedankliche Nähe zu den amerikanischen Quäkerpräsidenten. Oder den persischen Khomeinijublern. Cola trinkt der keusche Ami wie der Ölscheich im Verbund mit dem neudeutschen Schniegelaffen mit seinen feuchten blauen Augen. Weltweit säuft man diese braune Pubertätsbrühe, gegen die der abscheulichste dreistöckige Klare wiederum noch Gold ist.

Und auf ihre Weise sind die Säufer nicht ohne Einsicht. Denn Selbstzerstörung ist nur eine konsequentere Art des Lebens, das von selbst nicht ganz so schnell erlischt. Der Alkohol sorgt für einen beschleunigten Ablauf. Verblödung und Tod zieht der Säufer nach vorn. Von einem, durchaus vernünftigen, erkenntnisphilosophischen Standpunkt aus hat er damit völlig recht. Es ist nur so, daß Rechthaber nicht immer die erträglichsten Leute sind.

Gegen eine Fahrt in den Abgrund wäre nichts einzuwenden. Der Alkoholiker aber führt sich dabei auf. Er prahlt und brüstet sich, er grölt oder schluchzt, und vor allem ist er unverzeihlich langweilig. Ob aggressive Künstler oder wehleidige Zahnärzte, kriegsbereite Reserveoffiziere oder schmierige Finanzbeamte – ihre Heiterkeit ist abscheulich plump und einfallslos. Manche, die man als verklemmte Stockfische kennt, sind erstaunlich gelöst, aber in ihrer Gelöstheit wird ihre Leere erst richtig sichtbar. Manche können nach dem zehnten Schnaps wirklich ganz gut die Erkenntnis herauskotzen, daß alles Scheiße sei. Sie wischen damit den kulturellen Überbau vom Tisch und kommen zum Wesentlichen. Aber sie sagen eben nichts als dies. Immer wieder: Alles Scheiße! Dem Trinker wird zugenickt: wie recht er hat. Aber er bringt es immer nur auf diese eine Formel: Alles Scheiße! Auch nach dem fünfzehnten Schnaps hat es keinen Zuwachs an Erkenntnis gegeben. Alles Scheiße! Nur die Konsonanten verschleift er noch mehr.

Dabei wäre doch nichts interessanter als eine Erklärung, wieso alles Scheiße ist. Darauf warten wir doch schon seit Jahrhunderten. Von den Säufern wird sie nicht kommen. In seinem Nebel hält der Säufer die Aussage bereits für den Beweis. Er ist eine Pflaume. Ohne sein Gläschen ist er nicht in der Lage, irgend etwas zu erkennen. Was er aber im Nebel des Suffs zu erkennen glaubt, kann er nicht vermitteln. Das macht ihn so öde. Nicht einmal als Figur in der Literatur taugt der Säufer. Ein guter Autor, der säuft, wird sich hüten, allzuviel von seinen Saufproblemen zu schreiben. Joseph Roth, der sich zu Tode soff, schrieb mit der *Legende vom heiligen Trinker* eines seiner schwächsten Bücher. Nun werden Malcolm Lowry und seine vulkanischen Säufer von einer offenbar alkoholisierten Kritikgemeinde als Wiederentdeckung gepriesen. Wer aber gewohnt ist, sein Leben mit einem Maximum an Witz zu ruinieren, wer mit vollem Bewußtsein und nüchtern in den Abgrund fahren will, der wird mit Saufbüchern nichts anfangen können, wie er mit der Gegenwart eines Trinkers nichts anfangen kann.

Saufen führt bestenfalls zu einem Primitiv-Nihilismus: Alles Scheiße, verstanden!!? Aber lallend überzeugt man nicht. Die großen nihilistischen Autoren unserer Zeit, die die Welt formvollendet als Scheißhaufen beschrieben, Benn und Beckett zum Beispiel, sind stocknüchtern. Nur nüchtern kann man erkennen und beschreiben, warum es ist, wie es ist: ein Genuß, der jeden Rausch übertrifft.

Aber es wird Zeit, von der Verketzerung des Alkohols abzulassen. Damit macht man sich ja zum Apostel des Gesundheitsministeriums, was nicht Zweck dieser Zeilen ist. Daher ein klares Ja zum Verfall bei vollem Verstand. Es ist einfach zu schade, das bißchen Bewußtsein zu ersäufen. Es macht mehr Spaß, weitgehend nüchtern das Ende anzusteuern, wie? Mit heidnischer Nüchternheit, wohlgemerkt. Ja nicht heilig nüchtern herumtauchen. Nüchtern wird man so leicht nicht beschissen.

Auch muß das Erinnerungsvermögen geschont werden. Blackout und Vergeßlichkeit, die typischen Symptome des Alkoholismus, sind zu wesentlichen Bestandteilen der Politik geworden. Es empfiehlt sich, dies Theater bei vollem Verstand zu beobachten; und keinesfalls sollte es vergessen werden.

Weil die Etablierten im Verbund mit den Asozialen saufen (wenn auch nicht am selben Tisch), haben die Feinde des Establishments den Alkohol als Heilmittel verschmäht. »Morgens ein Joint, und der Tag ist dein Freund«, sagte Peter Fonda einst in *Easy Rider,* ein schöner Spruch, ein Lob dem Übersetzer. Aber die sanften Kräuter haben sich ebensowenig durchsetzen können wie die Wohngemeinschaften. Alles Haschisch-Romantik, die es nie gegeben hat. Großtuerisches Gerede vom Schwarzen Afghan, von guten Dealern und sauberem Stoff, rührende Schmuggelgeschichten von Pressblättern unter VW-Käfer-Radkappen, während in Frankfurt ganze Kubikmeter im Schwarzmarktwert von 18 Millionen Mark beschlagnahmt wurden.

Der Kitzel der Suchtgefahr und der Kitzel des Verbotenen erhöht offenbar den Genuß der sanften Rauschmittel. Haschisch, Marihuana, Kokain oder LSD zu nehmen hat immer noch ein subversives Flair. Bei Heroin hört der Spaß dann auf, obwohl es als schwefelgelbe Gewitterwolke am Horizont auch zur Kulisse der kindischen Drogenromantik mit beiträgt.

Unausstehlicher als der physiologische Zwang zum Rauschmittel ist der Gruppenzwang: den gereichten Joint, die angebotene Kokainstrecke (spießig geradezu hingarniert) abzulehnen, macht einen zum Spielverderber, wie einem beim Alkohol die Verweigerung des kredenzten Doppelten zum Spielverderber macht. Dasselbe Muster. Derselbe Quatsch. Schlimmer sogar noch: die abgelehnte Droge bringt einen in den Geruch, womöglich Berührungsängste mit der Kriminalität zu haben. Kriminell ist aber schick. Augstein und die Rolling Stones, Fassbinder und Puten aus dem Hochadel haben alle schon einmal Durchsuchungen ertragen müssen. Das gehört dazu.

Während der klassische bundesdeutsche Alkoholiker aus einem klassischen bundesdeutschen kleinen Fernsehspiel entnommen zu sein scheint, ist der Rauschmittelvertilger der Protagonist des jeweilig neuesten, vom ›Stern‹ festgestellten Trends – beides keine befriedigende Rollen. Dabei sind die Rauschmittelvertilger vielleicht noch dümmer als die Trinker. Während diese nichts mehr begreifen und ihr Hirn einfach zustopfen wollen, weil diese Frau einfach nicht zu verstehen ist, kommen die Drogenheinis, allen voran die alten LSDler, und reden von Bewußtseinserweiterung. Sie reden von ganz neuen Welten, in die ihr Trip sie führt, die Orgasmen seien von einer einfach unvorstellbaren Farbigkeit und von endloser Dauer. Sie schwärmen von ihrem Trip so wie dieser deutsche Esel, den sie unlängst in den Weltraum geschossen hatten, und der nun alle Illustriertenspalten mit der Behauptung vollquatscht, die Weltraumfahrerei erweitere den menschlichen Erfahrungshorizont. Kaum einen Strich besser sind die Ausführungen von Aldous Huxley über Mescalin (*Die Pforten der Wahrnehmung*) und von Ernst Jünger (*Annäherung. Drogen und Rausch*), der ja bei seinem Freund, dem LSD-Erfinder Albert Hoffmann, ein bißchen naschen durfte.

Was haben alle diese Bücher gebracht? Sie haben das Bewußtsein kein bißchen erweitert. Daß Huxley den Faltenwurf auf einem Gemälde von Vermeer nach einer Dosis Mescalin intensiver wahrnimmt, bedeutet für die Geschichte der Malkunst keine Erweiterung. Dieses Zeugs bietet seinen Autoren nichts weiter als einen guten Anlaß, ausgiebig zu schwafeln und sich dabei auch noch als großen und gar risikofreudigen Experimentator hinzustellen, der dem Denken der Menschheit und der Kunst neue Wege ebnet. Die Droge sozusagen als avantgardistisches Mittel gegen die stinkige Postmoderne – dies Argument fehlte noch!

Was in der Praxis herauskam, war die unsäglich sterile psychedelische Kunst und in der Musik ein paar ungute Säuseltöne. Und was die gewaltigen Orgasmen betrifft, so gibt es genügend Berichte von Beischläfern und Beischläferinnen, die die Vögelei mit einem gedopten Partner in unerfreulicher Erinnerung haben. Mit einem besoffenen Mann zu schlafen ist kein Vergnügen, aber die hysterischen Anfälle eines LSD-Lovers sind auch nicht leicht zu ertragen.

Was die wunderbare Wirkung von Drogen auf die künstlerische Produktion angeht, kann abschließend die unerbittliche Faustregel aufgestellt werden: Wer ausgebrannt ist, wer nichts mehr im Kopf und im Herz hat, wem Tagträume und Liebe abhanden gekommen sind, wer dabei unter

Produktionszwang und unter künstlerischem Wachstumszwang steht, der pumpt sich mit Drogen voll, in der absurden Hoffnung, es würden sich nennenswerte Bilder einstellen. Als Jimi Hendrix einfach nicht mehr noch wilder in die Saiten seiner Gitarre beißen konne, pumpte er sich mit Heroin voll, und als Fassbinder spürte, daß er eigentlich nur noch eine Fleißmaschine war, schnüffelte er Kokain. Egal welchen Stoff man nimmt, erweitern läßt sich nichts – ein sehr beruhigender Aspekt.

Und nun, wo alle künstlichen Paradiese verteufelt sind, soll jetzt Pfefferminztee trinkend durchs Leben stolziert werden, naturtrüber Apfelsaft ab und zu, sonntags vielleicht einen Tagtraum und Sehnsucht nach den weichen Knien der Liebe – ansonsten aber wird ständig an der Verbesserung des Lebens geschuftet? So besoffen von der unentfremdeten Arbeit, daß sie tagtäglich wichtiger und bedeutender erscheint. Mittags kein Wein, »danke, der macht mich müde«; abends kein Whisky, »danke, ich muß noch fahren«. Die Räusche den Unglücklichen überlassen, den Arbeitslosen, Einsamen, Verzweifelten, selbst aber sauber und in jeder Beziehung trocken bleiben? Das ist auch keine Art.
Diese frischfröhlichen Innovationsbomben, diese durch nichts zu erschütternden Kreativitätsmaschinen, diese optimistisch-entschlossenen Herausforderungstypen mit der drahtigen Phantasie können nicht das Ziel der menschlichen Entwicklung sein. Wir müssen doch auch das Verdämmern üben. Das wollen wir jetzt tun. Fern aller störend billigen Muster. Keine Weinschmatzerei, kein markig gekrächzter Theken-Dialog nach drittklassigem Hollywooddrehbuch, kein Amerikaner im Bayernbierzelt, kein flüsterndes Rumgetue mit sanften Drogen in Nebenzimmern – alles Rituale, die einem die Tour vermasseln. Nur ein bißchen Dunst in den Kopf jetzt. Das Herz wird leichter und der morgige Tag so wunderbar einerlei.

Aus: Joseph von Westphalen, Moderne Zeiten. Blätter zur Pflege der Urteilskraft. 1. Folge. Haffmans Verlag, Zürich 1989

# Ich weiß ein Gärtlein schön...

Charly hatte mit dem Handbohrer von Wilhelmsen im Erdgeschoß ein Loch in den Zaun gebohrt. Das Fernsehen hatte seinen Triumphzug noch nicht in unser Haus erstreckt, und wir mußten Spannung und Action in diesem Loch suchen. Eigentlich wurden auf der anderen Seite des Zaunes keine Kinderprogramme gezeigt, aber das störte uns gar nicht.

Auf der anderen Seite lag das Grundstück von Abraham und Kitty. Eine zweistöckige Hütte, ehemals gemauert, jetzt dabei, der Erde Sand und Zement zurückzugeben. Einige Fenster waren zerbrochen, die Tür hing halbherzig in den Angeln, als könne sie sich nicht so recht entscheiden, wo sie hingehörte. Das Haus blickte auf die Straße, und dahinter erstreckte sich zwischen der übrigen Bebauung Abrahams Urwald. Das Grundstück lag am Abhang zur Fjellgata, und auf der Böschung hinter der alten Zuckerwarenfabrik wuchsen klobige Bäume mit Birnen, Pflaumen, Äpfeln. Das kleine Grundstück hinter dem Haus war einmal ein prachtvoller Garten mit Blumen- und Gemüsebeeten gewesen – aber das war wohl schon ziemlich lange her. Zu unserer Zeit hatten Geißfuß und andere wilde Gewächse schon seit langem die Kontrolle übernommen. Es wäre sicher übertrieben zu behaupten, daß man sich dort verirren konnte, aber das lag nur daran, daß das Grundstück so klein war. Ansonsten herrschte dort im

Busch ein reges Tierleben. Auf einer Lichtung unter den Birnbäumen hatte Kitty genügend Grünzeug beiseitegeräumt, um einen provisorischen Hühnerstall zu bauen, und in einem Koben daneben fläzte sich ein einäugiger Eber im Dreck. Er hieß Theodor und sollte nie geschlachtet werden. Auch die Hühner nicht. Sie gackerten, bis Senilität und Blindheit sie zur Strecke brachten und ihnen die Federn ausfielen.

Aber dem Tierleben galt nicht unser Hauptinteresse, wenn wir uns um den Platz an unserem Guckloch stritten. Und auch nicht Birnen und Pflaumen. Uns interessierte am meisten, wie besoffen man vom Alkohol werden konnte, ohne an akuter Vergiftung zu sterben. Wir fanden heraus, daß man das Spiel sehr weit treiben konnte.

Abraham ist der einzige Mann, den ich fünfzehn Jahre lang jeden Tag gesehen habe, ohne daß er auch nur einmal annähernd nüchtern gewesen wäre. Abraham war der entschiedene Meister der Straße, wenn es darum ging, sich zu blamieren. Hin und wieder lag er wie tot auf dem Trottoir und mußte von den anderen Männern des Viertels ins Haus getragen werden, aber meistens blieb er in seinem Dschungel. Mit seiner kohlschwarzen Mähne und seiner Visage voller blauer Bartstoppeln ähnelte er vor allem einem verwirrten Gorilla, der auf allen Vieren herumkroch und brüllte und sabberte. Schnapsflaschen wurden wie Bananen konsumiert, und er hatte völlig vergessen, daß Menschen mit Hilfe von Wörtern miteinander kommunizieren. Das Schicksal hatte ihm nur noch das Wort HILFE gelassen, und das war deshalb auch zum Schlüsselwort für Mann und Situation geworden. »HILFE!« brüllte Abraham. »HILFE, HILFE, HILFE!« Ich glaube, er rief an die 50 Jahre lang um Hilfe, ehe der Tod sich endlich bequemte, auf ihn zu hören. Als der brüllende Riese schließlich zu Boden ging und endgültig liegenblieb, war die Stille im ganzen Viertel ohrenbetäubend. Es war früh an einem Karfreitag, und der Tod kam per Spiritus und Rasierwasser.

»Das wäre das«, sagte Großmutter Tunberg, das weiß ich noch. »Auch das war ein Leben.«

Und das stimmte ja im Grunde.

Kitty trank nicht. Gar nicht. Sie aß noch nicht einmal richtig. Sie war dünn wie ein Strich, hatte liebe Augen und ein chronisches Lächeln auf ihren schmalen blauen Lippen. Nur in ganz extremen Situationen nahm dieses Lächeln einen Anflug von Sarkasmus an, aber dann mußte sie wirklich scharfe Lauge abbekommen haben. Sie war ein Engel, die Gott aus unerfindlichen Gründen ab und zu auf die Erde fallen läßt. Was sie dort in dem grünen Dschungel mit einem Mann, der eher ein Tier war als das Schwein Theodor, für ein Leben führte, kann man sich nur vage vorstellen. Ich sehe sie vor mir: Kitty saß auf einem Küchenhocker im Hinterhof, auf dem Schoß ein halbblindes und schwachsinniges Huhn. Ihre mageren Hände streichelten behutsam über die weiße Italienerin, während sie Abraham, der auf den Knien hinter dem Klohäuschen lag und »Hilfe« brüllte, ab und zu einen Blick zuwarf. Wenn es zu arg wurde, zog sie ihn an den Beinen ins Haus. Woher sie die Kräfte dazu nahm, ist mir ein Rätsel, aber über Engel weiß man ja auch nicht viel...

Abraham hatte einen gewaltigen Hang zur Geselligkeit. Zwar verstand er nicht viel von dem, was andere sagten und hatte ihnen natürlich auch nicht viel mitzuteilen, aber feiern wollte er. Jeden einzelnen Tag. Und die Gäste, die sich für eingeladen hielten, waren nicht von der Sorte, die einen vertrottelten Blödmann so einfach im Stich läßt. Jeden Morgen um neun traten sie pünktlich an und krochen höflich zum Tor hinaus, wenn es nichts mehr zu trinken gab. Es war wirklich Lilleviks »wild bunch«, der dieses intensive gesellschaftliche Leben trug. Die Jungs aus Dodge City und Umgebung. Brandweindesperados, die nichts zu gewinnen und noch weniger zu verlieren hatten. Beschwerliche Dinge wie Ansehen und Anständigkeit hatten sie über Bord geworfen, als schon bei ihrer Konfirmation das Schiff zu sinken drohte. Es waren Olav der Sänger, Niels mit dem Bein und ein Typ, den wir den Stutzer nannten. Sowie einzelne korrespondierende Mitglieder dieser exklusiven Bande.

Im Laufe ihres lebenslangen Weges mit Abraham hatte Kitty ein einziges Recht durchgedrückt: Diese Herrengesellschaften durften nicht im Haus stattfinden. Wahrscheinlich hatte sie Angst, das Dach könnte herunterfallen, wenn sie es erlaubte.

Dieses Verbot brachte allerdings keine Probleme mit sich. Mitten im Garten lag ein baufälliger Schuppen, den die Nachbarn »das Parlament« nannten. In einem Flügel hausten des Nachts die Hühner, im anderen hausten am Tag die Herren. Dort, zwischen Holzstücken und Sägeblöcken wurden Probleme fast jeglicher Art über einer Flasche 60prozentigem oder auch mehreren gelöst. Abraham, der nur Kraft seiner Position als Gastgeber dabei war, nahm an keiner Diskussion teil, steuerte aber ab und zu in Form seines ewigen »Hilfe« eine treffende Charakteristik der Weltlage bei.

Die Bude hatte keine Tür, die war vor langen Jahren herausgefallen und lag nun platt im Gras, durchbohrt von Geißfuß und Löwenzahn. Ein feines Symbol für Offenheit, »nichts zu verbergen« für Leute, die dafür Sinn haben.

»Laß sehen!« sagte Charly. Er stieß mich beiseite. »Abraham ... Niels mit dem Bein ... Olav der Sänger ... wo ist der Stutzer?«

»Auf dem Klo und kackt. Ich hab doch gesagt, daß die ganze Bande da ist.«

Charly preßte sein Auge ans Loch. »Da sind ganz schön viel leere, das kann ich sehen. Eins, zwei, drei ... mindestens vier.«

Ich lächelte Rita zu. Uns brauchte Charly nicht zu erzählen, daß es dort drinnen leere Flaschen gab, das konnten wir nämlich schon *hören*.

»Wir warten noch ein bißchen«, sagte ich. »Dann sind's mehr.«

»Verdammt!« rief Charly. »Da kommt der Stutzer vom Klo! Der ist vielleicht blau!«

»Nicht fluchen!« bat Rita, deren Großmutter sie sonntags und montags in die Christenlehre zwang.

»Verdammt, verdammt, verdammt!« sagte Charly, noch immer mit dem Auge am Loch. »Willst du mit oder nicht?«

»Ich *will* mit«, erklärte Rita ernsthaft.

»Dann mußt du dreimal laut fluchen. Erling und ich wollen nämlich keine Pipigören dabeihaben!«

»Laß mich mal den Stutzer sehen!« sagte ich. Charly trat widerwillig beiseite.

»Wenn ich fluche, dann weint Jesus«, sagte Rita fest.
»Quatsch!« erwiderte Charly. »Wenn der bei jedem Dreck losheult, ist der auch eine doofe Pipigöre!«
»Ist er nicht!« Rita stampfte wütend auf. »Er kann übers Wasser gehen und überhaupt.«
»Wenn du nicht dreimal verdammt sagst, kriegst du eins in die Fresse!« sagte Charly, der damals für theologische Spitzfindigkeiten wenig übrig hatte.
»Haltet jetzt beide die Klappe!« fiel ich ihm ins Wort. Ich hatte den Stutzer im Visier und hatte keine Lust, mich von diesem Jesusgefasel stören zu lassen.
Der Stutzer war anders. Er hielt mit den anderen mit, an seinem Quantum war nichts auszusetzen. Aber dennoch war er ganz anders als die Penner, mit denen er verkehrte. Während die anderen Burschen in verschlissenen Klamotten herumtorkelten, mit uralten Bierspritzern und sauren Kotzresten drauf, war der Stutzer jederzeit tadellos in Schale. Er war ein Mann, der seinen langsamen Selbstmord mit *Stil* beging. Wir sahen ihn nie anders als im Anzug. In verschiedenen Anzügen. Sauberen Anzügen. Modernen Anzügen. Der Stutzer war ein Anzugsmann. Im Herbst und Winter mit einem hellen Schal, im Winter zusätzlich in einem dunkelblauen Wollmantel bester Qualität. Und wer nun den Stutzer für einen ehemaligen Textilhändler hält, der rechts wählte und die starken Sachen nur ein bißchen gern hatte, irrt sich gewaltig. Denn der Stutzer war, wie alle anderen, ein ehemaliger Seemann. Wenn sie von Kap Horn und New Orleans faselten, war er immer dabei. Zwischen der Gegenwart und dem letzten Abmustern lagen zwar ein paar umnebelte Jahre, aber der Stutzer war voll dabei. Und, wie gesagt, mit Stil! Selbst wenn er sternhagelvoll war, gelang es ihm, mit seinen frischgeputzten Schuhen die schlimmsten Dreckpfützen zu umgehen, und immer fand er eine Wand, an die er sich anlehnen konnte, im dem rührenden Versuch, lässig zu wirken. Stockbesoffen. Aber mit tadellos polierter Fassade. Der zum Anzug passende Hut leicht schief gerückt, der Schlips zeigte auf den tugendsam geschlossenen Hosenschlitz.

Ein ehrenwerter Idiot, der in diesem Leben nur ein bißchen Pech gehabt hatte.

Auch seine Trinkgewohnheiten waren, passend zum pingeligen Wesen des Mannes, recht eigen. Ehe er überhaupt den Eierbecher mit Schnaps entgegennahm, stellte er sich breitbeinig in Positur und beugte den Oberkörper zu einer Art kaiserlichem Gruß vornüber. Dann ließ er sich den Schnaps reichen. Beim ganzen Transport des Eierbechers zum immer durstigen Mund wurde seine Hand von einem unverrückbaren Willen gelenkt. Einem Willen, dessen höchstes Gesetz darin bestand, daß auch nicht ein Tropfen verlorengehen, weder auf die Erde noch auf seinen Anzug fallen durfte. Die Konsumierphase des Schnapses verlief blitzartig. Der Stutzer war schnell wie eine Klapperschlange. Aber im Gegensatz zur Klapperschlange warf er den Kopf in den Nacken, während er sich den Schnaps mit einer Kraft in die Kehle schleuderte, die sein Zäpfchen wahrscheinlich wie den Propeller einer Messerschmidt rotieren ließ. Und dann rülpste der Stutzer. Nicht vulgär, das will ich nicht sagen, aber es war ein echter, frischer Rülpser. Dann betrachteten wir gerne seine Zähne, die braunen Hauer der umgekehrten Klapperschlange Stutzer aus Lillevik. Noch bis auf den heutigen Tag kann ich nicht begreifen, warum der Mann sich kein Gebiß mietete, wo er seinen Stil schon so weit trieb, daß er Anzüge trug, mit denen er mindestens ein Jahr lang seine Dröhnung hätte finanzieren können.

»Hosen runter, dann ist's auch in Ordnung«, sagte ich. »Du brauchst nicht zu fluchen.«

»Laß uns deine Möse bekucken«, sagte Charly. »Sonst kannst du sofort machen, daß du rauf zu deiner Scheißmutter kommst. Verdammte Pest!«

Und Rita zog pflichtschuldigst hinter dem Schuppen ihre Hose aus, erleichtert und froh, weil sie nicht einmal laut fluchen mußte. Ich begreife nicht, daß wir das interessant fanden, wo wir doch daran gewöhnt waren, ihren nackten Unterleib zu sehen, wenn sie sich einen Dreier gegönnt hatte. Wir kletterten heimlich über den Zaun. Charly zuerst, dann Rita, die jetzt gründlich für diese ungesetzliche Expedition bezahlt hatte, zuletzt ich. Wir landeten auf der weichen Erde neben einer duftenden Hecke. Hinter uns kakelten die Hühner hysterisch, und das Schwein Theodor starrte leer in die Luft, leicht melancholisch, als wäre es ein stinknormales Schwein, das plötzlich an Weihnachten denken müßte. Und oben im Garten, hinter dem Birnbaum, lag das Parlament, wo die Jungs saßen und Erfahrungen über unzählige Begegnungen mit dem gefürchteten rosa Elefanten austauschten, der in ihrem Dschungel umging und Angst und Delirium verbreitete. Manchmal, vor allem, wenn es mit Spiritus oder Haarwasser zu hoch hergegangen war, nahmen die lauten Gespräche da oben eine Form an, vor der selbst die alten Dadaisten hätten passen müssen. Zwischen unartikulierten Lauten, Spucken und Husten kamen Erzählungen über Wesen von anderen Planeten, über Kitty, die sich in ein Huhn verwandelt hatte, über die Polizei, die unter dem Klohäuschen wohnte, und über das Schwein Theodor, das in Wirklichkeit auch nur ein verkleideter Bulle war, der Schweinepriester. Es ist wirklich nicht verwunderlich, daß Charly und ich Schriftsteller wurden, nachdem wir uns dort im Ohrenschmalz gebohrt hatten, um keine Einzelheit zu verpassen.

Aber vorläufig hatten weder Charly noch ich damit angefangen, unsere fiesen Bücher zu planen. Wir standen beide unter dem starken Einfluß des Merkur, wir wollten leere Flaschen, um sie in Kohle zu verwandeln.

Es war immer Charly, der die Verhandlungen einleitete. Er war der Frechste von uns. Ich war der Psychologe. Meine Aufgabe war es, herauszufinden, wo wir den Stoß ansetzen mußten und wann der richtige Zeitpunkt dafür gekommen war. Es galt zu warten, bis die Jungs blau genug waren, aber dann mußte rasch gehandelt werden, ehe sie zu blau waren, um zu begreifen, wovon die Rede war.

»Der Sänger!« flüsterte ich und schob Charly vor mir her. »Versuch den Sänger!«

Und Charly schritt auf die offene Tür zu, schlug die Arme übereinander und fragte mit zarter Knabenstimme: »Ihr habt doch sicher ein paar Flaschen, Leute?«

Genau für diesen Ton hatten die »Leute« eine gewaltige Schwäche. Und wenn ich dann mit unserer kleinen epileptischen Freundin im Schlepptau

aus den Kulissen trat, hatten wir uns normalerweise schon das letzte Wort gesichert, und eine Diskussion entwickelte sich nur selten.
Aber ab und zu mußte verhandelt werden. Nix ist umsonst, wie ein Psychologe, den ich viele Jahre später kennenlernte, immer wieder sagte, wenn über ein Menschenleben verhandelt werden sollte. Umsonst ist nix. Manchmal mußten wir Besorgungen für sie erledigen. Tabak kaufen zum Beispiel. Eine Packung Tabak und eine Doppelpackung Zigarettenpapier. »Alles klar!« sagten wir dann und hauten mit der Kohle ab. Keck erschienen wir am nächsten Tag und kassierten die leeren Flaschen ein und hörten nie ein Wort über die Mäuse, die wir geklaut hatten. Das Gedächtnis war nicht gerade die starke Seite der jungen Männer. Aber vielleicht fehlte es ihnen auch nur an Rachsucht.
»Flaschen?« fragte der Sänger und sah Charly aufgesetzt verständnislos an. »Hier?«
»Yes!« sagte Charly, der von Wilhelmsen aus dem Erdgeschoß englische Stichwörter gelernt hatte.
Und der Sänger zwinkerte mir zu, worauf ich augenblicklich mit beiden Augen zurückzwinkerte, denn schließlich war ich nicht umsonst Psychologe.
»Komm doch mal her, Kleine!« sagte er dann gerne und klopfte sich auf sein verschlissenes Hosenknie. »Kleine!«
Die Kleine blieb immer stocksteif stehen und starrte den seltsamen Mann mißtrauisch an. Wir waren alle drei dazu erzogen, diesen Männern niemals den Rücken zuzukehren, wenn das Silber im Schrank liegt, und ich möchte annehmen, daß Rita auch noch ganz andere gute Ratschläge mit auf den Weg gegeben worden waren. In diesem Zusammenhang völlig unnötig, denn wenn diesen Burschen etwas unendlich fern lag, dann waren das sexuelle Gelüste.
»Sing doch was, Olav«, bat sie dann oft, um die Aufmerksamkeit von sich abzulenken. Voll aufgedrehtes Honiglächeln und zwei veilchenblaue Strahler, die zwischen den Sommersprossen funkelten. »Das Perlentor!«
Und Olav, der natürlich wie Butter in der Julisonne dahinschmolz, sang »Das Perlentor«. Nicht falsch und gebrochen, wie vielleicht zu erwarten

gewesen wäre, sondern mit einer klaren und reinen Stimme, die das kälteste Eisenherz zum Pochen gebracht hätte. Denn Olav wurde nicht ohne Grund »Sänger« genannt. Lange, ehe er die Flasche entdeckt hatte, war er der gesuchteste christliche Sänger diesseits der Hadangervidda gewesen. Er konnte das Gesangbuch auswendig und hatte eine Stimme, die schlummernde Gottheiten zu Bekehrung und Tat hätte erwecken können – ich hoffe, eine davon nimmt sich die Zeit, den Sänger durch das Fegefeuer zu lotsen. Gläubig war er jedenfalls, egal, wie oft er in der Gosse lag und Schwarzgebrannten und Galle ausschluchzte. Er war ein lieber Mann, und ein armer, versoffener Teufel. Im Laufe meines Lebens habe ich ihn in tausend Varianten gesehen.

»Was machst du da unten, Olav? Du bist doch ein guter Schreiner und ein ehrbarer Christ!« brüllte Thorsen aus dem Nachbargarten, selber eifrig darin vertieft, sein Haus zum vierzehnten Mal zu streichen.

»Ich saufe, bis ich davon tot umkippe!« rief der Sänger zurück. »Und inzwischen sing ich für die Prinzessin der Fjellgata 49 ein Liedchen!«

»Du bist ein Wrack!« brüllte Thorsen. »Du hast dich dem Satan ergeben, und schämst dich darüber nicht mal!«

»Nein!« rief Olav. »Er ist ein strengerer Herr als deiner!«

Niels mit dem Bein hielt sich den dicken Bauch und brüllte vor fieberkrankem Lachen, bis er unter den Augen lila anlief und nach ein paar tragischen Hicksern verstummen mußte. Abraham schaute verwundert über den Hühnerstall und begriff wie üblich nicht, was eigentlich los war.

»Fahr zur Hölle!« sagte der Stutzer leise und spuckte durch die Vorderzähne in Richtung Thorsens Haus. »Von deinem verschlissenen Overall wird mir schlecht! Sonntag wie Montag!«

»Jaja«, antwortete Olav. »Das war einmal. Hast du von Flaschen geredet, Kleiner?«

»Bier oder Schnaps«, sagte Charly. »Ist egal.«

Ganz egal war das nicht. Bier brachte einen besseren Preis.

»Müßt mal nachkucken«, sagte Olav. »Ich glaub, besonders viele haben wir nicht.« Er kippte nach dem Perlentor einen Scharfen, verlor fast das Gleichgewicht und reichte die Flasche an den Stutzer weiter, der mit seinem Eierbecher habacht stand. Wir ließen uns die Zeit, seine Klapperschlangentechnik zu bewundern, ehe wir uns auf die Arbeit stürzten. Auf Olavs Gerede legten wir kein großes Gewicht, er bildete sich immer ein, sie hätten nicht viel konsumiert. Für mich als Nachrichtenoffizier dagegen war der Fall einfacher. Wenn die Jungs in Form waren, gab es Flaschen. Wir drängten uns durch die verlotterte Bande wie durch einen brodelnden Sumpf – und da, da lag der Nibelungenschatz! Der Flaschenhaufen!

Wir schleppten Säcke und volle Handtaschen den schmalen Gartenweg hinab, schafften sie schwitzend über den Zaun und nahmen das Sortieren in unserem eigenen Hinterhof vor. Weinflaschen auf die eine Seite, Bierflaschen auf die andere. Der »Garten« klirrte vor Glas. Grünes, braunes und klares Glas. Geld. Kronen und Öre. Süßigkeiten.

Wir konnten von Wilhelmsen im Erdgeschoß einen Karren leihen. Sein alter Karren machte viele Touren mit, ehe er zusammenbrach, aber da waren wir auch schon alt genug, um begriffen zu haben, daß man Geld auch stehlen kann. Die ehrliche Arbeit wurde überhaupt für uns alle drei zu einer immer absurderen Angelegenheit. Ed war mit seiner Unehrlichkeit auf die Welt gekommen und ersparte sich damit manches Ärgernis, auch wenn er später etliche zerschmetternde Klapse auf die Finger bekam. Damals aber kicherte er hämisch über uns Grünschnäbel. Er wichste ein Stadtoriginal und verdiente pro Abspritzen fünf Eier, er war dermaßen obenauf, daß mit ihm fast nicht zu reden war. Handel und Wandel lagen bei uns einfach in der Familie. Die versteuerbaren Einnahmen dagegen standen auf einem anderen Blatt. Mein Vater begnügte sich mit Jammern und Klagen, zwei tatkräftige Söhne waren nötig, damit etwas passierte. Hätte ich nicht schon in meiner Kindheit ein eher lässiges Verhältnis zum Zaster entwickelt, hätte ich meiner Schriftstellerkarriere wohl bald zum Abschied winken können.

Wir sortierten und dividierten. Rita, die kleine Maus, konnte schon gut mit Zahlen jonglieren, immer hatte sie bei dieser Arbeitsphase die Leitung.

Mit gerunzelter Stirn notierte sie mit stumpfem Bleistift auf Klopapier. Ich werde nie den Tag vergessen, als wir mitten im Hof standen, Rita mit ihrer üblichen bekümmerten Miene, den Bleistift im Mund. Irgendetwas mit den 120 Schnapsflaschen stimmte nicht. Das ganze Pflaster war vom Glas bedeckt, Flaschen waren an Pflaumenbäumen und Hauswänden aufgeschichtet. Plötzlich ging das Tor auf, und mein Vater kam herein. Zusammen mit zwei Kollegen, die eigens aus Oslo gekommen waren, um ein paar Uhren zu besichtigen, die der Alte aus Korea importiert hatte.
»Wir räumen nur eben deine Flaschen auf, Haefs«, sagte Charly, frech wie eine Filzlaus.
Der arme Alte! Er trank ja nur zu Heiligabend ein Tröpflein! Er wurde nicht rot, eher weiß, erbleichte wie ein Laken nach dem Jungfernspritzer. Er versuchte sich sicher mit ein paar Sprüchen wie »Kinder bleiben Kinder« usw., aber ohne sichtlichen Erfolg. Die Knaben aus Oslo schnitten gewaltige Grimassen, und ich hatte den Eindruck, daß Herr Haefs ihnen danach nichts mehr recht machen konnte. Vater ging gesenkten Hauptes in ein verdorbenes Haus, aus einem Hinterhof, der nicht gut genug war, wenn er auch noch so energisch als »Garten« bezeichnet wurde. Ich weiß nicht genau, ob an jenem Tag ein oder zwei Verträge flöten gingen, mein Vater wollte sich später nie zu diesem Thema äußern. Er schüttelte nur den Kopf und lächelte wehmütig. Schlimme Erinnerungen werden zu lebenssatter Erfahrung, wenn sich einem die Jahre um den Hals wickeln.
Nach dem Zählen zogen wir den Karren zu Koks an der Ecke. Er war der Schrotthändler der Gegend, und dazu war er auch geboren. Ein Knauser wie so viele andere kleine Leute in Lillevik. An diesen Menschenschlag mußte sich gewöhnen, wer hier überleben wollte. Koks hatte eine schwarze Visage, er wusch sich nie. Eine schwarze Visage und schwarze Pfoten. Sah aus wie ein Schwein, hatte aber angeblich die dicke Kohle auf dem Speicher. Er nahm die Schnapsflaschen, mit den Bierpullen mußten wir zum Kaufmann.
Wenn wir zu Koks gingen, dann stand eine Sache fest wie das Amen in der Kirche: er würde versuchen, uns zu linken. Er versuchte nie, uns um ganze

Kronen zu betrügen, er war ein Minischwindler und hielt sich an Zehnörestücke und Kupfer. Er gab sich immer schnell geschlagen, wenn wir unsere vollständige Buchführung vorlegten, aber einen Versuch mußte er einfach jedes Mal machen. Das war ihm zur Manie geworden, gehörte einfach zum Handel dazu. Vielleicht wollte er auf diese Tour aus uns drei kleine Knauser machen, aber das ist ihm nicht gelungen.

»Na, kommt da die Karawane aus der Fjellgata!«

Er stand mitten in einem Haufen Stahldraht, versuchte offenbar, ein loses Ende zu finden.

Wir hatten keine Lust zu antworten. Luden nur die Flaschen vom Karren und verteilten sie auf dem Boden, damit Koks mit seinem unvermeidlichen Bluffversuch loslegen konnte. Er kletterte aus dem Stahldraht, zeigte kritisch auf ein paar Vermouthflaschen und sagte: »Das geht nicht, Kinder! Markenartikel gehen nicht.«

Wir sagten noch immer kein Wort, nahmen nur ein paar Flaschen, hielten sie vor sein Drecksgesicht und wiesen auf das V-Zeichen.

Victory.

»Das sind Flaschen für 7,75«, sagte Rita. »Zähl ruhig nach.«

Koks zählte und stapelte die Flaschen in Kisten. »7,30.«

»Zähl nochmal«, verlangte Rita. Sie hatte langsam die Lektion vom immerwährenden Betrug auf dieser Welt gelernt.

Und Koks zählte abermals. »7,60!« Aber diesmal hatte er sein dümmliches Lächeln aufgesetzt, das zu erkennen gab, daß die Schlacht verloren war, daß wir 7,75 bekommen würden.

»Aber ich runde es auf 7,75 auf, wenn ihr die Kisten selber in den Schuppen tragt.«

Nix ist umsonst.

Nach dem Handel gingen wir in seinem verwirrenden Hinterhof auf Schatzsuche. Der Hof war groß, das reine Industriegebiet, voller Geheimnisse und unglaublicher Gegenstände. Nähmaschinen, Fahrräder, Kinderwagen, Autos, Dynamos ... Und die Zeit, wo die Leute nach Antiquitäten und alten Messingleuchtern Amok liefen, war noch lange nicht gekommen. Unter all dem verrosteten Eisen konnten wir echte Leckerbissen finden. Wenn wir sie unter der Jacke hinausschmuggelten, konnten wir sie mit hundert Prozent Gewinn weiterverscherbeln. Der Schwindler Koks wurde gründlich an der Nase herumgeführt, wenn unsere Karawane auf seiner Prairie auftauchte.

Aus: Ingvar Ambjørnsen, Weiße Nigger. Aus dem Norwegischen von Gabriele Haefs.


Wenn es ans Trinken geht, neigen Skandinavier leicht zum Extrem. Entweder verschwimmt ihnen die Differenz von dem, was überhaupt in Gläser gefüllt werden kann; insofern hat Ingvar Ambjørnsen recht, wenn er auch Spiritus und Rasierwasser als zumindest im Milieu verbreitete Ersatzdrogen erwähnt. Oder sie deklarieren das Glas von vorneherein als ein Werkzeug des Teufels, propagieren Nüchternheit und ächten das Trinken so nachhaltig, daß selbst diejenigen, die nun wirklich davon absehen könnten, in Versuchung geraten. Wie sonst nur unter Abhängigen ist die Trunksucht in den nordischen Ländern ein Gegenstand ausschweifender Erörterungen, bis hinauf zu den Kabinettstischen, wo man sich natürlich mit Kaffee und Mineralwasser begnügt.
Ursachen für die Alkoholfixiertheit der Skandinavier werden viele genannt. Mal soll alles am unverschnittenen Protestantismus der Nordmänner liegen, dann daran, daß sich die Düsternis des polaren Winters ohne Rausch so wenig ertragen lasse wie die betörende Helligkeit der Mittsommernächte, dann wieder wird behauptet, die Prohibition selbst zaubere die falsche Begierde herbei, und am Ende ist nur eines sicher: Sie haben mit dem Alkohol bis heute weder ihren Frieden gefunden noch mit ihm leben gelernt.
Einen Vorzug allerdings hat die in Norwegen, Schweden, Finnland und auf Island über den Preis regulierte Teilprohibition: In den Ladenketten der staatlichen Alkoholmonopole wird die Kundschaft mit exzellenten Weinen versorgt. Alles darüber hinaus, ausgenommen die leichten Biere, ist nur für horrende Summen zu haben, mit dem Resultat, daß diejenigen, die es sich nicht leisten können, die Schwarzbrennerei betreiben, zum Fusel greifen oder zu ausschließlich für die gewerbliche Nutzung bestimmtem, ungenießbar gemachten Industriealkohol.
Akvavit (dänisch) oder Aquavit ist die bei weitem bekannteste nordische Spezialität. Der Branntwein wird aus Kartoffeln oder Korn einmal und danach, mit Kümmel, Dill und Kräuterzusätzen angereichert, ein zweites Mal destilliert. Die

berühmteste norwegische Marke, der Linie-Aquavit, reist in alten Sherry-Fässern einmal um den Globus; auf den Rückseiten eines jeden Flaschenetiketts sind die Reisedaten und der Schiffsname vermerkt. Durch die Schiffsbewegungen, den Einfluß von Temperaturunterschieden und die salzige Luft entsteht das besondere Aroma dieses Getränks.

In Dänemark, wo man Alkohol bereits nach kontinentalen Spielregeln genießt, hat sich der Cherry Brandy, ein Kirschlikör mit einer von den Kirschkernen herrührenden Bittermandelnote, einen Namen gemacht. Weit verbreitet in Skandinavien sind auch Liköre, die man aus den nur dort verbreiteten Waldbeeren gewinnt. Der Schwedenbitter, ein mit Kräutern und getrockneten Strandgräsern angereicherter Branntwein, genießt zwar hohes Ansehen, er taugt aber eigentlich nur für die medizinische Applikation. Ähnliches gilt für den Rigaer ›Schwarzen Balsam‹, der sich wieder in Europa zu verbreiten beginnt.

## GLÖGG

Eine schwedische Glühweinvariation mit beträchtlichen Spätfolgen.
Den Wein und die Zutaten in einem Topf erhitzen (nicht kochen), ziehen lassen und zuletzt den Aquavit hinzugießen. Besonders stilvoll läßt sich Glögg inszenieren, wenn man die ausgehöhlte Schalenhälfte einer Grapefruit an den Rändern und im Innern mit Aquavit befeuchtet, den Schalenrand in Zucker drückt, die Schale mit Aquavit auffüllt, im Rotwein aufschwimmen läßt und den Zuckerrand vor dem Servieren entzündet. Nach dem Verlöschen wird die Schale mit dem verbliebenen Aquavit zum Glögg gekippt.

1 Flasche Rotwein
1 Flasche Aquavit
1 Tasse Orangensaft
1 Ingwerwurzel
1 Zimtstange
Mandelstifte nach Bedarf
Geriebene Orangen- oder Limonenschale
Kardamomkörner
Gewürznelken
Zucker nach Bedarf

## CHERRY WINE COCKTAIL

Die Zutaten im Shaker auf Eis schütteln und in ein Cocktailglas abseihen.

2 cl Cherry Heering
2 cl Wodka
Saft einer halben Limone

## FJORD

Zutaten im Shaker auf Eis schütteln und durch ein Sieb in ein Oldfashioned-Glas geben.

2 Teelöffel Linie-Aquavit
3 cl Brandy
2 Teelöffel Orangensaft
2 Teelöffel Limonensaft
1 Teelöffel Grenadine

## RED RUSSIAN

4 cl Cherry Heering
2 cl Wodka

Die Zutaten auf Eis in einem Oldfashioned-Glas gut verrühren.

## AKVAVIT CLAM

10 cl Jubiläums-Akvavit
5 cl Saft von Limfjord-Muscheln
5 cl Tomatensaft
1 Teelöffel Zitronensaft
1 Spritzer Worcester-Sauce
1 Prise Salz
1 Prise Pfeffer
1 Prise Cayenne-Pfeffer

Zutaten in einem gekühlten Mixglas rühren. Auf Eis in einem Oldfashioned-Glas servieren.

# Der Heringshandel

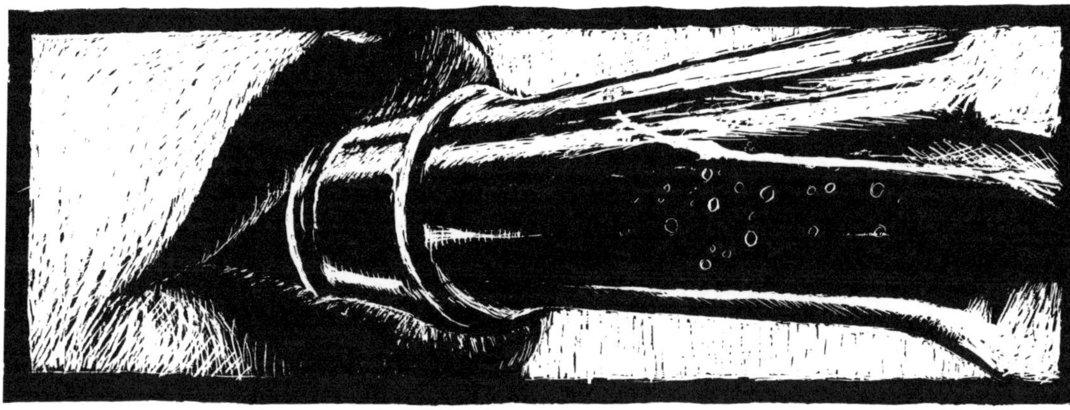

Tja, du bist tüchtig, muß ich sagen. Kannst Dänisch und alles. Femogtyve Öre. Es freut mich, deine Bekanntschaft zu machen. Ich heiße Bersi Hjalmarsson. Hier ist meine Visitenkarte. Mein Unternehmen heißt Nordsild, die Telegrammadresse ist Icelandbear, der Ort Djupvik. Besuche mich, wenn du Zeit hast.«

Ich antwortete: »Zum Glück sind mir die Dinge noch nicht so weit entrückt, daß ich Islandsbersi nicht kenne. Wenn ich so berühmt wäre wie du, dann wäre es keine Kunst zu leben. Du bist bestimmt der berühmteste aller Isländer, die jetzt mit Hering zu tun haben. Außerdem erinnere ich mich an dich privat. Als ich ein kleiner Junge war, da hattest du einen Garten; du verkauftest meiner Pflegemutter einen Sack Kohlen.«

Er umfaßte meine Schultern mit der Hand, mit der er die Zigarette hielt, drückte mich an sich und zog mich mit. »Ja so was, sei mir herzlich willkommen. Ich bin nämlich ein Kohlrübenmann, der mit Hering handelt. Ganz wie du, du handelst mit Vögeln und bist in Wirklichkeit aber ein Dichter. Vielleicht ein großer Dichter. Verdammt guter Junge. Hör mal, wenn es mal keine Kanarienvögel gibt, dann solltest du dich daranmachen, meine Biograhpie zu schreiben. So mußt du anfangen: Islandsbersi stammte väterlicherseits von berühmten Kohlrüben ab. Als ich damals in Dänemark Gärtnergehilfe war und auf Fünen Rüben pflanzte, da bekam man fünfundzwanzig Kronen im Monat, und wenn die Wäsche bezahlt war, blieben einundzwanzig übrig; das reichte für einmal Kopenhagen hin und zurück, für ein Beefsteak mit Spiegelei, eine Flasche Schnaps und eine dreiundsiebzig Jahre alte Hure in der Laxegade. Dann gibst du das Buch in Island und Dänemark heraus, auf jeden Fall aber in Schweden, wo das Geld wächst. Du kassierst selber alles, was einkommt, und erhältst bei mir Rabatt und wirst Millionär.«

Wir setzten uns vor ein Café unweit des Tivoli: Fassade eines einfachen Hauses, wie kleine Kinder sie zeichnen. Je ein Fenster zu beiden Seiten der Tür, zwei Tische auf dem Bürgersteig; nichts Lebendes; Gardinen innen vor den Fenstern, von der Sonne vergilbt. Unmöglich, hineinzusehen. Befand sich überhaupt etwas in dem Haus, oder war die Fassade nur Kulisse? Mitten im Lärm der Großstadt war es hier still wie auf einer Bergeshöhe. Man plazierte sich selbst mitten in diese Szenerie, setzte sich auf einen Stuhl an einen Tisch mit Decke und begann Theater zu spielen. Ein gleichgültiger Wirt brachte schließlich zwei Flaschen Bier, wie die Maurer sie trinken. »Warte, Freund, wir wollen wetten«, sagte mein Spender zum Wirt. Doch der Mann hatte an einem solchen Handel kein Interesse, fand ihn auch durchaus nicht spaßig.

»Nimm dir ein Bier auf meine Kosten«, sagte mein Spender zu dem Mann. Doch der ging wieder zur Tür hinein, hinter der sich vielleicht nichts befand, und machte sie hinter sich zu. Wir saßen da draußen in der Sonne, seltsam allein. Von hier gesehen, hatten die Menschen, die die Straße entlanggingen, etwas Unwirkliches.

»Er denkt, wir sind Esel«, sagte mein Spender. »Das denken die Dänen immer von den Isländern und die Isländer von den Dänen. Also, wer letzter wird, die Flasche in einem Zug leer zu machen, bezahlt eine Krone!«

Wir küßten die Bierflaschen inmitten der Einöde. Ich blieb weit hinter ihm zurück und verschluckte mich obendrein auch noch, und eine Krone besaß ich nicht.

»Du mußt eine Krone bezahlen«, sagte mein Spender. »Wer verliert, muß eine Krone bezahlen.«

Ich suchte in meinen Taschen und fand nur dreiundachtzig Öre. Islandsbersi amüsierte sich königlich. Dann zog er eine Brieftasche mit seinem Monogramm in Gold hervor und reichte sie mir.
»Nimm, soviel du brauchst.«
Ich, der Gast: »Dürfte ich dich um siebzehn Öre anpumpen, die mir an der Wette fehlen?«
»Du bist ein feiner Junge«, sagte er und legte die offene Brieftasche vor mich hin, sie war vollgestopft mit jenen gelbbraunen Hundertkronenscheinen, die damals in Dänemark in Umlauf waren. »Nimm, sagen wir, tausend.«
»Erst wenn ich mit der Biographie fertig bin«, sagte der Biograph.
»Du gefällst mir, komm jetzt einfach mit mir. Ich erwarte Schweden.«

Wir verließen jenes sonderbare Café, und er hatte wie zuvor seinen Spazierstock zwischen Ellenbogen und Körper geklemmt; ich bin diesem Mann oft begegnet, doch nie habe ich gesehen, daß er seinen Stock auf das Pflaster stieß; er bildete stets mit seiner Person einen Winkel von dreißig Grad, bezogen auf die Wirbelsäule.
Wir hatten nicht weit zu gehen. Er wohnte im Hotel »Pallas«. Ich hatte diesen Ort bisher nur von ferne betrachtet, in meiner Jugend trieben dort Isländer kaum ihr Unwesen, es sei denn der eine oder andere Politiker, der nicht selber die Rechnung zu bezahlen brauchte. »Wohnst du hier?« fragte ich, als ich einen Blick in die Hotelhalle geworfen hatte: alles in weißem Marmor, blankem Messing und rotem Plüsch.
»Erlaube mir, dich dem Portier vorzustellen«, sagte er. »Wie heißt du doch gleich? Sag ihm, daß du an meiner Biographie arbeitest.«
Er zog eine Banknote von einigem Wert aus der Hosentasche und gab sie dem Portier. Auch der Treppenaufgang ganz in Marmor. Und es rutschte mir heraus: »Deine Kohlrüben haben sich gelohnt.«
»Das geht auf Kosten von Witwen und Waisen«, sagte er. »Ich habe alles aus diesen Leuten herausgesogen.«
Er bewohnte ein Appartement im ersten Stock. Die Schritte erstarben in

den Teppichen. Die Sessel in den Zimmern waren für Leute gedacht, die über ein vierfaches Gesäß zum Sitzen verfügten. Tische und Schränke, Truhen und Schatullen glänzten wie wohlgenährtes Großvieh im Sonnenlicht, das sich zwischen faltenreichen roten Vorhängen hereinzwängte. Er zeigte auf einen niedrigen Tisch vor dem Sofa und sagte: »Auf diesen Tisch sollen heute vier Millionen schwedische Kronen kommen.« Hinter dem Salon lag sein Schlafzimmer; eine niedrige Tür neben dem Bad führte in die Kammer des Sekretärs.

»Es macht sich oft genug bezahlt, den Sekretär des Nachts gleich bei der Hand zu haben. Doch im Moment ist er nicht da. Ich habe ihn vor ein paar Tagen nach Holland geschickt, so 'ne Betonkähne zu kaufen. Du kannst da übernachten, wenn du willst.«

»Das ist ganz unnötig«, sagte ich.

»Hast du irgendwo eine Bleibe?« fragte er.

»Doch, doch, mein Koffer ist auf dem Bahnhof. Ich kenne auch ein altes Ehepaar in Vanlöse, bei denen ich billig unterkommen kann.«

»Bleib gleich hier«, sagte er. »Wenn du meine Biographie schreiben willst, mußt du sehen, wie ich lebe.«

Er warf einen Blick aus dem Fenster und sagte: »Nun ja, sie kommen, geh du rasch in die Kammer und laß die Tür halb offen, dann hörst du alles, was gesprochen wird, und du kannst es in meine Biographie aufnehmen.«

Mit einem Seitenblick sah ich drei Männer hereinkommen; sie hatten irgendwie keine Gesichter, zwei schienen etliche Wirbel zuviel zu haben, der dritte war ein dicker Mann mit roten Backen und beschlagener Brille, vielleicht ein Jurist; zumindest taugte er dazu, die Aktentasche zu tragen; sie war vollgestopft. Islandsbersi schlug ihnen auf ihre langen Rücken, puffte mit der Faust auf den Schmerbauch des Kleinen und bediente sich dabei einer Sprache, die ich nicht konnte; doch verstand ich auf Grund volkstümlicher vergleichender Grammatik ein und das andere Wort. Das Ganze machte den Gästen augenscheinlich keinen Spaß, sie krümmten sich ein wenig unter den Schlägen. Er forderte sie auf, sich in die Sessel um den Tisch zu setzen, doch sie wollten lieber stehen, außer dem Dicken.

»Nun, alte Knaben, was wollt ihr trinken?«

Sie sagten, sie müßten sich beeilen, sie wollten in einer halben Stunde noch die Fähre nach Malmö erreichen.

»Einen Islandcocktail?« fragte er.

»Nein, danke für das großartige Angebot, Herr Grossist«, sagten sie, und der kleine Dicke nahm rasch die Papiere aus seiner Tasche und breitete sie auf dem Tisch aus.

Bersi Hjalmarsson bestand darauf, daß sie sich bewirten ließen, und holte aus dem Wandschrank einen Arm voller Flaschen sowie hohe Gläser und stellte sie zwischen die Papiere auf den Tisch.

»Ich sehe, ihr seid heute in bester Stimmung, Jungs«, sagte er.

Doch sie waren durchaus nicht gutgelaunt, eigentlich gänzlich unempfänglich für Spaß. Er begann, Bier in die Gläser zu gießen und sagte dann: »Jetzt sagen wir prost, alle zusammen.«

»Man prostet nicht mit Bier«, sagten sie.

»Wer tut das angeblich nicht?« fragte er.

»Es ist eine völlig unbekannte Methode«, sagten die langen Schweden. »Zeugt nicht von gutem Benehmen!«

»Das meine ich nun gerade nicht, vielleicht...«, sagte der Dicke, ein wenig entschuldigend, und fügte zur Erläuterung hinzu: »Es ist im allgemeinen här i Sverge nicht Brauch, mit etwas unter zwölf Prozent zu prosten. Solche Art Getränke rechnet man zu Speise und Trank.«

»Das Prosten ist eine ernste Sache, Herr Grossist«, sagten die langen Schweden. »Prosten ist zumindest etwas, das man nicht nur so ohnehin tut.«

»Mit Bier zu prosten ist ungefähr so, als würde sich einer eine Scheibe Roggenbrot in den Mund stopfen und dabei sagen ›Lang lebe der König!‹« sagte der dicke Schwede zum Zweck weiterer Erklärung.

»Ich proste mit Bier«, sagte Islandsbersi. »Prost!«

Die Männer erhoben ihre Gläser nicht, er aber leerte seines.

Als nächstes ergriff Bersi eine Flasche Kognak und dann eine Flasche Whisky und goß von jedem einen Schuß in das Bier. Die Gläser liefen über. Die Schweden sahen diesem Tun unbewegt zu.

»Trinkt, Jungs«, sagte Bersi.

Sie antworteten, es wäre überdies auch nicht die Tageszeit für starke Getränke.

»Wir machen das Getränk wieder schwächer«, sagte Islandsbersi, entkorkte eine Flasche Rotwein und schenkte weiter in die vollen Gläser ein, so daß die Papiere fast in der Flut ertranken. Der Cocktail sah aus wie Rinderharn. Die Schweden waren blaß. »Prost«, sagte Islandsbersi.

»Haben die Isländer nie Alkohol kennengelernt?« fragten die Schweden.

»Nein«, sagte Islandsbersi, »wir verstehen uns nicht auf Alkohol, wissen nicht, was es mit Alkohol auf sich hat. Kein ehrlicher Isländer versteht zu trinken. Doch wir trauen uns zu, jeden beliebigen Schweden unter den Tisch zu saufen.«

Dann führte Bersi das große Milchglas zum Mund und leerte es bis auf den Grund. Die langen Schweden flohen in eine Ecke. Der Dicke blieb sitzen. Als die Langen die Sprache wiedererlangt hatten, baten sie den Kleinen, dem Grossisten den Brief mit ihren Weisungen aus Stockholm vorzulesen. Der dicke Mann angelte ein Papier hervor und begann zu lesen.

Islandsbersi fiel ihm sogleich ins Wort: »Keine Apostelpredigten hier! Sagt einfach, wieviel ihr jetzt bietet.«

»Er versteht den Text nicht«, sagte der Dicke und hörte auf zu lesen.

Bersi: »Tja, wieviel bietet ihr jetzt?«

Sie sagten: »Fünfundneunzig und einen halben. Keinen Bruchteil eines Öre mehr.«

»Das habt ihr neulich auch gesagt, und trotzdem habt ihr euch um einen halben Öre gesteigert«, sagte Bersi Hjalmarsson. »Meine Ordern besagen: keinen halben Öre unter vier Millionen schwedischen für die ganze Partie, vierzigtausend Fässer.«

»Fünfundneunzig und einen halben Öre pro Faß, äußerstes Angebot«, sagten sie.

»Warum einen halben Öre? Nie einen Öre entzweibeißen, sagen wir in Island.«

Der dicke Mann sah auf seine Uhr und gab sich einen Ruck. »Nur noch zehn Minuten, bis die Fähre ablegt.« Er packte die halbnassen Papiere schleunigst ein.

»Wir kommen morgen wieder, um uns zu verabschieden«, sagte der längste, »und wenn die Bank des Grossisten und seine Kompagnons es sich nicht anders überlegt haben, dann wenigstens zu dem Zweck, um eine förmliche Erklärung über den Ausgang der Verhandlung abzugeben.«

»Wir sehen uns nächste Woche wieder«, sagte Islandsbersi, begleitete sie kameradschaftlich zur Tür und klopfte ihnen auf die Schulter: »Stets erfreut, euch zu sehen. Verdammt nette Jungs! Schade, daß wir keine Zeit haben, in den ›Rüpel‹ oder ins ›Messer‹ zu gehen oder auch nur ins ›Tivoli‹.«

Während Islandsbersi unten zwischen all dem Marmor seine Gäste verabschiedete, trat ich aus der Sekretärskammer heraus. Keine schwedischen Millionen auf dem Tisch, nur drei Milchgläser zum Überlaufen gefüllt mit Islandcocktail; das vierte hatte der Hausherr, wie bereits gesagt, selbst bis auf den Grund geleert.



**Not macht bekanntlich erfinderisch. Offen bleiben muß im vorliegenden Fall allerdings die Frage, ob der Mangel dann auch das Geschmacksempfinden verstärkt. Den Island-Cocktail sollte tunlichst meiden, wer nicht darauf aus ist, sich im Heringshandel mit schwedischen Konkurrenten einen Vorteil zu verschaffen. Er ist aber keineswegs nur eine literarische Erfindung. Seine Existenz verdankt er dem auf Island lange Zeit aufrechterhaltenen Verbot von alkoholhaltigem Bier. Dies zu umgehen, kostete die Isländer mehr als nur eine Kleinigkeit, und damit war wohl auch die Phantasie, die für die Herstellung eines Cocktails gebraucht wird, ihrer Mittel beraubt. Eins wird an dieser Stelle standhaft verweigert: der Diskurs über die Befindlichkeit einer Nation, die sich alkoholfreies Bier aus sozialreformerischen Gründen verordnet und gleichzeitig den Ausschank von Spirituosen und Wein zu freilich horrenden Preisen gestattet.**

**Tatsache bleibt, daß der Island-Cocktail dem Autor in einer Julinacht des Jahres 1981 im Hotel ›Esja‹ in Reykjavik unter den folgenden Umständen gereicht wur-**

de. Regel Nr. 1: Kein Zutritt zur Bar ohne den offenbar den Querschnitt der Speiseröhre und damit das Abflußvolumen reduzierenden Schlips. Bei Bedarf werden Krawatten von der Geschäftsleitung gestellt. Regel Nr. 2: Das Barpersonal ist gehalten, korrekte Kleidung und eine karierte Fliege zu tragen. Regel Nr. 3: Bier wird durch Durst erst schön. Weil Thule Lagerøl, das den Inselbewohnern seinerzeit einzig erlaubte alkoholfreie Bier, keine nennenswerten Wirkungen zeigt, besteht Handlungsbedarf. Dem wird durch den Zusatz von ›Svarte Død‹ nachgegeben, einem klaren Aquavit, den man zeitweilig mit einer bizarren Verkaufsstrategie vom gesunden Volksempfinden fernzuhalten suchte. Um die toxische Wirkung von Alkohol so recht ins Bewußtsein des Trinkers zu rücken, mußte auf dem Flaschenetikett ein Totenkopf mit gekreuzten Knochen gezeigt werden. Dies machte das Getränk schnell ungemein populär, weshalb es heute nur noch unter der neutralen Bezeichnung ›Brennívin‹ in den Handel gebracht werden darf.
Im Hotel ›Esja‹ in Reykjavik wurde der Aquavit im Sommer 1981 aus einem Eichmaß in hohe Longdrinkgläser gegossen und anschließend stark schäumend Bier auf diese Alkoholbasis gezapft. Sobald der Schaum sich abgesetzt hatte, schlug der Barkeeper ein rohes Ei in das Glas und füllte mit Rotwein auf bis an den Rand. Regel Nr. 4: Ein Drink, dessen Herstellung auf der Technik der begrenzten Regelverletzung fußt, beseitigt auch soziale Schranken. Verblüffend war der Moment, als zum ersten Mal ein Barkeeper sich einen Aquavit direkt aus dem Eichmaß genehmigte. Später wurden die Fliegen gelockert, der Schnaps ohne weitere Umstände auf seinen Weg in die Gläser geschickt, die Verbrüderung von Personal und Gästen nahm ihren Lauf, man tauschte Krawatten und Lebensgeschichten, die Spitze des Snaefells-Gletschers auf der anderen Seite der Bucht arbeitete sich aus dem Porzellanlicht der arktischen Nacht in eine Kaskade von immer tropischer anmutenden Farben hinüber, und schließlich das Erwachen mit der Kreditkartenabrechnung auf dem Kokosläufer neben dem Bett: Diese eine isländische Nacht wäre gegen einen vierzehntägigen Aufenthalt auf einer Mittelmeerinsel aufzurechnen gewesen, Flug inklusive und natürlich die Drinks.

# Dein einziger Freund

Das ist natürlich nicht zu verachten, sagte Shanahan, und seine Gesichtszüge röteten sich, das echte alte Zeug aus dem Heimatland, wissen Sie, Zeug, das schon Gelehrte an unsere Küste brachte, als unsere Freunde auf der anderen Seite vor dem goldenen Kalb auf dem Bauch rutschten, ihren Leichnam in einen Schafspelz gewickelt. Es ist das Zeug, das unser Land dahin gebracht hat, wo es heute steht, Mr Furriskey, und ich laß mir lieber die Zunge mit der verdammten Wurzel aus dem Kopf reißen, als daß ich ein Wort dagegen sage. Aber der Mann auf der Straße, wo bleibt der? Bei Gott, der bleibt nirgends, soviel ich sehen kann.

Was macht das unsern guten Leuten mit den schwarzen Hüten schon aus, wo der bleibt, fragt Furriskey. Was es denen ausmacht? Das ist ein Reinfall für den Mann auf der Straße, denk ich, wenn er darauf wartet, daß die Bande was für ihn tut. Das ist eine nette Bande, sag ich Ihnen.

Ja, das ist wahr, sagte Lamont.

Und noch was, sagte Shanahan, man kann die Art Zeug auch überkriegen. Stopfen Sie sich doch mal mit dieser Art Schiffszwieback voll, und Sie wollen 'ne ganze Zeit nichts mehr davon wissen.

Kein Zweifel, sagte Furriskey.

Versuchen Sie das mal, sagte Shanahan, Sie tun's bestimmt nicht ein zweites Mal.

Wissen Sie was, sagte Lamont, es gibt Leute, die das lesen ... und immer wieder lesen ... und lesen, verdammt, überhaupt nichts anderes mehr. Das ist bestimmt ein Fehler.

Ein großer Fehler, sagte Furriskey.

Aber es gibt einen Mann, sagte Shanahan, einen Mann, der kann Gedichte schreiben, die man den ganzen Tag und die ganze Nacht über lesen kann und weiterlesen, sooft das Herz begehrt, Sachen, die man nie überkriegt. Gedichte von einem Mann, der einer von uns ist, und die niedergeschrieben wurden, damit wir sie lesen. Der Namen dieses Mannes ...

Na, da haben wir's ja, sagte Furriskey.

Der Name dieses Mannes, sagte Shanahan, ist ein Name, auf den Sie oder ich getauft sein könnten, ein Name, der uns keine Schande machen würde. Und dieser Name, sagte Shanahan, ist Jem Casey.

Und ein sehr guter Mann, sagte Lamont.

Jem Casey, sagte Furriskey.

Sie verstehen, was ich meine, sagte Shanahan.

Sie haben nicht gerade eins von seinen Gedichten bei sich, sagte Lamont. Ich würde so gern ...

Ich hab keines *bei* mir, wenn Sie das meinen, Mr Lamont, sagte Shanahan, aber ich könnte so schnell eins rauslassen, wie ich meine Gebete hersage. Bei Gott, ich nenne mich ja schließlich nicht umsonst einen Kumpel von Jem Casey.

Das freut mich zu hören, sagte Lamont.

Stehen Sie auf und tragen Sie es vor, Mann, sagte Furriskey, lassen Sie uns nicht warten. Wie heißt es denn?

Der Name oder Titel des Gedichts, das ich gleich vortragen werden, meine Herren, sagte Shanahan mit priesterlicher Gemessenheit, ist ein Gedicht namens ›Des Arbeiters Freund‹. Bei Gott, es ist nicht zu schlagen. Ich

hab's von den Besten loben hören. Es ist ein Gedicht über eine Sache, die uns allen bekannt ist. Es handelt von einem Glas Porter.
Porter!
Porter.
Auf Ihre Füße, Mann, sagte Furriskey. Mr Lamont und ich warten und hören zu. Stehen Sie endlich auf.
Kommen Sie, machen Sie schon, sagte Lamont.
Hören Sie gut zu, sagte Shanahan und ebnete sich mit leisem Hüsteln den Weg. Hören Sie zu.
Er stand auf, streckte die Hand aus und stützte sich mit einem Knie auf den Stuhl neben ihm.

Wenn alles nur schiefgeht, egal, was man macht,
und gar nichts zu klappen mehr scheint,
wenn's Leben so schwarz wie die Stunde der Nacht,
IST EIN PORTER DEIN EINZIGER FREUND.

Bei Gott, da ist Schwung drin, sagte Lamont.
Wirklich sehr gut, sagte Furriskey. Sehr hübsch.
Ich sag Ihnen ja, es ist das Wahre, sagte Shanahan. Hören Sie weiter.

Ist das Geld dir knapp und schwer zu kriegen,
wenn dein Pferd nur im Mittelfeld streunt
und auf dem Konto nur Schulden liegen,
IST EIN PORTER DEIN EINZIGER FREUND.

Die Gesundheit läßt nach, du bist nicht mehr jung,
der Arzt sieht dich an, und er greint,
und er rät dir zu Luftveränderung –
DANN IST EIN PORTER DEIN EINZIGER FREUND.

Es gibt Stellen in dem Gedicht, die haben so was, was bleiben wird. Sie wissen, was ich meine, Mr Furriskey?

Kein Zweifel, es ist ganz großartig, sagte Furriskey. Los, Mr Shanahan, noch eine Strophe. Sagen Sie nicht, es ist schon zu Ende.
Dann hören Sie doch zu, sagte Shanahan.

Ist das Essen knapp und die Kammer leer
und kein Speck in der Pfanne sich bräunt,
wird selten gespeist und gehungert mehr,
IST EIN PORTER DEIN EINZIGER FREUND.

Was halten Sie davon?
Es ist ein Gedicht, das weiterleben wird, rief Lamont, ein Gedicht, das noch gehört und beklatscht wird, wenn eine Menge anderer ...
Aber warten Sie, bis Sie die letzte Strophe gehört haben, Mann, die gibt erst den letzten Schliff, sagte Shanahan. Er runzelte die Stirn und winkte mit der Hand.
O ja, es ist gut, elend gut, sagte Furriskey.

In Zeichen von Ärger und Pech und Verdruß
gibt's Einen, der's gut mit dir meint,
der Eine, der stets zu dir halten muß,
IST EIN PORTER: DEIN EINZIGER FREUND!

Haben Sie in Ihrem Leben schon so was gehört, sagte Furriskey. Ein Glas Porter, bei Gott, so was! O ja, ich sage Ihnen, Casey war ein Mann unter Zwanzigtausend, da gibt es keinen Zweifel. Er wußte, was los war, ganz bestimmt wußte er das. Und wenn er auch sonst von nichts 'ne Ahnung gehabt hätte, er verstand, ein Gedicht zu schreiben. Ist ein Porter dein einziger Freund.
Hab ich Ihnen nicht gesagt, daß er gut ist? sagte Shanahan. Weiß Gott, mich kann man nicht reinlegen.

Aus: Flann O'Brien, In Schwimmen-Zwei-Vögel. Deutsch von Lore Fiedler, Helmut Mennicken und Harry Rowohlt. 

Von Flann O'Brien, der zeitweilig dem Brotberuf eines Beamten im Dubliner Ministerium für Kommunalverwaltung nachging, ist eine bemerkenswerte Anekdote überliefert. O'Brien bevorzugte das in der Nähe seines Dienstsitzes gelegene Scotch House für manchen Umtrunk während seiner Arbeitszeit. Verständnisvoll wurde er deswegen von seinem Vorgesetzten John Garvin vor der Schwatzhaftigkeit von Kollegen gewarnt: »Man hat Sie ins Scotch House gehen sehen.« Flann O'Brien, ein ausgewiesener Kenner der Situation im Ministerium, antwortete so knapp wie präzise: »Sie meinen wohl, man hat mich ins Scotch House kommen sehen.«
O'Brien, auch, als Beamter, Brian O'Nolan und Myles na gCopaleen als Kolumnist der ›Irish Times‹, hat zumindest jedem der Dubliner Pubs, die er frequentierte, ein literarisches Denkmal gesetzt. Seine journalistische Karriere ist mit der noch existierenden Palace Bar an der Fleet Street aufs engste verknüpft, das Scotch House am Burgh Quay diente dem Beamten als Rückzugsgebiet, und Grogan's in der Leeson Street wird vom Literaten O'Brien in dem Roman ›In-Schwimmen-Zwei-Vögel‹ gründlich beschrieben und zum Schauplatz gemacht. Jedes der Dubliner Lokale umschließt einen gesellschaftlichen Mikrokosmos voller Besonderheiten, erfüllt von jeweils eigenen Stimmen, Metaphern, Neigungen und Selbstzweifeln, gegen die ein Mittel gereicht werden muß. Das irische Pub gleicht einer Kathedrale, in die kaleidoskopisches Licht aus bunten Fenstern dringt und wo wuchtiges gedrechseltes Mobiliar die Durstigen an die Tische zwingt, als würden sie zur Beichte gerufen.
Porter ist ein tief dunkelbraunes, obergäriges Bier von hohem Alkoholgehalt. Wenn der Anteil an Malzextrakt 25 % überschreitet, gilt es als Stout. Das in Dublin am St. James's Gate gebraute Guinness ist ein Extra Stout von unvergleichlich milder Würze und cremiger Beschaffenheit. Der Name Porter ist wahrscheinlich entstanden, weil die porters, die Londoner Lastträger des 18. und 19. Jahrhunderts, dieses Bier bevorzugten.
Cocktails mit Bier sind wenig verbreitet. In den meisten Fällen spricht das Resultat der Braukunst für sich. Manchmal werden Schnäpse zur Erhöhung des Alkoholgehalts eingesetzt. Guinness läßt sich bestens mit einem Schuß Portwein anreichern, englisches Lagerbier wird oft mit Lime Juice fein nuanciert. Viel weiter sollte man nicht gehen, wegen der Singularität. Schließlich ist ein Porter, wie Flann O'Brien ganz richtig bemerkt, dein einziger Freund.

## BEER BUSTER

5 cl Wodka
Eisgekühltes, helles Bier
Tabasco

Wodka in ein Longdrink-Glas geben, mit Bier auffüllen und ein bis zwei Spritzer Tabasco hinzufügen. Vorsichtig rühren.

## RADLER/ALSTERWASSER

Bier,
Limonade

Bier und nicht zu sehr gesüßte Limonade, im Verhältnis 1:1 gemischt, geben bei guter Kühlung ein herrliches Erfrischungsgetränk. Für den klassischen Cocktail ›Shandy Gaff‹ werden helles Bier und Ginger Ale im gleichen Verhältnis gemischt.

## TOMBOY

Bier,
Tomatensaft

Für diesen Drink werden Tomatensaft und gekühltes Bier im Verhältnis 1:1 in ein Longdrink-Glas gegeben und vorsichtig gerührt.

## BIERLIKÖR

2 l Bockbier
1 kg Zucker
2 Vanillestangen
1,5 l klaren Schnaps

Starkbier, Zucker und Vanillestangen eine Viertelstunde lang in einem Topf köcheln. Abkühlen lassen, den Schnaps hinzufügen und das Gemisch durch ein Tuch in einen Topf abseihen. Nach dem vollständigen Erkalten auf Flaschen füllen und diese mindestens drei Monate lagern.

# Starlight Memories

Aus völlig unerklärlichen Gründen hatte sich diese Bezeichnung eingebürgert: Starlight-Casino. Der Raum befand sich unweit der Basis auf der Erdoberfläche, aber ein Teil davon war in eine tropische Lagune hineingebaut worden. Hinter dicken Glaswänden sah man die Schwärme der exotischen Fische und die unaufhörlich wachsenden Korallenbänke. Über dem gesamten Raum hingen die Klänge der Musik, die aus versteckten Lautsprechern drang. Der Modekomponist dieses Jahres war Tomas Peter, von ihm spielte man *Blues des stummen Astronauten.*

Auf der Platte der Bar hätte man Hundertmeterläufe veranstalten können. Commander Cliff McLane, dessen Stimmung sich mit Hilfe von Alkohol wieder gebessert hatte, saß neben Hasso und sagte völlig unmotiviert:

»Du möchtest noch einen Cognac, Hasso?«

Hasso Sigbjörnson machte eine Bewegung, die Abwehr und Askese ausdrücken sollte.

»Nein, Cliff«, sagte er streng. »Nicht für mich. Ich muß gehen ... wirklich, Cliff«, setzte er hinzu, als er das Grinsen im Gesicht seines Kommandanten sah. »Ich müßte nämlich seit zwei Stunden zu Hause sein.«

Trocken antwortete Cliff:

»Nichts wird dich aufhalten, Hasso!«

Das Mädchen, das hinter diesem Abschnitt der Bar stand, näherte sich. Es hatte in der Siedlung der Raumfahrer einen Aufstand gegeben, als man die Barmädchen vor Jahren durch halbrobotische Anlagen hatte ersetzen wollen. Seitdem war alles beim alten geblieben.

McLane beobachtete die langsam tanzenden Paare.

Er sah de Monti, der mit dem Bordmaskottchen Helga tanzte, und Atan Shubashi, der den Kadetten aus Wamslers Büro entführt hatte. Die langgezogenen Klänge des Blues bewegten die Paare.

»Ich sollte mich wirklich langsam auf den Weg machen. Was hast du mich vorhin gefragt, Cliff?« meinte Hasso irgendwie bedrückt.

»Ich dich gefragt?« fragte Cliff. »Nichts!«

»Ja! Du fragtest mich doch etwas ... vor drei Sekunden.«

Cliff begann zu lachen. »Richtig!« stellte er fest und winkte dem Mädchen hinter der Bar mit der Hand. »Ich habe dich gefragt, ob du noch einen Cognac willst.«

»Ja, bitte!« Sigbjörnson nickte ergeben. Zwei Gläser kamen; hohe schlanke Zylinder mit selbstleuchtendem Fuß. Die Beleuchtung bewirkte, daß der Alkohol wie kostbarer Stein wirkte. Der Commander und sein Ingenieur hoben die Gläser.

»Aber dann muß ich gehen«, sagte Hasso. »Sonst wird Ingrid böse.«

»Vollkommen zu Recht«, warf McLane ein.

Sigbjörnson hatte ein Problem. McLane erkannte es klar, zumal Hassos blaue Augen unsicher wirkten. Der Commander lehnte sich in seinen geschwungenen Sitz zurück, drehte das Glas zwischen den Fingern und wartete.

»Sag mal, Cliff ... möchtest du nicht noch auf einen Sprung mitkommen?«

McLane begann schallend zu lachen; einige Gäste drehten sich um.

»Ach du Schreck!« sagte er und begriff schlagartig, welcher Art das Problem Hassos war. »So sieht es also wieder einmal aus!«

Sigbjörnson nickte.

»Ja, Cliff ... ich habe es ihr fest versprochen.«

»Wie oft hast du es ihr eigentlich schon ›fest versprochen‹?« fragte Cliff und lachte noch immer. »Glaubt sie dir eigentlich überhaupt noch etwas, Hasso?«

Hasso nickte und schien zu glauben, was er sagte. »Es ist mein Ernst. Ich höre auf!«

Cliff trank einen tiefen Schluck aus dem Glas und stellte es vor sich auf die Bar zurück. Dann bohrten sich seine braunen Augen in das Gesicht des Ingenieurs.

»Ist das dein Ernst, Hasso?« fragte der Commander ruhig, »oder war es dein Ernst?«

Hasso war weniger ein Mann der Worte als einer der Taten. Es gab keinen einzigen Millimeter seines Maschinenraumes und des Kampfstandes, den er nicht genau kannte; sollte er jedoch komplizierte Vorgänge seines Innenlebens darlegen, begann er zu improvisieren. Er strich zögernd über sein weißes Haar, das er in die Stirn gebürstet hatte. »Du mußt mit ihr reden, Cliff!« sagte er kategorisch.

»Ich weiß«, sagte McLane und nickte.

Hasso hakte seinen langen Zeigefinger in die Gürtelschließe Cliffs ein und zog den Commander zwanzig Zentimeter zu sich heran.

»Ohne dich traue ich mich nicht heim, Cliff.«

Das Grinsen, mit dem McLane seinen Ingenieur ansah, hatte nichts Ironisches an sich; es war der Ausdruck tiefer und verständnisvoller Kameradschaft zwischen den Männern. Als McLane an Hasso vorbei auf die Tanzfläche blickte, sah er eine schlanke blonde Frau. Sie bahnte sich einen Weg durch die Tanzenden. McLanes Zeigefinger deutete dicht neben Hassos Nase nach hinten, und Cliff sagte trocken:

»Dein Problem scheint gelöst zu sein.«

Hasso drehte sich um und versteifte sich, als er seine Frau erblickte. »Aus!« sagte er in tiefer Niedergeschlagenheit.

»Jetzt ist es passiert.«

McLane winkte dem Mädchen und sagte kurz, aber höflich: »Zahlen!«

Hasso rutschte auf seinem Barhocker herum und drehte sein Gesicht zu

Cliff hin. Es war für jeden zu sehen, daß er ein starkes Gewitter mit zahlreichen Blitzen erwartete.
»Bei den Raumgespenstern, Cliff! Du willst mich doch jetzt nicht im Stich lassen!«
Beruhigend erwiderte Cliff:
»Nein, nur zahlen. Es macht einen besseren Eindruck, wenn wir schon gezahlt haben.«
Er zahlte und rutschte aus seinem Barstuhl, blieb ruhig daneben stehen. Vor Sigbjörnsons Frau verbeugte er sich kurz und liebenswürdig. »Guten Abend, Ingrid«, sagte er verbindlich. »Nett, Sie wieder einmal zu sehen.«
Sigbjörnson versicherte eilig:
»Liebling ... wir waren gerade dabei, zu gehen.«
Frau Sigbjörnson, eine gutaussehende Blondine, warf McLane einen prüfenden Blick zu, sagte: »Hallo, Major McLane!« und wandte sich an ihren Mann. Mit der Geduld der leidgeprüften Raumfahrerfrau sagt sie:
»Finden eigentlich alle Mannschaftsbesprechungen hier statt, Hasso?«
McLane nickte eifrig.
»Manche schon, Ingrid«, versicherte Sigbjörnson. »Das schwankt ...«
»Den Eindruck habe ich auch«, sagte sie leise. »Es besteht die Gefahr, daß du ebenfalls schwankst.«
»Wie gesagt«, antwortete Hasso und stand ebenfalls auf. »Wir waren gerade im Aufbruch. Ich schlug eben Cliff vor, er möge noch auf ein Bier mitkommen.«
Die Musik hörte auf, und die tanzenden Paare zerstreuten sich. Einige von ihnen kamen an die Bar, andere zogen sich zu den Sitzgruppen zurück, andere wieder gingen hinüber in den Eßraum.
Nicht gerade höflich sagte Ingrid Sigbjörnson: »So?«
»Du scheinst nicht gerade hellauf begeistert darüber zu sein, daß unser berühmter Commander unser bescheidenes Haus besucht?«
Wider Willen mußte Ingrid lächeln.
»Aber – Hasso! Immer, wenn du deinen Chef bei uns anschleppst, weiß ich sehr genau, was los ist!«

Sigbjörnson war ratlos und bereit, hoffnungslos zu kapitulieren. »Ja«, murmelte er verdrossen, »Ingrid, weißt du ... McLane meinte eigentlich ...«
McLane machte eine unsichere Geste und deutete zuerst auf sich, dann auf Hasso.
Ingrid blickte ihn mehr als nur fragend an.
»Ich weiß nicht, wie ich es Ihnen erklären soll, gnädige Frau«, sagte McLane, aber er wurde unterbrochen.
»Sie brauchen mir nichts zu erklären, Major: Hasso fliegt wieder mit, nicht wahr?«
Hasso sah seine Chance und redete aufgeregt weiter.
»Ja, es stimmt, Ingrid. Ich dachte, es sei besser, wenn ich dieses Mal noch dabei bin, dieses eine Mal noch.«
»Gerade jetzt, Ingrid«, warf McLane ein, »wo wir höheren Orts so ungeheuer beliebt sind.«
»Ich habe davon gehört«, sagte Frau Sigbjörnson mit unüberhörbarer Kühle.
»Sogar eine Aufpasserin vom GSD haben sie zu uns abkommandiert«, rief Hasso vorwurfsvoll und breitete die Hände aus.
»Sie sehen also, gnädige Frau«, sagte McLane, noch ehe Ingrid antworten konnte, »daß es der denkbar schlechteste Zeitpunkt wäre, einen Nachfolger für Hasso anzulernen. Ganz abgesehen davon, daß keiner Hassos Leistungen auch nur im entferntesten je erreichen könnte.«
Trotz ihrer Enttäuschung mußte Ingrid lächeln. Sie lehnte sich an die Bar und blickte die zwei Männer an, die nicht gerade eine sehr gute Figur machten.
»Ich bin sehr gespannt«, sagte sie, »auf den Zeitpunkt, an dem euch einmal die guten Ausreden ausbleiben.«
»Cliff!« sagte Hasso fast jubelnd und schlug ihm auf die Schulter, »sie hat gelacht!«
Etwas niedergeschlagen stellte McLane fest:
»Sagen wir einmal ... sie hat gelächelt!«
Ingrid setzte sich auf den Barhocker Hassos und sagte, indem sie an den Fingern abzuzählen begann:

»Die Kinder schlafen, die Roboter sind abgeschaltet. Deine Uniform ist gereinigt, und die Miete ist bezahlt ... ich glaube, ich bleibe noch ein wenig. Falls der Herr Major geruhen würden, mich auf einen Cocktail einzuladen, würde ich seine Bitte nicht abschlagen.«
Cliff grinste anerkennend und winkte dem Mädchen hinter der Bar.
Hassos erleichterter Seufzer klang fast wie eine Startsirene.

Aus: Hanns Kneifel, Angriff aus dem All. Die phantastischen Abenteuer des Raumschiffes Orion.


**Aus völlig unerklärlichen Gründen bevorzugt die Besatzung des Raumschiffs ›Orion‹ in ihrer Welt von morgen, die längst die von heute sein müßte, zwei in den zukunftsversessenen sechziger Jahren populär gewesene Getränke: Cognac und Bier. Allerdings wird der Cognac im ›Starlight-Casino‹ in zylindrischen Gläsern gereicht, auf selbstleuchtendem Fuß, was ihn natürlich fast schon wie einen im Cyberspace gemixten Cocktail aussehen läßt, und der Umstand, daß Commander McLane einen besonders tiefen Schluck dieser Kreation aus Weinbrand und geschmacksverstärkendem Licht zu sich nimmt, deutet denn doch auf fortgeschrittenen Sittenverfall hin. Aber wahrscheinlich ist es ohnehin nur die Frage einer winzigen Verschiebung von Raum und Zeit, bis wir genötigt sein werden, Cognac nach Art der Außerirdischen aus illuminierten Lampenfüßen zu trinken.**
**Solche Folgen des Aufbruchs zu den Sternen muß nicht fürchten, wer sich noch bodenständig in ein für seinen einzigen Zweck bestimmtes Glas zu versenken versteht. Dort sorgt allein die rechte Mischung fürs Farbenspiel und dafür, daß Sonne, Mond und Sterne auf ihre Art über ihm zu kreisen beginnen. Eine Lektion für die Zukunft also, die bereits gelernt werden durfte. Science-fiction-Autoren wären daher gut beraten, sich mit gleicher Inbrunst wie ihren technischen Phantasien den Fragen des guten Geschmacks von morgen zuzuwenden. Man will sich schließlich in dem, was noch vor uns liegt, auf möglichst genußreiche Weise wiedererkennen.**

## MOONLIGHT

Zutaten im Shaker auf Eis schütteln und durch ein Sieb in ein Oldfashioned-Glas auf Eiswürfel geben.

6 cl Calvados oder Applejack
Saft einer Zitrone
1 cl Zuckersirup

## HOT MOON COCKTAIL

Im Mixglas auf Eis rühren und in ein Cocktailglas abseihen. Mit einer Zitronenscheibe garnieren.

5 cl Scotch
2 cl Sweet Vermouth
1 Teelöffel Benedictine

## MOON QUAKE SHAKE

Zutaten im Shaker auf Eis schütteln und in ein Cocktailglas abseihen.

5 cl brauner Rum
3 cl Coffee Brandy
Saft einer halben Zitrone

## STAR COCKTAIL

Im Mixglas Zutaten auf Eis rühren und in ein Cocktailglas abseihen. Mit einer Zitronenscheibe garnieren.

3 cl Calvados oder Applejack
3 cl Sweet Vermouth
1 Spritzer Angostura

## STAR DAISY

Zutaten im Shaker auf Eis schütteln und in ein Punch-Glas abseihen. Einen Eiswürfel hinzufügen und nach Bedarf mit Früchten garnieren.

3 cl Gin
3 cl Calvados oder Applejack
1 Teelöffel Grenadine
Saft einer halben Zitrone
½ Teelöffel Puderzucker

Thomas Wolfe/**Schau heimwärts, Engel!**

# Erwachen im Jenseits

Luke kam von der Marineschule in Newport. Er traf am Weihnachtsabend ein. Sie hörten seinen dröhnenden Tenor bereits, als er noch draußen auf der Straße stand und Leuten Grüße zurief. Wie ein Windstoß kam er ins Haus hereingewirbelt. Alle begannen zu grinsen.

»Ah! Also da sind wir! Der Admiral ist zurück! Na, wie geht's, Papa, alter Junge! Meine Güte!« rief er aus, umarmte Gant und tätschelte ihn auf den Rücken, »ich dacht, ich käm einen Kranken zu sehen, und da stehst du und siehst aus wie das blühende Leben! Wie geht's, wie steht's?«

»Ganz leidlich, mein Junge. Und dir?« fragte Gant, erfreut lächelnd.

»Könnte gar nicht besser gehn, Colonel, Na, Eugene, wie geht's bei dir, alter Pfadfinder?« sagte er, ohne die Antwort zu erwarten.

»Wenn das nicht unser alter Glatzkopf ist?« rief er aus und schüttelte Bens Hand wie einen Pumpenschwengel. »Ich wußte gar nicht, ob du heimkämst.«

»Mama! Altes Mädchen!« sagte er und umarmte sie. »Na, wie geht's denn, wie geht's denn? Nicht, immer noch mit allen sechs Zylindern! Fein!!!« gellte er, ehe überhaupt noch jemand Zeit gehabt hatte, ihm zu antworten.

»Aber Junge! Um alles in der Welt!« rief Eliza bestürzt aus. Sie tat einen Schritt zurück, um ihn anzugucken. »Was hast du dir denn getan? Du gehst ja, als wärst du lahm!«

Als er ihr bekümmertes Gesicht sah, platzte er heraus, idiotisch lachend, und kitzelte sie in die Rippen.

»Ho! Ho! Ein Unterseeboot hat mich torpediert!« erklärte er. »Es ist nichts«, sagte er dann bescheiden. »Ich hab ein Stückchen Haut abgegeben, um einem Kerl dort im College auf die Beine zu helfen.«

»Wa-a-a?!« kreischte Eliza. »Wieviel hast du hergegeben?«

»Ach, nur 'nen kleinen Streifen, zwanzig Zentimeter«, erklärte er lässig. »Der arme Kerl hatte sich schlimm verbrannt; da sind ein paar von uns hingegangen und haben ihm jeder mit einem Streifen Haut ausgeholfen.«

»Barmherzigkeit!« rief Eliza aus. »Du wirst lebenslänglich gelähmt bleiben. Es ist ein Wunder, daß du gehn kannst.«

»Er denkt immer an andre, dieser Junge«, erklärte Gant stolz. »Er würde sein Herzblut für seine Mitmenschen hergeben.«

Der Seemann hatte sich einen extra Handkoffer besorgt und hatte eine Auswahl guter Getränke für seinen Vater darin verstaut: mehrere Flaschen Scotch und Roggenwhisky, zwei Flaschen Gin, eine Flasche Rum, eine Flasche Portwein und eine Flasche Sherry.

Vor dem Abendessen waren alle plötzlich so mild und gesellig aufgelegt.

»Geben wir dem armen Kleinen auch was zu trinken!« sagte Helen. »Es wird ihm nichts schaden.«

»Was? Dem Baby! Mein Junge, du wirst doch keinen Tropfen anrühren, nicht wahr?« fragte Eliza neckisch.

»Nicht wahr?« sagte Helen und stieß ihn mit dem Zeigefinger. »Ha! Ha! Ha!«

Sie schenkte ihm einen tüchtigen Schluck Scotch ein.

»Hier!« kredenzte sie fröhlich. »Das kann dir doch nicht schaden.«

»Junge!« sagte Eliza ernst, das Weinglas in der Hand balancierend, »ich möchte nicht, daß du je Geschmack daran findest.« Sie hing noch immer treu an der Doktrin ihres Vaters, des alten Majors.

»Nein, beileibe nicht!« sagte Gant. »Das ruiniert einen Menschen schneller als alle anderen Übel der Welt zusammengenommen.«
»Nimm eines Narren Rat an«, sagte Luke. »Wenn der Suff die Oberhand über dich kriegt, Junge, dann ist's aus mit dir.«
Sie überhäuften ihn mit schönen Warnungen, als er sein Glas hob. Er würgte einen Augenblick, als ihm der feurige Whisky in der Gurgel brannte. Der Atem blieb ihm aus, Tränen traten ihm in die Augen. Er hatte nur sehr selten vorher genippt; ganz geringe Mengen, die ihm Helen in der Woodson Street verabreicht hatte, und einmal mit Jim Trivett einen Schluck, woraufhin er sich ganz beschwipst vorgekommen war.
Nach dem Essen tranken sie wieder. Sie erlaubten ihm »einen Kleinen«. Dann gingen sie alle in die Stadt, um ihre letzten, verspäteten Weihnachtseinkäufe zu erledigen. Er blieb allein im Haus.
Was er getrunken hatte, klopfte angenehm, mit warmen Pulsschlägen durch seine Adern, badete seine zerfransten Nervenenden, gab ihm ein Gefühl von Macht und Ruhe, wie er es nie gekannt hatte. Er ging in die Speisekammer, wo die Flaschen aufbewahrt wurden. Er nahm ein Wasserglas und füllte es experimentierlustig zu gleichen Teilen mit Whisky, Gin und Rum. Dann setzte er sich an den Küchentisch und trank langsam das Glas aus.
Der furchtbare Trank schlug ihn nieder mit der Wucht und Plötzlichkeit einer Boxerfaust. Er war auf der Stelle betrunken, und auf der Stelle wußte er, warum Menschen trinken. Es war – das merkte er – einer der großen Augenblicke seines Lebens. Er lag da, gierig, und beobachtete, wie der Alkohol die Herrschaft über sein jungfräuliches Fleisch gewann; er war wie ein junges Mädchen, das zum erstenmal von seinem Liebhaber umarmt und besessen wird. Und plötzlich ward ihm klar, wie sehr er seines Vaters Sohn, wie ganz und gar, mit was für einer erhöhten Daseinslust und welch einer erlesenen Verfeinerung der Sinne er ein Gant war. Er freute sich über seinen großen Leib und seine langen Glieder, an denen die Zaubermacht des mächtigen Branntweins ein besseres Wirkungsfeld habe. In der ganzen Welt gab es seinesgleichen nicht mehr, gab es keinen zweiten Men-

schen, der so dafür geschaffen war, erhaben und großartig betrunken zu sein. Betrunkensein war größer als alle Musik, die er gehört hatte, es war so groß wie die größte Dichtung. Warum hatte man ihm das nie gesagt? Warum hatte niemand je entsprechend darüber geschrieben? Warum, wenn es möglich war, sich einen Gott in der Flasche zu kaufen, ihn zu trinken und dadurch selbst ein Gott zu werden, waren die Menschen nicht immer betrunken?

Er erlebte den Augenblick des großen, herrlichen Wunders, in dem wir einfache, ungesagte, begrabene Dinge in uns entdecken, die bewußt, aber unausgesprochen in uns liegen. So mag sich ein Mensch vorkommen, der nach dem Tode im Jenseits aufwacht und um sich den Himmel erkennt.

Eine göttlich lähmende, schwere Starre bekroch nun sein Fleisch. Seine Glieder wurden steif, seine Zunge wurde dick und dicker, bis er sie nicht mehr zum raffinierten Klang der Worte biegen konnte. Er sprach laut vor sich hin, wiederholte schwierige Sätze immer noch einmal, lachte wild und verzückt über seine Bemühungen. Über dem betrunkenen Körper hing sein Bewußtsein wie ein Falke in der Schwebe, sah hohnvoll und zärtlich auf ihn hinab, betrachtete alles Gelächter mit Trauer und Mitleid. Es war etwas Unsichtbares, Unberührbares in ihm, etwas, das jenseits seiner selbst und über ihm war: ein Auge innerhalb des Auges, ein Hirn über seinem Hirn, der Fremde, der in ihm wohnte, der ihn betrachtete, der er selbst war und den er nicht kannte. Aber, dachte er, ich bin nun allein in diesem Haus; wenn es mir gelingen sollte, ihn kennenzulernen, will ich es versuchen.

Er stand auf und taumelte aus der Küche, aus der feindlichen Gegenwart von Licht und Wärme hinaus in die Diele, wo ein trübes Licht brannte und die hohen Wände eine grabesfeuchte Kühle ausatmeten. Das also, dachte er, ist das Haus. Er setzte sich auf die harte Sitzbank und lauschte dem kalten Tröpfeln der Stille. Das ist das Haus, in dem ich als Verbannter weile. Es lebt ein Fremder in diesem Haus, und es lebt ein Fremder in mir.

O Haus des Admet, in dem ich (obschon ein Gott) so vieles ertrug. Nun Haus, ich fürchte mich nicht. Kein Geist braucht vor mir Angst zu haben. Wenn da eine Tür in die Stille führt, soll sie sich auftun. Meine Stille ist größer als deine. Und du, der du in mir bist, du, der ich selber bin, tritt hervor aus dem stillen Gehäuse meines Fleisches, das keine Anstalten macht, dich zu verleugnen. Niemand kann uns sehen: O komm mit ungebeugter Miene, mein Bruder, mein Herr! Wären mir vierzigtausend Jahre gegönnt, dann würde ich sie alle, bis auf die neunzig letzten, der Stille schenken. Ich würde mit der Erde verwachsen wie ein Hügel oder ein Fels. Entwirke das Gewebe aus Tagen und Nächten; spule mein Leben zurück bis zu meiner Geburt; nimm mich heim in die Nacktheit und baue mich wieder auf aus allen Summen, die ich nicht gezählt habe. Oder laß mich das lebendige Antlitz der Dunkelheit sehen, laß mich das furchtbare Urteil deiner Stimme vernehmen.

Da war nichts als die lebendige Stille des Hauses: Keine Türen taten sich auf.

# Die Wüste lebt

Frenchman, Nevada, Einwohnerzahl 4, liegt am Rande eines Bomben-Übungsgeländes der US-Marine. Und als wenn das noch nicht genug wäre, sitzt es auch noch über einer Verwerfungszone, die die seismographischen Instrumente auf Trab hält.

Frenchman war auf meiner Karte als Stadt eingezeichnet, und in der Wüste war es wohl auch eine Stadt mit Imbiß-Tankstelle, Vier-Raum-Motel, Trailer und Wasserturm, das alles zusammengedrängt auf dem ausgetrockneten alkalischen Boden eines einstigen Sees, der wie ein Puzzle in Stücke gesprungen und gerissen war. In einem Staat mit einem Überfluß an unbewohnbaren Plätzen hielt Frenchman die Spitze. Ohne Vegetation, dem unablässigen Wind ausgesetzt wie den extremen Temperaturen, ohne Lebensmittel und Versorgungsgüter im Umkreis von fünfzig Kilometern, ohne medizinische Hilfe außer Mullbinden und Mercurochrom, oft von Bomben oder Erdbeben durchgeschüttelt, überlebte Frenchman dank einer einzigen Verdienstquelle: Durchreisenden.

Etwas östlich der Stadt warnte ein Schild vor Tieffliegern im Dixie Valley. Da Geistertanz nicht mit Fliegerabwehrkanonen ausgerüstet war, nahm ich Zuflucht im Tankstellen-Café, wo rote Neonröhren ICE CREAM verhießen und ein handgeschriebener Zettel Bescheid gab: KEINE WAFFEN IN DER BAR, was man von einem Lokal in solcher Bombenlage ja auch erwarten konnte.

Der warme kiefergetäfelte Raum roch nach heißem Kaffee und frischem Kuchen. Ich bestellte ein Standard-Highway-Frühstück, bemerkte dann den pfefferminzgrünen Mixer – das alte Hamilton-Beach-Drugstore-Modell – und fügte noch einen Schokoladen-Milchshake hinzu. Eine junge Frau goß mir Kaffee ein, ohne daß ich den verlangt hatte. »Tauen Sie erst mal auf. Die kalte Luft macht Sie ganz klamm, wenn Sie dann noch mit 'nem Milchshake nachhelfen. Ich meine, es ist bloß zehn Grad, und Frühstückszeit.«

»Jederzeit ist Milchshakezeit.« Sie starrte mich an. »Das beste ist, wenn das Rührwerk an die Metallschüssel kommt. Bringt das Aroma rein.«

Sie ging in die Küche, und ich hörte sie zu jemandem sagen: »Ich glaub', den Jungen hat die Wüste erwischt.«

Zwei Männer setzten sich. Einer bestellte ein Ei und ein Stück Zitronen-Pie, der andere einen Wodka und Root-Bier. Bei dieser Bestellung zuckte sie nicht mit den Wimpern.

Der Mann mit der Pie war ein Geologe, der ein geländegängiges Motorrad in seinem Lieferwagen mit sich führte, um Claims in den wirklich abgelegenen Gegenden, wo man mit dem Wagen nicht hinkam, zu überprüfen. Er erzählte von einem Berglöwen, den jemand in den Toiyabes erschossen hatte, wußte aber nicht, wie lange das schon her war.

Wodka und Root-Bier sagte: »Warum schießt nicht mal jemand einen von den verdammten Mustangs?«

»Typ unten in Tonopah ist freigesprochen worden, als er Mustangs geklaut hat«, sagte die Frau.

»Klar doch. Hat die Pferde wahrscheinlich gerettet. In Idaho gibt's verflucht noch mal 'ne Gegend, wo die wilde Herde sich in sieben Jahren von hundert auf 500 vermehrt hat.«

»Was ist denn das Problem mit den Pferden?« fragte ich.

»Die Mustangs sind krank und verhungern wegen der raschen Vermehrung«, sagte der Geologe. »Die Wüste kann immer nur ein paar Dinge hervorbringen. Fünfzig Morgen reichen gerade für einen Stier, und die Pferde fressen das Gras so kurz, daß es abstirbt. Schlimmer als Schafe. Die

Leute regen sich auf wegen der Mustangs, weil sie denken, die gehören zum Wildbestand. Pferdeschitt. Die Hälfte sind Ausreißer – tragen Brandmale. Ist nicht mal wie bei den Coyoten, die immer schon hier waren.«

»Jedes verdammte Bißchen ist jetzt diese Umweltkacke«, sagte Wodka. »Muß man Washington anrufen, wenn man auf dem eigenen Grund und Boden Sagebrush schneiden will. Erschieß ein krankes Pferd, und diese Öko-Freaks kommen mit einer Petition. Erschieß einen Menschen, und sie lächeln.«

»Diese Ostküstengesetze kriechen hier rein«, sagte der Geologe.

»Neun Zehntel dieses Staates gehören der öffentlichen Hand. Da kann man sich doch gegenseitig aus dem Weg gehen, okay, Cowboy?« Ich nickte. »Klar, wir brauchen Gesetze, und wir haben sie. Ich bin auch nicht für die Schlangenöl-Jungs in Carson City, die Laetril und Gerovital legalisieren wollen, damit sie Nevada zu der Affendrüsen-Metropole von Amerika machen können.«

Die Frau brachte mein Frühstück und mixte den Shake. Wodka sagte: »Was zum Teufel geht denn mit dem verdammten Milchshake vor?«

»Der«, sagte sie. Der Geologe fragte sie, was es mit den neuen Stromleitungen von Fallon her auf sich habe. »Die Marine installiert jetzt Fernsehkameras und Computer am Bombenabwurfgelände. Keine Beobachter mehr in den Türen.«

»Ich würde mich sicherer fühlen, wenn die Marine hier draußen bei mir hocken würde als bloß Kameras«, sagte der Geologe.

»Bringen die immer noch alte Lastwagen als Zielscheiben an?«

»Manchmal, aber die Flugzeuge werfen jetzt mehr Leuchtkugeln als Bomben. Ist billiger. Bei Nachtübungen ist das ganze Tal hell erleuchtet. Tolle Schau. Und genausogut können die uns sehen, schätze ich. Ein Flugzeug hat letztes Jahr 'ne Bombe auf den Highway geworfen und beinah so'n Komiker in seinem Auto gekillt.«

»Auf der Straße explodiert?«

»Ist nur auf den Asphalt aufgeschlagen und weggerollt, aber der Knabe wäre beinah voll rein. Kam danach hierher, weiß wie Salz. Er sagt: Miß,

ich habe nicht getrunken, aber ich bin da draußen bombardiert worden. Wir riefen die Navy an, aber die sagten natürlich, es wär nur 'ne Attrappe.«
»Wollten sich rausreden und Sie beruhigen.«
»Mich beruhigen! Wo ein Flugzeug, das sich verfranzt hatte, vor ein paar Monaten Fairview richtig bombardiert hat?«
»Habe nie was in den Nachrichten gehört, daß die Navy eine Stadt bombardierte«, sagte ich.
»Fairview ist eine Geisterstadt auf dem Grat oberhalb des Tals. Nichts als Känguruhratten da oben. Die Navy schickte einen Trupp dahin und schichtete die Wände wieder auf, füllte die Krater zu und sammelte die Bombensplitter ein.«
»Wenn das nicht ein verrückter Staat ist«, sagte der Geologe, »ein Marineflugzeug in der Wüste bombardiert eine Geisterstadt.«
»Die Flugzeuge sind früher von Flugzeugträgern im Pazifik aus gestartet. Ist das zu fassen: im Ozean losfliegen, um Nevada zu bombardieren? Jetzt kommen die meisten vom Luftstützpunkt Fallon. Die haben's jetzt mit der elektronischen Kriegsführung. ›EW‹ nennen sie es. Die Flugzeuge kommen im Tiefflug an, für Abwurfübungen. Kann man fast hochreichen und sie mit dem Stock anpieken. Versuchen sich unterm Radar durchzuschleichen, und davor hab' ich Bammel. Zwei Trainingsflugzeuge sind schon abgestürzt, dies' Jahr. Die Bomben machen mir nichts aus, aber ich hätt' nicht gern einen Jet hier im Laden.«
»Steht der Schnaps wegen der Bomben hinter Hühnerdraht?« fragte ich.
»Nicht so sehr wegen der Bomben, obwohl, wenn die losgehen, alles ziemlich rumspringt, besonders ich. Eine Explosion hat den Riß da gemacht.« Sie zeigte auf einen zwei Zentimeter breiten Spalt in der Wand. »Eine Explosion auf Bravo 17, das ist die nächste Abwurfstrecke hier, die war das. Aber der Hühnerdraht ist für Erdbeben. Das große von 1954 hat alles Geschirr im Haus zertöppert.«
Ein Grubenarbeiter, der vor ein paar Jahren in der Sheelite-Hütte gearbeitet hatte, kam herein. »Ich hätte gern einen Wild Turkey mit Eis«, sagte er laut.

»Gibt's hier nicht.«

»Wieso denn? Ist da'n Gesetz, daß Bergleute nicht bedient werden?« Er kicherte über seinen Witz.

Die Frau sagte entweder: »Hab' keinen Turkey« oder »Hab' keinen, Turkey«. Ich wußte nicht, was.

»Dann eben ein' Beam.« Er schob seinen Hut zurück. »Ich seh', der Sand Mountain ist über die Straße gewandert.«

Wodka und Root-Bier sah auf. »Was zum Teufel sagen Sie da?«

»Was zum Teufel sagen Sie. War früher auf der Südseite.«

Der Geologe, der vorher erklärt hatte, dies sei ein verrückter Staat, wandte sich an mich. »Haben Sie das gehört? Jetzt wollen die Jungs einem schon was von einem Berg erzählen, der die Straße überquert.«

Die Männer verstummten, schlürften ihre Drinks, jeder überzeugt, daß der andere sich irrte. Ein Lastwagenfahrer kam rein und wollte einen Kaffee.

»Du hast abgenommen, Lex.«

»Ich arbeite doppelte Schicht, um mein neues Auto zu bezahlen. Weiß nicht, ob's das wert ist. Aber für die kleine Frau ist es das wohl. Bin jetzt 32 Stunden auf Achse, zur Küste und zurück. Will einfach heut' noch nach Haus.«

Als er weg war, sagte einer der Männer: »Hoffe nur, daß die kleine Dame weiß, daß Paps auf dem Weg ist. Sie ist eher der Typ für kleine Heimspiele.«

Ich hatte noch keine Lust auf die Straße und blieb, als die andern aufbrachen, und redete mit der Frau, deren Name Laurie Chealander war. Sie hatte zwei Jahre lang die Universität von Nevada besucht und nachts als Fernvermittlerin bei der Nevada-Bell-Telefongesellschaft in Reno gearbeitet, aber die Anrufe von Trinkern und Selbstmordkandidaten hatten sie deprimiert. Auf der Suche nach Veränderung war sie vor vier Jahren mit ihrem Mann, dessen Eltern der Ort seit 1970 gehörte, nach Frenchman gezogen.

»Als ich geheiratet hab', sagten mir Freunde, da hältst du es nicht zwei Wochen aus. Sie haben gewettet. Jetzt liebe ich Frenchman, vielleicht, weil's keiner sonst tut.«

»Fühlen Sie sich gelangweilt, oder einsam?«

»Lassen Sie's mich so sagen: wir haben nie Fernsehen installiert. Ich arbeite mit meiner Schwiegermutter achtzehn Stunden am Tag. Gibt nicht viele Leute hier in der Gegend, aber von denen sehen wir 90 Prozent. Da passiert immer was, weil dies der einzige Ort ist zum Essen, Trinken, Auftanken für die langen Strecken nach Osten und Westen, und die noch längeren nach Norden und Süden. Wenn es zu öde wird, klettern wir auf den Wasserturm und beobachten die Bombenabwürfe. Eine Bombennacht mit Leuchtspurgeschossen ist besser als die Luftspiegelungen im Tal.«

»Da wär' ich aber nicht gern im Freien, wenn es Bomben hagelt.«

»Das ist sicherer da oben als hier drin, wenn die Bergleute von der Wolframgrube antanzen. Vielleicht schlägt das Zeug irgendwie aufs Gehirn. Wie Tiere. Nicht Gentlemen wie die Cowboys. Als ich schwanger war, ging einer mit einem Billardqueue auf mich los.«

»Und was passierte?«

»Wir jagten ihn weg. Wir haben Waffen versteckt. Muß sein. Der nächste Sheriff ist bei gutem Wetter eine halbe Stunde weit weg. Bis das Gesetz hier ist, ist die Show vorbei.«

»Scheint ein guter Platz für einen Überfall.«

»Alles, was sie kriegten, wären 'n paar Dollar und 'ne Menge Zoff. Müssen ja nach Osten oder Westen weiter. Wenn sie irgendeinen Nebenweg nehmen, sieht man die Staubwolke fünfzehn Meilen weit. Die kommen hier nicht raus. Die Wüste ist unsere Festung. Das einzige, wovor ich wirklich Angst hab', ist, daß der Dieselgenerator ausfällt. Aber ich hoffe, daß wir'n Anschluß kriegen zur neuen Stromleitung.«

»Und dann beißt wieder eine Stadt des Alten Westens ins Gras.«

»Apropos ins Gras beißen, sehen Sie mal.« Sie zeigte mir ein Foto des »Ortes« aus dem Jahre 1906. Vor dem Gebäude war ein Steinbrunnen; darauf gemalt: WER FÜRS WASSER NICHT ZAHLEN WILL, DER LASS ES IN RUHE. Frau Chealander sagte: »Dies ist das zweite Lokal. Das erste wurde in den 1850ern gebaut. Wir brennen etwa alle dreißig Jahre ab. Unseres ist das fünfte. Das ist ein handgegrabener Brunnen auf dem Bild. Jetzt müssen wir hundert Meter tief, um gutes Wasser zu haben.«

»Hab' gesehen, daß die Overland Stage und der Pony Expreß auch hier langkamen.«

»Alle, die mal diese Station hatten, bieten das gleiche: Essen, Trinken, und ein Bett. Früher gab es auch Hafer für die Pferde. Wir verkaufen Normal- und Superbenzin. Paiute- und Shoshone-Indianer kamen auf einen Drink rein, tun es noch, nur daß die Paiute sich jetzt auch Shoshone nennen, weil die Shoshone einen guten Namen haben und berühmt sind für ihre gutaussehenden Frauen.«

»Woher kommt der Name Frenchman?«

»Es hieß mal ›Frenchmans Station‹, als hier noch Pferde gewechselt wurden. Gehörte einem Mann mit französischem Namen. Angeblich konnte ihn keiner richtig aussprechen, also nannten sie ihn nur den Franzosen, den Frenchman.«

Margaret Chealander kam aus der Küche. Sie war mit ihrem Mann von San Francisco in die Station gezogen, nachdem er dort bei General Motors aufgehört hatte. Sie sagte: »Wir lebten hier, als mein Mann starb, aber ich wollte nicht mehr weg. Komisch, wie dieser gottverlassene Platz einem ans Herz wächst. Im Sommer ist es 42 Grad; im Winter fast 30 Grad minus. Und regelmäßig werden die Telefonleitungen runtergeweht – jedenfalls ehe das Mikrowellen-Relais da war. Wenn die Leitungen runter kamen, waren wir abgeschnitten, und ab heißt ab. Aber man lernt sich selbst kennen hier draußen – man muß es. Und man lernt auch die andern kennen, weil jeder sich um jeden kümmern muß. Hier draußen brauchen wir alle mal Hilfe. Hilf dir selbst, und hilf den andern. Das Gesetz des Landes.« Sie kam um die Theke herum, um sich zu setzen. »Ich glaub', es ist die Entfernung zwischen uns, die uns so verbindet. Alles hier ist wichtig, weil es nicht viel davon gibt – außer Wetter und Staub. Wenn man das einsieht, ist man nicht einsam.«

»Einsamkeit ist Blindheit?«

»Manche Bar-Schulden bei uns sind drei Jahre alt«, sagte Laurie.

»Eines Tages werden sie bezahlt. Hier kann man sich's nicht leisten, einen abzuschreiben. Letztes Jahr war da 'n Mann – 72 und mit einem Holzbein – kam schon etwas angetütert rein und ließ sich hier vollaufen bis an die Halskrause. Als er dann in sein Auto wollte, sagte ich ihm, ich würde ihm das Bein abreißen. Er maulte, kroch dann aber doch ins Motelbett.«
»Die Isolation –« wollte ich anfangen.
»Man mag sie, oder mag sie nicht«, sagte Laurie. »Callie, unsere Tochter, ist ein Nevada-Kind der vierten Generation. Das ist schon was in einem Staat, wo die meisten Leute irgendwo anders her sind. Ich wollte das Kind auf dem Billardtisch kriegen, aber keiner hörte drauf. Also mußten wir morgens um drei mit hundertfünfzig Sachen nach Reno. Gott, was für 'ne Fahrt!«
»Auf dem Billardtisch?«
»Ich glaub', in hundertfünfunddreißig Jahren ist noch niemand in Frenchman geboren worden.«
»Ein Billardtisch auf einem Bombenübungsgelände?«
»Da hätte sie doch eine Erinnerung fürs Leben gehabt.«



**Damit gar nicht erst ein Mißverständnis entsteht: Ob einer, wenn gerade kein »Wild Turkey« vorrätig ist, auch mal zu einem »Jim Beam« greifen darf, darüber sollte man sich in keiner gewöhnlichen Bar streiten. In Frenchman, Nevada, so wenig wie in New York oder Paris.**
**Davon abgesehen offenbart der Wunsch nach einem »Wild Turkey« mit Eis ein geradezu klassisches Beharrungsvermögen. Die proletarische Note kommt übrigens nicht von ungefähr: Es gerät da auch ein Schuß Dialektik ins Spiel. Parteigänger einer alcoholical correctness mögen Gaumen und Nase rümpfen bei der Vorstellung, es würden mit solcher Mixtur nicht alle von einem Destillat ansprechbaren Sinne erreicht. Das Gegenteil ist der Fall.**
**Es genügt, sich vorzustellen, wie im Glas die ätherische Wärme des aus einer Kornmaische gebrannten Bourbon mit dem Kältestrom eines knisternd in Auflösung begriffenen Eisbergs zu verschmelzen beginnt. Damit nämlich ist nicht weniger als ein Grundprinzip aller Cocktailkünste beschrieben. Die simple Kombination von**

Whiskey und Eis bildet die Basis für eine ganze Spezies: die Transatlantiker unter den Drinks. Von ihnen läßt sich erfahren, was auf halbem Weg zwischen Europa und Amerika geschieht, dort, wo der Golfstrom und das arktische Meer einander begegnen.

Vorgeschrieben ist für Bourbon ein Kornanteil in der Maische von wenigstens 51 Prozent. Klar sein sollte auch, daß die Lagerung wenigstens vier Jahre lang in frisch verkohlten Eichenholzfässern erfolgte. Deren Aromastoffe sorgen für die eine, unvergleichliche Geschmackskomponente des Getränks. Die andere hat mit der Heimat des Bourbon, mit Kentucky zu tun. Kentucky Straight Bourbon verdankt seinen Charakter, läßt man das Geheimnis seiner bernsteinfarbenen, von feinem Rauch durchzogenen Bittersüße einmal beiseite, vor allem dem Wasser. Aus dem weichen Kalkstein des Bourbon County gefiltert, weist es einen hohen Anteil an ausgewaschenem Phosphor und Kalzium auf.

Dieses Wasser hat in Kentucky auch das Heranwachsen einer weiteren, einzigartigen Spezies begünstigt: Rennpferde, deren Knochen die dichte Körnigkeit und die federnde Eleganz von Elfenbein aufweisen. So sorgt das Wasser, das dem Bourbon zu seiner Stärke verhilft, auch dafür, daß diese Tiere nahezu jeder außergewöhnlichen Belastung standhalten können.

Jenseits von Frenchman, Nevada, wo sich die Alternative »Wild Turkey« oder »Jim Beam« selten so kraß stellt, sollte man wenigstens eines wissen: Großdestillateuren in Kentucky ist es aufgegeben, für ihre Produkte geklärtes Wasser zu verwenden, wegen der gleichbleibenden Qualität, die ihre Kunden angeblich von ihnen erwarten. Damit geht die spezifische Eigenart eines jeden »Kentucky Straight« unwiderruflich verloren.

In allen anderen Fällen ist Bourbon wie jeder Whisky oder Whiskey eine Frage der persönlichen Weltanschauung. Dies gilt für das auf ewig ungelöste Rätsel, in welcher Zusammenstellung man mit ihm die bemerkenswertesten Effekte erzielt. Charles Schumann, als Pragmatiker auf der richtigen Seite der Bar nur begrenzt bereit, sich in anderer Leute Vorlieben zu fügen, hält es deshalb so: »Ich persönlich trinke am liebsten Irish-Whiskey, pur mit einem Glas Eiswasser.«

## WILD TURKEY JULEP

6 cl Wild Turkey
2 cl Cognac
1 Barlöffel Zuckersirup
10 Minzeblätter

Die Minzeblätter und der Zuckersirup werden in einem Longdrink-Glas mit dem Barlöffel zerdrückt, das Glas anschließend mit gestoßenem Eis aufgefüllt. Danach den Whiskey dazugeben, gut verrühren und zuletzt den Cognac über die Mixtur gleiten lassen.

## WHISKEY SOUR

6 cl Bourbon
3 cl Lemon Juice
2 cl Zuckersirup
1 Cocktailkirsche

Alle Zutaten in den Shaker geben und kräftig schütteln. Dann in ein Sour-Glas geben und mit einer Cocktailkirsche garnieren.

## HORSE'S NECK

6 cl Bourbon
Angostura
Ginger Ale
Zitronenschale

Mehrere Eiswürfel in ein Longdrink-Glas geben. Bourbon dazugeben, einige Spritzer Angostura hinzufügen. Mit Ginger Ale aufgießen und umrühren. Mit einer Zitronenschalenspirale garnieren.

## COLONEL COLLINS

6 cl Bourbon
3 cl Lemon Juice
2 cl Zuckersirup
Soda
Zitronenschale
Cocktailkirsche

Alle Zutaten im Shaker auf Eis schütteln. Anschließend in ein zur Hälfte mit Eis gefülltes Longdrink-Glas gießen, mit Soda auffüllen und garnieren.

Jonathan Raban/**Mississippi**

# Body Count

**W**ährend ich die Stufen hochstieg, hörte ich Stimmen aus der Bar des Clubhauses. Beim Eintreten merkte ich, daß ich mitten in eine Szene geraten war. Die Gesichter der Gestalten auf ihren Barhockern hatten die plötzliche Starrheit von Leuten angenommen, die Statuen spielen. Jeder versuchte zu lächeln, doch ihre Zähne waren zusammengebissen, und die Mundwinkel sahen aus, als hätte man sie mit Nägeln in dieser Position befestigt. Eine Frau versuchte tapfer, eine Dame zu spielen, die sich im Fernsehen ein Hertz-Auto mietet, doch wurde der Effekt verdorben durch das verschmierte Mascara und die Tränen, die ihr über die Wangen liefen. Nur der Barkeeper, der in der Mitte des Hufeisens Gläser spülte, wirkte noch wie jemand, der nicht aus Wachs, sondern aus Fleisch und Blut war. Als ich eintrat, stellte er automatisch ein sauberes Glas auf den Tresen.

»Verzeihung«, sagte ich und glotzte blöd von einem erstarrten Gesicht zum anderen. »Muß man Mitglied sein, um hier etwas trinken zu dürfen?«

Die Aussicht, daß ich wieder gehen könnte, war für die Gruppe offenbar unerträglich. Ich wurde gepackt, an die Bar geschleppt und mitten ins Geschehen plaziert. Bevor ich noch nach meiner Brieftasche suchen konnte, hatte man mir einen Drink bezahlt. Ich wurde von Stimmen belagert, die alle klangen, als lägen sie mehrere Halbtöne über ihrem üblichen Register.

*Wo kommen Sie her? England? Toll. Phantastisch. Wo wollen Sie hin? Wir waren dort, '75. Wir waren begeistert. Hey, ist das Ihre Schaukel da draußen? Toll. Toll. Tatsächlich? Also, verdammichdoch!*

Verdickt durch zu viele Martinis, bildeten die Stimmen einen Reklamechor für La Crosse. Wieder, wie schon in Red Wing, kam es mir vor, als sähe man in mir den potentiellen Aufkäufer von Kleinstädten:

»Eine wunderbare Stadt ist das –«

»Sie sollten einen ganzen Monat hierbleiben –«

»Wir haben ein paar fabelhafte Restaurants ... und auch Nachtclubs –«

»Sie müssen unbedingt die Führung durch die Brauerei mitmachen. Eine tolle Anlage, die Brauerei.«

»Das Leben hier macht Spaß. Verglichen mit New York, geht's langsam zu, aber uns gefällt's.«

»Und ich bin nicht voreingenommen – ich komme gar nicht aus La Crosse.«

»Diese Stadt«, sagte ein Mann, der mir mit seinem wurstförmigen Zeigefinger unter der Nase herumfuchtelte, »hat den besten Jazz im Land. Und ich nehme New Orleans nicht aus.«

»Stimmt. Wenn Sie Jazz mögen, sind Sie hier goldrichtig.«

Von meinem Hocker aus konnte ich durch das hohe Fenster des Clubhauses den Mississippi sehen. Die Nacht war so plötzlich eingefallen, als hätte man einen Schalter umgelegt. Unter den Docklampen hatte der Mississippi das bösartige Aussehen geschmolzenen Teers, seine Oberfläche war geriffelt und von Wellen gezahnt. Schlingernd kam ein heimkehrendes Rennboot in den Hafen. Neben der schwarzen Fläche des Wassers klangen die Stimmen um mich herum so blechern und körperlos, als kämen sie irgendwo aus einem Radio. Ich nickte höflich und schaute aufs Wasser.

»Wir gehen zu Smitty's – wollen Sie mitkommen?«

»Warum lassen wir uns nicht Brathühner und Pizza kommen?«

Francie – deren Mascaraflecken inzwischen auf ihren Wangen zu Schießpulverflecken getrocknet waren – ging an das Piano am gegenüberliegenden Ende der Bar. Sie schwankte, stieß gegen Tische und Stühle und plumpste auf den Drehstuhl vor dem Instrument. Sie spielte *Smoke Gets in Your Eyes*. Ich mußte mich heftig konzentrieren, um die Melodie aus der Unzahl verfehlter Noten, dem falschen Tempo und dem Herumtaumeln zwischen den Tonarten herauszuhören, aber es gelang ihr, bis zum Ende durchzuspielen. Alles klatschte.

»Toll! Wie wär's mit noch einem, Francie?«

»Sie mußte es einfach machen«, sagte eine Frau mit brutal kurz geschorenem Haar. »Jeder tut, was er tun muß ...«

Francie versuchte sich an einem Ragtime von Scott Joplin. Sie ermordete eine Passage und versuchte es noch mal. Da-di-da-da. *Da*-di ... Da-di-*da* ... Da ... Da ... Sie knallte den Deckel aufs Piano.

»Heh, Francie! Das war doch toll!«

»Toll!«

»Ich bin eine Null«, sagte Francie. »Und ihr wißt alle, daß ich eine Null bin.«

»Francie! *Honey* –«

Sie kam zu mir herüber und lehnte sich gegen die Bar. Ich bot ihr meinen Hocker an, doch sie schüttelte den Kopf. »Ich muß stehen ...«, sagte sie und lachte unter Tränen, »... meinen Mann stehen.« Ihr Gesicht hatte noch immer die Püppchenhaftigkeit eines Mädchens aus der High School. Sie war Mitte Vierzig, und das Fleisch unter ihrem Kinn warf Fettfalten, doch der Schmollmund unter dem Amorbogen aus Rosenblätterlippenstift und die großen, feuchten Augen gaben ihr das Aussehen von einer, die sich nie ganz aus ihrer Teenagerzeit hatte lösen können.

»Ich bin keine Alkoholikerin«, sagte sie. »Wenn Sie mich heute so sehen, können Sie sich das wahrscheinlich gar nicht vorstellen. Natürlich nicht. Ich weiß, daß Sie es sich nicht vorstellen können.« Sie hatte gewisse Schwierigkeiten damit, die Worte auszusprechen. »Im Grun-de«, sagte sie, »bin ich sehr ... glücklich ... etabliert ... offen«; und sie bekam einen tränenreichen Schluckauf. Ich legte ihr die Hand auf die Wange und war mir dabei peinlich bewußt, daß meine Geste von der anderen Seite der Bar genau beobachtet wurde.

»Heh ...«, sagte ich. »Paß auf, Love –« Sie starrte mich überrascht an. In England hat es nicht viel zu bedeuten, wenn man jemanden mit »Love« anspricht; Busschaffner tun es grundsätzlich. In La Crosse verband sich damit allerdings etwas anderes. Francie, neugierig geworden, hörte sofort zu weinen auf. Sie zeigte zum Piano herüber. »Ich hätte Unterricht geben können ... Hätte *auftreten* können ...« Und ich sah, wie in ihren Augen beim Gedanken an all dieses *hätte* wieder die Tränen hochstiegen.

Ein bulliger Fünfzigjähriger in einem Freizeithemd, das so geschnitten war, daß es sein tolles Gewirr an ergrauendem Brusthaar optimal zur Geltung brachte, war wohl zu dem Schluß gekommen, daß die Intimität zwischen Francie und mir weit genug gegangen war. Er knallte sein Glas auf die Bar und setzte seine lauteste Stimmlage ein.

»Heh, Jungs! Wißt ihr, was der Unterschied ist zwischen einem englischen und einem amerikanischen Mädchen?« Er wartete, bis er die kichernde Stille hatte, die er brauchte. »Das amerikanische Mädchen sagt: ›Honey, gleich komme ich!‹, doch das englische Mädchen ... ja ...«, er sah zu mir herüber, »das englische Mädchen sagt: ›Darling, ich bin mir sicher, daß ich jetzt gleich ankommen werde.‹« Der Bootsclub hielt das für einen unglaublichen Witz.

»Und ist sie?« fragte ich.

»Was?«

»Angekommen?«

Er kicherte.

»Wo war das? In einem dieser Stundenhotels auf der Rückseite von King's Cross? Oder war es über einem Striplokal in Soho?«

»Das war ein Witz«, sagte Francie.

»Ich dachte, er will mit seiner Potenz angeben«, sagte ich. Das Gesicht des Mannes rötete sich rasch vor Abneigung. »Lächeln, Norbert«, sagte die geschorene Frau neben ihm. Gehorsam zeigte er seine Zähne. Damit war klar, daß zumindest in diesem Augenblick keine unmittelbare Angriffsgefahr bestand.

Francie sagte: »Von heute an laß ich nicht mehr auf mir rumtrampeln.« Sie war inzwischen nüchterner geworden und erzählte mir ihre Geschichte. Sie war seit zweiundzwanzig Jahren verheiratet. Sie hatte vier Kinder. Ihr Mann ging auf Sauftouren. Für heute nachmittag hatten sie verabredet, sich um vier auf ihrem Kreuzer zu treffen, um ihn für den zum Wochenende geplanten Ausflug nach Wabasha herzurichten. Er war nicht aufgetaucht. Er tauchte nie auf. Er saß irgendwo in einer Bar in der Stadt, wo er mit Freunden trank, die er Francie nie vorstellte; und seit vier Uhr nachmittags hockte sie hier und rächte sich mit mehr Wodka-Martinis an ihm, als sie zählen konnte.

»Ich habe etwas beschlossen. Wenn er morgen nach Wabasha will, dann soll er fahren. Ich komme nicht mit. Zum ersten Mal in meinem Leben habe ich einen Entschluß gefaßt. Soll er doch fahren. Hal kann in seinem dämlichen Boot nach Wabasha fahren. Ich lasse mich scheiden. So! Ich habe es ausgesprochen! Sie haben es gehört! Ich werde mich scheiden lassen! Das ist das erste Mal im Leben, daß ich es mir selber vorgesagt habe!«

»Du bist so *verkrampft,* Honey ...« Noch ein starker grauhaariger Mann war hinter ihr aufgetaucht. Er begann, ihr Nacken und Schultern zu massieren.

»Das ist ... Joe ...«, sagte sie mit ihrer Kleinmädchenstimme, »und das ... ist ... Jonathan.«

»Hi, Jonathan.«

»Hi, Joe.«

»Er ist mein ... Therapeut.«

Er arbeitete sich inzwischen mit den Händen nach unten und um ihre Rippen herum, bis er schließlich beide Brüste umfaßte.

»Das stimmt«, sagte er, »ich bin ihr *Therapeut*«, und zwinkerte mir zu.

»Laß das, Joe«, sagte sie und entwand sich ihm.

»Das ist bloß Therapie«, sagte Joe.

»Verschwinde, ich will mit Jonathan reden.«

»Dann weiß ich, daß *ich* nicht erwünscht bin.«

»Es ist nicht so, wie du denkst, Joe.«

»Das ist es nie, nicht wahr, *Jonathan?*« sagte Joe im Weggehen.

»Ich habe doch noch mein ganzes Leben vor mir, oder?« sagte Francie. »Ich muß nicht herumsitzen und zuschauen, wie sich Hal allmählich selber zerstört. Er hat schon zweimal einen Herzanfall gehabt. Er war auf der Intensivstation. Also Sie würden doch einem anderen nie so weh tun, oder? Ich könnte nie jemand so weh tun. Wissen Sie, was sein Problem ist? Er ist verwöhnt. Ein verwöhntes Kind.«

Müde, noch immer im Bann der Großartigkeit des Flusses und bedrängt von den Zänkereien im Clubhaus, betrachtete ich sie alle als verwöhnte Kinder. Die Männer begannen wieder zu streiten, die Stimmen erreichten die schrille Tonlage jammernden Klagens. Die Frau mit dem gerupften Haar versuchte ihre Aufmerksamkeit auf sich zu ziehen. »Der Dreck, der auf mir abgeladen worden ist...« Doch die großen, fünfzigjährigen Jungs nahmen überhaupt keine Notiz von ihr.

»Er glaubt immer, daß das Gras in der nächsten Wiese grüner ist. Er sagt nie nein zum nächsten Glas.«

Die Frau auf der anderen Seite der Bar sagte: »Wißt ihr denn, was einem das Leben antut? Es ...« Doch sie wurde von Norbert unterbrochen, der sich herüberbeugte, um seinen Beitrag zum Streit zu brüllen.

»Sie sprechen über den Clubpräsidenten«, sagte Francie.

»Armer Kerl.«

»Ich mag Sie. Sie sind Ihr eigener Herr. Ich wär glücklich, wenn ich mit jemand wie Ihnen verheiratet wäre.«

»Wären Sie nicht. Sie würden es hassen.«

»Mit Ihnen kann ich reden.«

»Dafür sind Fremde da. Es ist immer einfacher, mit einem Fremden zu reden.«

Der Barkeeper besaß die tiefe Gelassenheit eines Mannes, der es gelernt hat, sich zu benehmen, als wäre er vollständig taub. Er bewegte sich zwischen seinen Flaschen und Gläsern, wedelte mit Servietten und wischte unsichtbare Flecken vom Cocktailshaker, als befände er sich in einem leeren Raum. Ich beneidete ihn.

Die Frau gegenüber sagte, da sie inzwischen die Hoffnung aufgegeben hatte, je das Interesse der Männer zu finden, zu mir und Francie: »Ehrlich, manchmal möchte ich einfach verschwinden ... einfach so.« Sie fuhr mit der Hand über das polierte Lederimitat der Bar und ließ sie dann in die Luft gleiten. »Einfach so. Wirklich. Wirklich wahr.«

»Heute habe ich etwas über mich herausgefunden«, sagte Francie. »Ich werde mich scheiden lassen.« Sie sprach es aus, als handle es sich bei einer Scheidung um ein besonders modernes und begehrtes Fabrikat einer Küchenmaschine. »Sie haben mir geholfen, mich zu verstehen«, sagte sie und legte mir ihren Kopf an die Schulter.

»Hi alle«, sagte Hal. Er hatte glasige Augen vom Alkohol. Sein teurer Anzug hing schief an ihm. Ein großer, heiterer Mann, den eine leere Würde umgab – eine Eigenschaft, von der ich vermutete, daß er sie von einem anderen geerbt hatte. Vielleicht war sein Vater Chef einer Firma gewesen, und Hal hatte dieses gewohnheitsmäßige Vorsitzen übernommen. Francie sah ihn nicht an und sprach auch nicht mit ihm.

»Also, Francie – hier bin ich. Ich dachte, wir wollten miteinander zum Boot gehen?«

Francie glitt unter seinem Arm weg. Sie ging zum Glasfenster, diesmal mit festem Schritt, und trat durch eine Tür, die ich bisher nicht gesehen hatte, zum Kai hinaus. Ich sah sie für einen Augenblick zum Fluß hinunterschauen und dann um die Ecke des Clubhauses im Dunkel verschwinden. Hal und ich starrten ihr hinterher, zwei Narren.

»Yes, Sir«, sagte Hal und grinste leer, »das ist mein Baby. Was wollen Sie trinken?«

Ich bat den Barkeeper, so leise ich konnte, mir ein Taxi zu rufen. »Heh, wo wollen Sie hin?« fragte Hal und legte mir den Arm um die Schultern. »In ein Hotel? Sie können bei uns bleiben. Francie hat gern Gäste...«

Doch an diesem Abend wollte ich gegen meine Regel verstoßen und allein bleiben. Das Taxi kam. Ich entwischte dem Clubhaus. Als ich mein Gepäck in den Kofferraum hievte, sah ich zwischen den Bäumen eine Gestalt im karierten Kleid stehen. Ich winkte; doch Francie hatte mir den Rücken zugewandt und starrte auf den schwarzen Mississippi.

»Wegen was sind Sie denn nach La Crosse gekommen?« fragte der Taxifahrer. Er hatte eine Jesusfrisur und einen Fusselschnurrbart. »Die sind alle nicht besonders schlau hier. Ich hasse diese gottverdammte Stadt.« Er selbst war vor vier Jahren in La Crosse gestrandet. Er und seine Brüder, sie stammten aus Newark in New Jersey, hatten in einer Rockband »aus einem Kaff in der Nähe von Milwaukee« gespielt. Die Gruppe war nach einer Prügelei auf offener Bühne auseinandergegangen. Die anderen hatten sich in alle Himmelsrichtungen zerstreut. Mein Taxifahrer war geblieben, um wie Francie seine verfehlte Musikerkarriere in sich schwären zu lassen. Die Verbitterung fraß ihn auf. Zwischen den Fahrten schrieb er noch immer Songs, und eines Tages, sagte er zornig, würde er sein Comeback schaffen und La Crosse in die Eier treten.

»Musik bedeutet mir so viel, weil du ganz du selber sein kannst. Und außerdem, weil man von so vielen Leuten soviel Liebe bekommt. Du spürst richtig, wie die Schwingungen rüberkommen. Liebesschwingungen. Darum geht es: soviel Liebe von so vielen Leuten.«

Er setzte mich am Rand einer Ruine ab, die einmal das Grandhotel von La Crosse gewesen war. Seine marmorverkleidete Empfangshalle war schmuddelig und von ein paar nackten Glühbirnen nur schwach erleuchtet. Das Hotel war für die reichen Passagiere auf den Dampfbooten, für Getreidehändler und Politiker auf Wahlkampfreise erbaut worden; ein riesiger Klinkerpalazzo. Heute diente es einer Handvoll alter Dauermieter, Eisenbahnarbeitern und der ärmsten Gruppe von Handelsvertretern als Unterkunft. Der Mann an der Rezeption hatte nichts anderes zu tun, als mit einer roten Gummiklatsche Jagd auf Schmeißfliegen zu machen. Er gab mir einen Schlüssel für ein Zimmer im dritten Stock (Geld im voraus). Es war groß und staubig. Ich vermutete, daß ich seit Monaten der erste Bewohner war. Ich öffnete das Fenster, um das Zimmer zu lüften, und hörte zu, wie der Wind an den Ketten riß, an denen das Schild draußen befestigt war. Es war kein erfreulicher Klang; wenn der Wind anhielt, saß ich vielleicht tagelang fest und vermoderte wie der Taxifahrer oder betrank mich sinnlos mit der Bande vom Bootsclub. Ich trug mein Notizbuch in eins von La Crosses fabelhaften Restaurants und aß ein mehr als durchgebratenes Steak mit schlaffem, kleingehäckseltem Salat. Bei meinem dritten Kaffee und zweiten Brandy schrieb ich immer noch. »Mein Zimmer«, schrieb ich, »wirkt wie maßgefertigt für einen sehr banalen Selbstmord. Hitchcock vielleicht, im Schwarzweiß der Vierziger. Die Leiche würde tagelang, womöglich wochenlang nicht gefunden. Der Flur riecht nach angebrannten Brötchen.«

Wieder auf der Straße, konnte ich einfach nicht dorthin zurück. Als ich suchend um die Ecke bog, entdeckte ich eine Zeile mit »Clubbars«, die nacktes Cabaret anpriesen. Ich wählte eine, die mir am wenigsten laut vorkam, und schlug mein Notizbuch an der Bar auf. Auf der winzigen Bühne zog sich eine Schwarze die Kleider aus und hüpfte dabei mechanisch zu einer Platte mit psychedelischer Musik. Weder sie noch ihre Kundschaft wirkten im mindesten interessiert. Sie wedelte mir ihrem trägerlosen BH herum und reichte ihn dann dem Diskjockey. Sie fuhr sich mit den Daumen vorne ins Höschen und zog es gerade so weit herunter, daß das wirre Büschel an ihrer Scham sichtbar wurde, wand sich noch ein bißchen und trat schließlich aus dem Slip. Sie tat so, als würde sie masturbieren, ließ es dann sein, wackelte mit den Hinterbacken vor ihrem Publikum, spreizte die Beine und begnügte sich schließlich damit, schmollend zur Musik zu kreisen. Ich wandte meine Aufmerksamkeit wieder dem Notizbuch zu. Ihre Nacktheit hatte nichts Rührendes oder Verletzliches. Vielleicht kam es genau darauf an: Sie besaß die Gabe, Sex beinah unerträglich öde und gewöhnlich aussehen zu lassen. Die Männer an der Bar starrten offenbar lieber in die Luft, als ihr zuzusehen. Die einzigen, die sich bewegten, waren die angestellten Nutten, die die Bar nach möglichen Kunden absuchten. Doch selbst ihre Versuche, einen Freier zu finden, wirkten seltsam lustlos.

Schließlich landete ein blondes Mädchen bei mir. Sie war vielleicht achtzehn oder neunzehn; wahrscheinlich hätte sie noch zur Schule gehen sollen.

»Haben Sie Feuer?« Ihre Stimme war professionell tonlos, doch drang ihr Südstaatenakzent hörbar durch die eingeübte Ungerührtheit. Ich steckte ihr die Zigarette an.

»Okay«, sagte sie.
»Sie sind nicht aus La Crosse?«
»West Memphis, Arkansas.« Sie öffnete den Mund und blies mir einen Rauchring ins Gesicht. Das war nicht die einladende Geste, die ich gewohnt war, und meine Augen brannten. Gründlich studierte sie das vor mir liegende Notizbuch und meinen Kugelschreiber.
»*Sie schreiben* -«
»Genau. Nur Notizen.«
Sie beugte sich über die Kugelschreiberschnörkel, als hätte sie solche Zeichen noch nie gesehen. Ich fragte mich, ob sie lesen konnte, und hoffte, daß nicht. Sie wandte sich vom Notizbuch ab und mir zu. Ihr Gesicht hatte sich jetzt, belebt von der Anstrengung ernsthaften Denkens, verändert.
»Bist du Geschäftsmann? Oder so eine Art Student?«
»Och, ich bin so eine Art Student.«
»Okay«, sagte sie und ging auf der Suche nach einem besser situierten Kunden weiter die Bar entlang.
Ich hatte diesen unvollendeten Dialog schon halb notiert, als ich wieder unterbrochen wurde. Diesmal war es ein Mann. Er hatte sein Bierglas mit beiden Händen gepackt, um es ruhig zu halten.
»Liest du Bücher, Mann?«
»Ja.«
»Hast du *Body Count* gelesen?«
Ich hatte den Titel nicht verstanden.
»*Body Count,* Mann, *Body Count.*«
»Nein, habe ich nicht...«
Er hatte einen schwarzen Stoppelbart, und seine Augen lagen, funkelnd wie Eisenkiesnuggets, tief in ihren Höhlen.
»Du mußt das Buch einfach lesen. *Body Count.* Paß auf...« Er griff nach meinem Kugelschreiber, zog mein Notizbuch zu sich und schrieb die beiden Worte in riesigen ausgezackten Großbuchstaben nieder, so daß sie eine halbe Quartseite füllten. »Du mußt das Buch lesen, Mann, es ist genau so, wie wenn man selber dort ist. Ich war dort. Ich weiß es. Achtmal hab ich

das Buch gelesen, und jedesmal bin ich wieder dort, Mann. Du warst nicht in Vietnam –«

»Nein –«

»Verdammt.«

Das Glas zitterte in seinen Händen.

»Ich war dort. Siebzig bis zweiundsiebzig. Lies *Body Count,* Mann. Der Typ, der das Buch geschrieben hat, der hat's von dort. Ist das einzige Scheißbuch, das ich je gelesen hab. Achtmal, verdammte Scheiße.«

Er arbeitete inzwischen als Handlanger für die Milwaukee Railroad und besserte die Schwellen an der Strecke aus. Ich schätzte, daß sein Lohn nicht ausreichte, um ihm seine Süchte zu finanzieren, gleich welche es waren. Ich versuchte herauszufinden, ob er ein Messer oder einen Revolver bei sich hatte.

»Mann, du bist okay, Mann. Wolln wir was zusammen rauchen? Ich kenn da ne Quelle, wo wir was kriegen. Du und ich, wir zwei. Der Typ ist n Freund von mir. Der hat gute Ware. Was meinst du?«

»Ich rauche nicht mehr. Außerdem bin ich blank«, sagte ich.

»Ich habe ungefähr zwei Dollar fünfzig mit.«

»Zweifuchzich.«

»Vielleicht zwei fünfundsiebzig«, sagte ich und versuchte, so aufrichtig über meinen Geldmangel betrübt wie möglich zu klingen.

»Scheiße. Du und ich, wir hätten was beschaffen können, Mann.«

»Ja, ein Jammer.«

»Also, bis dann, Mann.« Seine knochige Hand faßte kurz nach meinem Oberarm, dann verließ er die Bar. Ich wartete sehr lange, ehe ich mich auf die Straße hinauswagte, und beim Weggehen horchte ich, ob er mich verfolgte. Der Wind seufzte in den Telegrafendrähten und wehte Abfall die Main Street hinunter, aber soweit ich hören konnte, war keiner hinter mir. Vielleicht war er wirklich nur einsam gewesen und hatte nach einem Freund, nicht nach einem Opfer gesucht. Oder vielleicht hatte ich ihm Zeit genug gelassen, um einen verirrten Betrunkenen auf dem Weg zu seinem Auto zu finden. Keiner wäre dann Zeuge geworden, wie er auf einem verlassenen Parkplatz sein Messer oder seinen Army-Revolver zog.

Während ich einzuschlafen versuchte, lauschte ich auf das Rasseln der Ketten vor meinem Fenster und auf das Verdauungsgegrummel im viktorianischen Röhrensystem des Hotels. Bevor ich die fliegenverdreckte Lampe ausgeschaltet hatte, war mir auf dem Kissenbezug ein ungewöhnlicher rostfarbener Fleck aufgefallen. Der Überzug selbst war so alt, daß er die Konsistenz dünnen Musselins angenommen hatte. Blut, Ketten und Gegurgel versorgten mich mit Träumen. Als ich am nächsten Morgen unter einem zerfetzten Himmel und in einer plötzlichen Kälte in der Luft erwachte, war ich so fest entschlossen, von hier zu verschwinden und nach einem weniger tristen Landstrich zu suchen, daß mich höchstens ein Hurrikan davon hätte abhalten können.

Aus: Jonathan Raban, Mississippi. Roman einer Reise. Aus dem Englischen von Willi Winkler und Cornelia Zumkeller. © List Verlag, München/Leipzig 1990

**Die seit dem literarischen Debüt eines Geheimagenten namens James Bond notorische Frage, ob denn geschüttelt oder gerührt, dürfte sich kaum stellen für einen, der wie Jonathan Raban in einem Sechs-Meter-Boot den Mississippi befährt und dabei an lauter halbverrückte und doppelt trinkfeste Leute gerät. Raban ist in seinem Reisebericht um die Antwort daher auch gleich gar nicht verlegen. Definitiv entschieden wurde das Problem übrigens bereits von John Doxat in seinem einzig dem Dry Martini gewidmeten Buch ›Stirred – Not Shaken‹. Von dort hat sich die rigorose Anweisung an das Barpersonal als Signatur für ausgesuchten Lebensstil in die Romane von Ian Fleming vorgearbeitet.**

**So heillos wie bei Gelegenheit die Essenzen im Glas mischen sich beim Wermut die Kenntnisse darüber, worum es eigentlich geht. Basis für den Wermut ist ein aus der ›Artemisia Absinthium‹, einem Beifußgewächs, gewonnenes, hocharomatisches Öl. Mit Wein und einer Zuckerlösung versetzt, wird es als Vermouth gehandelt, streng genommen ein Wermutwein mit einem Weinanteil von wenigstens drei Vierteln und einem Mindestalkoholgehalt von 14,5 %. Die Bezeichnung Martini führt Doxat auf einen Barkeeper gleichen Namens zurück, der den Drink 1910 im Knikkerbocker Hotel in New York exklusiv für John D. Rockefeller kreiert haben soll. Das Rezept hat seither zahllose Nachahmer und genauso viele in der Sache von Herzen uneinige Interpreten gefunden. Wer will, darf also durchaus schütteln; mit welchem Effekt, das hängt wesentlich von den Zutaten ab. Der gewöhnlichen**

Barfly von La Crosse freilich wird man über die Zusammensetzung eines Dry Martini nichts Näheres mitteilen müssen. Puristen aber bestehen auf ihrem verbürgten Geschmack. Wer Vermouth meint und Martini sagt, ist nicht zwangsläufig auch der Marke des Herstellers Martini & Rossi verpflichtet. Favorit unter Experten ist beim Vermouth Dry ›Noilly Prat‹, und beim Gin fällt wegen der Trockenheit der Angelegenheit die Entscheidung für ›Tanqueray‹, ›Bombay‹ oder ›Beefeater‹. ›Gordon's Dry Gin‹ wirbt zwar mit seinem eindeutigen Namen für sich, entfaltet aber einen im Grunde bereits zu nuancenreichen Geschmack. Über die – wahlweise als Vermouth oder als Gin deklariert – von Supermärkten verbreiteten Lösungsmittel ist kein weiteres Wort zu verlieren.

## EXTRA DRY MARTINI

Dry Vermouth
6,5 cl Gin
Zitronenschale

(Nach John Doxat)
1/8 l Dry Vermouth (›Noilly Prat‹) wird in ein mit Eiswürfeln gut gefülltes Rührglas gegeben. Hat die Flüssigkeit den Boden des Glases erreicht, wird sie abgegossen. Nur der an dem Eis haftende Vermouth findet für den Cocktail Verwendung. Dann fügt man 6,5 cl Gin hinzu; anschließend wird genau 30 Sekunden gerührt. Danach das Getränk durch ein Sieb portionsweise in eisgekühlte Cocktailschalen abfüllen.
Für Doxat ist der Dry Martini eine Verbindung von handwerklicher Inspiration und ordnender Philosophie. Längeres Rühren verwässert den Drink; wer will, darf beim Mischungsverhältnis experimentieren, solange der Anteil von Vermouth zu Gin die Relation 1:7 nicht unterschreitet. Wesentlich für den Dry Martini bleibt das am Ende mit der Außenseite nach unten über die Flüssigkeit ausgepreßte Stück einer Zitronenschale. Mit ihm wird der ›zest‹, ein feiner, ätherischer Ölnebel auf die Oberfläche gebracht.

## DRY MARTINI (STANDARD)

1 cl Dry Vermouth
5 cl Gin

Gin und Vermouth in dieser Reihenfolge (auch hier zeigt sich, abweichend von Doxats Vorgabe, eine weltanschauliche Frage) in ein mit Eiswürfeln gefülltes Rührglas gießen. Anschließend durch ein Sieb in eine gutgekühlte Cocktailschale abfüllen. Mit einem Stück Zitronenschale wie oben beschrieben abspritzen, mit einer Zitronenscheibe oder einer Olive bester Qualität garnieren.

## WODKA MARTINI (WODKATINI)

1 cl Dry Vermouth
5 cl Wodka

Zubereitung wie beim Dry Martini

## NEGRONI

3 cl Campari
3 cl Vermouth Rosso
2 cl Gin

Zutaten in einem Rührglas auf Eiswürfel gießen, rühren und durch ein Sieb in eine gekühlte Cocktailschale füllen. Bei Bedarf einen Spritzer Soda hinzufügen. Mit einer Zitronen- oder Orangenscheibe garnieren.

## ROB ROY

2 cl Sweet Vermouth
4 cl Scotch Whisky

Im Rührglas auf Eiswürfel geben, rühren, durch ein Sieb in eine gekühlte Cocktailschale abfüllen.

# Irdische Vergnügen

Manche köstliche Stunde habe ich in Bars verbracht. Die Bar ist für mich ein Ort der Meditation und der Sammlung, ohne sie könnte ich mir mein Leben nicht vorstellen. Es ist eine alte Gewohnheit, die sich im Lauf der Jahre noch verstärkt hat. Wie Sankt Symeon der Stilit sich oben auf seiner Säule mit seinem unsichtbaren Gott unterhielt, habe ich in Bars viele Stunden in Träumereien zugebracht, im Gespräch mehr mit mir selbst als mit dem Kellner, versunken in einer endlosen Flut von Bildern, die mich immer aufs neue überraschten. Heute, da ich alt bin wie das Jahrhundert, verlasse ich kaum noch das Haus. Aber in der geheiligten Stunde des Aperitifs denke ich, allein in dem kleinen Raum, in dem meine Flaschen untergebracht sind, gern an die Bars zurück, die ich besonders gemocht habe.

Zunächst einmal unterscheide ich zwischen Bars und Cafés. In Paris zum Beispiel habe ich nie eine anständige Bar gefunden. Dagegen ist die Stadt reich an wunderbaren Cafés. Wohin man auch geht, von Belleville bis Auteuil, nie braucht man Angst zu haben, daß man keinen Platz findet, wo man sich hinsetzen und bei einem Kellner eine Bestellung aufgeben kann. Wäre Paris ohne seine Cafés, ohne seine Terrassen, ohne seine Tabakläden überhaupt vorstellbar? Es wäre wie eine Stadt nach einer Atombombenexplosion.

Ein großer Teil der surrealistischen Aktivitäten vollzog sich im Café Cyrano an der Place Blanche. Das Sélect an den Champs Elysées mochte ich auch gern, und zur Eröffnung der Coupole am Montparnasse war ich eingeladen. Dort war ich auch mit Man Ray und Louis Aragon verabredet, um die erste Aufführung des *Chien andalou* vorzubereiten. Ich kann sie gar nicht alle aufzählen. Hinzufügen möchte ich nur noch, daß zum Café das Reden, das Kommen und Gehen gehört, die manchmal geräuschvolle Gesellschaft von Frauen.

Dagegen ist die Bar eine Schule der Einsamkeit.

Sie muß vor allem ruhig sein, möglichst düster und sehr bequem. Jede Musik, auch noch die entfernteste, ist verpönt – ganz entgegen dem üblichen Brauch, der sich heute in aller Welt breitmacht. Höchstens ein Dutzend Tische, möglichst nur Stammgäste, und zwar wenig gesprächige.

Mir gefällt zum Beispiel die Bar des Hotel Plaza in Madrid. Sie befindet sich im Untergeschoß – ein eminenter Vorzug, denn Landschaft stört nur. Der Maître d'Hôtel kennt mich und geleitet mich gleich zu meinem Lieblingstisch, wo ich mit dem Rücken zur Wand sitze. Nach dem Aperitif kann man sich etwas zu essen bringen lassen. Die Beleuchtung ist unaufdringlich, aber die einzelnen Tische sind hell genug.

In Madrid hatte ich auch das Chicote sehr gern, es ist für mich angefüllt mit teuren Erinnerungen. Aber dahin geht man eher mit Freunden als zur einsamen Meditation.

Im Hotel del Paular im Madrider Norden, im Hof eines großartigen gotischen Klosters, nahm ich in einem langgestreckten Raum mit Granitsäulen abends gern meinen Aperitif ein. Außer samstags und sonntags, schlimmen Tagen, an denen überall Touristen mit lauten Kindern herumwimmeln, war ich praktisch allein, umgeben von Reproduktionen der Gemälde von Zurbarán, einem meiner Lieblingsmaler. Schweigend glitt zuweilen der Schatten eines Obers im Hintergrund vorüber, ohne meine alkoholisierten Meditationen zu stören.

Ich kann sagen, daß ich diesen Ort wie einen alten Freund geliebt habe. Nach einem Tag voller Muße und Arbeit ließ mich Jean-Claude Carrière, wenn wir gemeinsam an einem Drehbuch arbeiteten, hier für eine Dreiviertelstunde allein. Pünktlich hörte ich dann seine Schritte auf dem Steinboden, er setzte sich mir gegenüber, und ich mußte ihm – so war es abgemacht, denn ich bin überzeugt, daß die Imagination eine geistige Fähigkeit ist, die man ausbilden und entwickeln kann wie das Gedächtnis – eine Geschichte erzählen, kurz oder lang, die ich mir während meines fünfundvierzigminütigen Sinnierens ausgedacht hatte. Es kam nicht darauf an, daß sie zu dem Drehbuch, an dem wir gerade arbeiteten, einen Bezug hatte. Sie konnte burlesk sein oder melodramatisch, blutrünstig oder lieblich. Die Hauptsache war das Erzählen.

Allein mit den Reproduktionen von Zurbarán und den Säulen aus Granit, diesem phantastischen Stein aus Kastilien, und in der ausgezeichneten Gesellschaft meines Lieblingsgetränks – auf das ich gleich noch zu sprechen komme –, ließ ich mich ohne Anstrengung aus der Zeit gleiten und öffnete mich den Bildern, die alsbald den Raum erfüllten. Manchmal kamen mir Familienangelegenheiten in den Sinn oder andere Alltäglichkeiten, und dann plötzlich geschah etwas, eine oft überraschende Handlung schälte sich heraus, Personen traten auf, sprachen, erzählten mir von ihren Konflikten, ihren Problemen. Manchmal mußte ich, allein in meiner Ecke, still vor mich hin lachen. Wenn ich den Eindruck hatte, daß diese unerwartete Geschichte dem Drehbuch dienlich sein konnte, begann ich noch einmal von vorn, versuchte, Ordnung hineinzubringen und meine schweifenden Gedanken zu bändigen.

In New York mochte ich vor allem die Bar im Hotel Plaza, auch wenn es ein beliebter Treffpunkt ist (und Frauen keinen Zutritt haben). Ich pflegte meinen Freunden zu sagen (und manchmal machten sie die Probe aufs Exempel): »Wenn ihr in New York seid und wissen wollt, ob ich da bin, geht mittags ins Plaza. Wenn ich in New York bin, trefft ihr mich da bestimmt.« Leider hat diese großartige Bar mit Blick auf den Central Park dem Restaurant Platz machen müssen, die eigentliche Bar hat nur noch zwei Tische.

Was die mexikanischen Bars betrifft, in denen ich verkehre, so habe ich in

Mexiko selbst die des El Parador sehr gern, aber auch dahin geht man besser mit Freunden so wie in Madrid ins Chicote. Lange habe ich mich in der Bar des Hotels San José Purúa im Staat Michoacán wohl gefühlt, in das ich mich dreißig Jahre hindurch zurückzog, um meine Drehbücher zu schreiben.

Das Hotel liegt auf der einen Seite eines großen halbtropischen Cañons. Die Fenster der Bar gehen also auf eine sehr schöne Landschaft, eigentlich ein Nachteil, aber glücklicherweise erhebt sich genau vor dem Fenster ein Zirando, ein tropischer Baum mit verschlungenem Geäst, das wie ein Nest mit riesigen Schlangen aussieht und einen Teil der grünen Landschaft verdeckt. Ich ließ meine Blicke in dem ungeheuren Wirrwarr der Zweige wandern, folgte ihnen wie den verworrenen Fäden einer komplizierten Geschichte und sah hin und wieder, wie sich eine Eule, eine nackte Frau oder irgend etwas anderes darin niederließ.

Leider ist diese Bar ohne jeden Grund geschlossen worden. Ich sehe uns noch, den Produzenten Serge Silberman, Jean Claude und mich, wie wir 1980 verzweifelt durch die Hotelflure irrten, auf der Suche nach einem annehmbaren Ort. Es ist eine schlimme Erinnerung. Unsere alles verheerende Epoche macht nicht einmal vor Bars halt.

Ich muß nun von dem reden, was ich trinke. Weil das ein Kapitel ist, über das ich mich endlos auslassen kann – mit Silberman rede ich darüber manchmal zwei Stunden lang –, will ich versuchen, mich kurz zu fassen. Wer sich für das Thema nicht interessiert – leider gibt es solche Leute –, überschlägt besser die nächsten Seiten.

Über alles andere geht mir der Wein, vor allem der Rotwein. Frankreich hat den besten und den schlechtesten Wein – so gibt es nichts Scheußlicheres als das »Glas Roten« in Pariser Bistros. Sehr angenehm finde ich den spanischen Valdepeñas, den man kühl trinkt, aus einem Schlauch von Ziegenhaut, und den weißen Yepes aus der Gegend von Toledo. Die italienischen Weine kommen mir immer gepanscht vor.

In den Vereinigten Staaten gibt es gute kalifornische Weine, den Cabernet und andere. Manchmal trinke ich einen chilenischen oder mexikanischen Wein. Das ist auch schon fast alles.

Natürlich trinke ich Wein nie in einer Bar. Wein ist ein rein physisches Vergnügen, das die Phantasie überhaupt nicht anregt.

Um sich in einer Bar in einen Zustand der Träumerei zu versetzen und darin zu verweilen, braucht man englischen Gin. Mein bevorzugtes Getränk ist Martini dry. Angesichts der herausragenden Rolle, die der Martini dry in dem Leben gespielt hat, von dem ich hier erzähle, muß ich ihm zwei oder drei Seiten widmen. Wie alle Cocktails ist der Martini dry vermutlich eine amerikanische Erfindung. Er besteht vor allem aus Gin und einigen Tropfen Wermut, vorzugsweise Noilly-Prat. Die wirklichen Kenner, die ihren Martini gern ganz trocken trinken, behaupten sogar, man dürfe den Noilly-Prat erst dann in den Gin geben, wenn ein Sonnenstrahl ihn berührt habe. Ein guter Martini dry, sagt man in Amerika, sei wie die unbefleckte Empfängnis. Bekanntlich habe dem heiligen Thomas von Aquin zufolge die befruchtende Kraft des Heiligen Geistes das Hymen der Jungfrau Maria durchquert »wie ein Sonnenstrahl, der durch eine Glasscheibe fällt, ohne sie zu zerbrechen«. Genauso sei es mit dem Noilly-Prat. Das finde ich etwas übertrieben.

Das Eis, das man verwendet, muß sehr kalt und sehr hart sein, damit es kein Wasser abgibt. Nichts ist schlimmer als ein feuchter Martini.

Ich möchte hier noch mein persönliches Rezept verraten – ein Ergebnis langer Erfahrung, mit dem ich großen Erfolg hatte.

Am Tage, bevor die Gäste kommen, stelle ich alles Notwendige, die Gläser, den Gin, den Shaker, in den Eisschrank. Ich habe ein Thermometer, das es erlaubt, die Temperatur des Eises bei ungefähr zwanzig Grad unter null zu halten.

Am Tage darauf, wenn die Gäste da sind, nehme ich alles, was ich brauche, heraus, schütte zunächst ein paar Tropfen Noilly-Prat und einen halben Teelöffel Angostura auf das sehr harte Eis, schwenke das Ganze und schütte es aus bis auf die Eiswürfel, auf denen eine leichte Spur des Geschmacks von Wermut und Angostura zurückbleibt, und darauf gieße ich dann den

reinen Gin. Ich schwenke noch ein wenig und serviere. Das ist alles, es gibt nichts Besseres.
In New York habe ich vom Direktor des Museum of Modern Art in den vierziger Jahren eine leichte Variante gehört: Statt des Angostura nimmt man etwas Pernod – für mich ist das Ketzerei. Es war auch nur eine Mode, sie ist längst wieder vorbei.
Abgesehen von dem Martini, der mein Lieblingsgetränk geblieben ist, bin ich auch der bescheidene Erfinder eines Cocktails mit dem Namen Buñueloni. In Wirklichkeit ist das weiter nichts als ein Plagiat des berühmten Negroni, nur nimmt man statt des Campari, den man sonst mit Gin und süßem Cinzano mischt, Carpano. Das ist ein Cocktail, den ich gern abends vor dem Essen trinke. Auch bei ihm gewährleistet der Gin, von dem man mehr nimmt als von den anderen Bestandteilen, ein gutes Funktionieren der Phantasie. Warum das so ist? Ich weiß es nicht, ich stelle es nur fest.
Wie man sicher verstanden hat, bin ich kein Alkoholiker. Es ist mir in meinem Leben bei bestimmten Anlässen zwar immer wieder passiert, daß ich bis zum Umfallen getrunken habe, aber in der Regel geht es mir um ein subtiles Ritual, das einen nicht betrunken macht, sondern einen leichten Rausch bewirkt, ein ruhiges Wohlbehagen, das vielleicht den Wirkungen einer leichten Droge gleicht. Es hilft mir, zu leben und zu arbeiten. Wenn ich gefragt werde, ob ich jemals auch nur einen einzigen Tag in der mißlichen Lage gewesen sei, auf meine Drinks verzichten zu müssen, so muß ich sagen: nicht, daß ich wüßte. Ich habe immer etwas zu trinken gehabt, weil ich immer meine Vorkehrungen traf.
Ich war zum Beispiel 1930, während der Prohibition, fünf Monate in Amerika, und ich glaube, ich habe nie in meinem Leben so viel getrunken wie damals. In Los Angeles hatte ich einen Bootlegger zum Freund – ich kann mich noch gut an ihn erinnern, er hatte an einer Hand nur drei Finger –, der mir beigebracht hat, echten Gin von falschem zu unterscheiden. Man braucht nur die Flasche auf eine bestimmte Weise zu schütteln; wenn sich Blasen bilden, ist der Gin echt.

In den Apotheken gab es Whisky auf Rezept, und in gewissen Cafés wurde der Wein in Tassen serviert. In New York kannte ich ein gutes Speakeasy. Man klopfte auf eine bestimmte Weise an eine kleine Tür, ein Guckloch öffnete sich, dann mußte man ganz schnell eintreten. Drinnen war es eine Bar wie jede andere. Es gab alles, was man wollte.

Die Prohibition war wirklich eine der absurdesten Ideen dieses Jahrhunderts. Die Amerikaner betranken sich damals wie wild. Erst danach haben sie richtig zu trinken gelernt.

Ich hatte auch immer eine Schwäche für französische Aperitifs, wie Picon-Bier-Grenadine, das Lieblingsgetränk des Malers Yves Tanguy, und vor allem Mandarin-Curaçao-Bier, wovon ich sehr schnell betrunken wurde, stärker als vom Martini dry. Diese großartigen Mischungen verschwinden leider immer mehr. Wir erleben einen entsetzlichen Niedergang des Aperitifs – eins von vielen traurigen Zeichen dieser Zeitläufte.

Natürlich trinke ich von Zeit zu Zeit auch einmal zum Kaviar einen Wodka und zum geräucherten Lachs einen Aquavit. Ich mag die mexikanischen Schnäpse Tequila und Mezcal, aber das sind nur Surrogate. Whisky hat mich nie interessiert, das ist ein Getränk, das ich nicht verstehe.

Einmal habe ich in der Ratgeberspalte einer französischen Illustrierten – ich glaube, es war *Marie-France* – gelesen, Gin sei ein ausgezeichnetes Beruhigungsmittel und sehr wirksam gegen Angst beim Fliegen. Sofort habe ich mich entschlossen, diese Behauptung auf ihren Wahrheitsgehalt hin zu prüfen.

Ich habe immer Angst im Flugzeug gehabt, eine ständige, nicht zu unterdrückende Angst. Wenn ich zum Beispiel einen der Piloten mit ernstem Gesicht durch den Gang kommen sah, dachte ich: »Es ist was passiert, jetzt sind wir verloren, ich sehe es seinem Gesicht an.« Und wenn er lächelnd und liebenswürdig daherging, dachte ich: »Die Sache muß sehr schlecht stehen, er will uns beruhigen.« Alle diese Befürchtungen schwanden wie durch einen Zauber an dem Tag, an dem ich mich entschloß, dem ausgezeichneten Ratschlag von *Marie-France* zu folgen. Ich habe es mir zur Gewohnheit gemacht, vor jeder Flugreise einen Flachmann mit Gin

einzustecken, in Papier eingewickelt, damit er kalt bleibt. In der Wartehalle, vor dem Aufruf des Flugs, mache ich heimlich ein paar ordentliche Züge, und sofort fühle ich mich ruhig und sicher und bin bereit, mit einem Lächeln den schlimmsten Turbulenzen entgegenzusehen.
Ich käme nie ans Ende, wenn ich alle Wohltaten des Alkohols aufzählen wollte. 1978 in Madrid, als ich mich schon damit abgefunden hatte, die Dreharbeiten zu *Cet obscur objet du désir (Dieses obskure Objekt der Begierde)* wegen des totalen Zerwürfnisses mit einer Schauspielerin abzubrechen, und als auch Silberman, der Produzent, trotz des beträchtlichen Verlustes, den das für ihn bedeutet hätte, entschlossen war, den Film zu stoppen, saßen wir beide eines Abends ziemlich niedergeschlagen in einer Bar. Und plötzlich – allerdings erst nach dem zweiten Martini dry – kam mir die Idee, die Rolle von zwei Schauspielerinnen spielen zu lassen, was es noch nie gegeben hatte. Serge war begeistert von der Idee, die ich eigentlich erst nur zum Scherz geäußert hatte, und der Film war gerettet – dank einer Bar.
In New York war ich in den vierziger Jahren eng mit Juan Negrín, dem Sohn des ehemaligen republikanischen Ministerpräsidenten Spaniens, und seiner Frau, der Schauspielerin Rosita Díaz, befreundet. Zusammen entwickelten wir die Idee einer Bar, die »Zum Kanonenschuß« heißen und skandalös teuer sein sollte, die teuerste Bar der Welt. Da durfte es nur ganz exquisite, unglaublich raffinierte Drinks aus aller Welt geben.
Es sollte eine intime, sehr bequeme, in erlesenstem Geschmack eingerichtete Bar sein, mit höchstens zehn Tischen. Vor der Tür – deshalb der Name des Etablissements – sollte eine alte Bombarde mit Lunte und schwarzem Pulver stehen, und immer wenn ein Kunde tausend Dollar ausgegeben hatte, ob am Tage oder bei Nacht, sollte ein Schuß abgefeuert werden.
Dieses verlockende, wenn auch wenig demokratische Projekt gelangte nie zur Ausführung. Ich gestatte jedermann, sich der Idee zu bemächtigen. Man stelle sich vor, wie ein mittlerer Angestellter im Wohnblock nebenan um vier Uhr morgens von einem Kanonenschuß geweckt wird und zu seiner neben ihm im Bett liegenden Frau sagt: »Wieder so ein Saukerl, der tausend Dollar auf den Kopf gehauen hat!«

Unmöglich zu trinken, ohne zu rauchen. Ich habe im Alter von sechzehn Jahren damit angefangen und nie wieder aufgehört. Allerdings habe ich selten mehr als zwanzig Zigaretten an einem Tag geraucht. Was ich geraucht habe? Alles. Zuerst schwarzen spanischen Tabak, seit zwanzig Jahren habe ich mich an französische Zigaretten gewöhnt, Gitanes und vor allem Celtiques, die ich über alles schätze.
Der Tabak, der wunderbar mit dem Alkohol zusammengeht – wenn der Alkohol die Königin ist, ist der Tabak der König –, ist ein angenehmer Begleiter in allen Wechselfällen des Daseins. Er ist ein Freund in guten und schlechten Augenblicken. Man steckt sich eine Zigarette an, um ein freudiges Ereignis zu feiern oder um eine Qual zu verbergen, ob man allein ist oder in Gesellschaft.
Der Tabak ist ein Vergnügen für alle Sinne, für die Augen – welch ein Anblick, wenn man unterm Silberpapier, wie bei einer Parade, die weißen Zigaretten in Reih und Glied liegen sieht –, für die Nase, für die Fingerspitzen ... Würde man mir die Augen verbinden und eine brennende Zigarette in den Mund stecken, würde ich mich weigern, sie zu rauchen. Ich möchte das Päckchen in meiner Tasche anfassen, es aufmachen, die Konsistenz der Zigarette zwischen zwei Fingern prüfen, das Papier auf meinen Lippen schmecken, den Geschmack des Tabaks auf meiner Zunge, die Flamme aufspringen sehen, mich ihr nähern und schließlich die Wärme in mir fühlen.
Ein Mann namens Dortonsoro, den ich seit meiner Studentenzeit kannte, ein spanischer Ingenieur baskischer Herkunft, der nach Mexiko emigrierte, starb an sogenanntem Raucherkrebs. Ich besuchte ihn in Mexiko im Krankenhaus. Er hatte Schläuche überall und eine Sauerstoffmaske, die er von Zeit zu Zeit abnahm, um schnell und heimlich an einer Zigarette zu ziehen. Er rauchte bis in die letzten Stunden seines Lebens, dem Vergnügen treu, das ihn umbrachte.

Ich möchte noch hinzufügen, daß Alkohol und Tabak den Liebesakt sehr angenehm begleiten. Als Regel kann gelten: vorher Alkohol und hinterher Tabak. Man erwarte von mir keine aufsehenerregenden erotischen Geständnisse. Die Männer meiner Generation, die Spanier vor allem, litten unter einer ererbten Schüchternheit Frauen gegenüber und unter einem sexuellen Verlangen, das, wie ich schon erwähnte, bei uns vielleicht stärker war als bei allen anderen Männern auf der Welt.

Dieses Verlangen war natürlich die Frucht des jahrhundertealten kastrativen Katholizismus. Das Verbot jeder sexuellen Beziehung außerhalb der Ehe – und selbst da –, der Bann, der auf jedem Bild, jedem Wort lastete, das sich nur irgendwie auf den Liebesakt beziehen konnte – das alles trug dazu bei, Wünsche von außerordentlicher Heftigkeit entstehen zu lassen. Wenn dieser Wunsch unter Mißachtung aller Verbote Erfüllung fand, dann war das physische Vergnügen ganz unvergleichlich, denn die geheime Freude an der Sünde mischte sich darunter. Zweifellos hatte ein Spanier ein größeres Vergnügen am Beischlaf als ein Chinese oder Eskimo.

In meiner Jugend kannte man in Spanien, von sehr seltenen Ausnahmen abgesehen, nur zwei Wege zur Liebe: das Bordell und die Ehe. Als ich 1925 zum erstenmal in Frankreich war, kam es mir geschmacklos vor, wenn sich ein Mann und eine Frau auf der Straße küßten. Und auch, daß ein Junge und ein Mädchen unverheiratet zusammenleben konnte, überraschte mich maßlos. Unfaßbar und obszön schienen mir derartige Sitten.

Seit jenen fernen Tagen hat sich manches geändert. Vor allem habe ich an mir selbst in den letzten Jahren das allmähliche und schließlich vollständige Absterben des Sexualtriebs erlebt – die Träume eingeschlossen. Mir ist es sehr lieb so – als wäre ich endlich von einem Tyrannen befreit. Wenn Mephisto mir erschiene und mir die Wiedererlangung der sogenannten Virilität anböte, würde ich sagen: »Nein, vielen Dank, daran liegt mir nichts, aber meine Leber und meine Lunge könntest du kräftigen, damit ich mehr trinken und rauchen kann.«

Gefeit gegen die Perversionen, die impotenten Greisen auflauern, erinnere ich mich der Madrider Nutten, der Pariser Bordelle und der New Yorker Taxigirls abgeklärt und ohne Bedauern. Außer ein paar lebenden Bildern in Paris habe ich, glaube ich, in meinem ganzen Leben nur einen einzigen pornographischen Film gesehen. Er hatte den entzückenden Titel *Soeur*

*Vaseline.* Man sah eine Nonne in einem Klostergarten mit einem Gärtner schlafen, der es seinerseits mit einem Mönch trieb, bis sich alle zu einer Nummer zu dritt zusammenfanden.
Ich sehe noch die schwarzen Baumwollstrümpfe der Nonne vor mir, die über dem Knie aufhörten. Jean Meauclair vom Studio 28 hatte mir den Film geschenkt, ich habe ihn verloren. Mit René Char, der kräftig war wie ich, plante ich, in eine Kindervorstellung einzudringen, den Vorführer zu fesseln und zu knebeln und dem jugendlichen Publikum *Soeur Vaseline* vorzuführen. O tempora o mores! Kinder zu verderben erschien uns als eine der anziehendsten Formen von Subversion. Natürlich es ist bei der Absicht geblieben.
Abschließend ein Wort über meine gescheiterten Orgien. Wir fanden die Vorstellung, an einer Orgie teilzunehmen, wahnsinnig aufregend. Einmal arrangierte Charlie Chaplin in Hollywood eine für mich und zwei spanische Freunde. Drei hinreißende Mädchen aus Pasadena fanden sich ein, aber leider bekamen sie Streit miteinander, weil jede von ihnen Chaplin wollte, und so gingen sie wieder.
Ein andermal luden mein Freund Ugarte und ich in Los Angeles Lya Lys, die in *L'Age d'or* spielt, und eine Freundin zu mir ein. Blumen, Champagner, alles war bereit – wieder ein Mißerfolg! Die beiden blieben kaum eine Stunde und zogen sich dann zurück.
Zur selben Zeit kam auch ein sowjetischer Regisseur, dessen Name mir entfallen ist, mit offizieller Erlaubnis nach Paris und bat mich, eine kleine Pariser Orgie für ihn zu arrangieren. Damit war er bei mir nicht gerade an der richtigen Adresse. Ich wandte mich an Aragon, und der fragte mich: »Hör mal, mein Lieber, willst du dir vielleicht ...?« Hier gebrauchte er mit dem größten Takt der Welt ein Wort, das der Leser sich vielleicht denken kann, das ich aber nicht hinzuschreiben vermag. Nichts finde ich abscheulicher als diese seit einigen Jahren um sich greifende grundlose Verwendung unflätiger Ausdrücke in den Werken und Interviews unserer Schriftsteller. Deshalb versage ich mir alle sexuellen Grobheiten und jeden verbalen Exhibitionismus.

Jedenfalls antwortete ich Aragon: »Nein, keineswegs.« Er riet mir darauf, Orgien zu meiden, und der Russe mußte unverrichteter Dinge nach Hause zurückkehren.

# Am Ende der Bar

V*oy a tomar otro de estos grandes sin azúcar*«, sagte er zu Serafín.

»*En seguida, Don Tomás*«, antwortete Serafín.

»Wollen Sie Ihren Rekord verbessern?«

»Nein, ich will nur in Frieden einen trinken.«

»Als Sie den Rekord aufgestellt haben, haben Sie auch in Frieden einen getrunken«, sagte Serafín. »Sie waren von frühmorgens bis in die Nacht hinein friedlich und ganz beisammen, und am Ende sind Sie noch auf Ihren eigenen Füßen hinausgegangen.«

»Lassen Sie mich in Ruhe mit dem Rekord.«

»Aber Sie haben eine gute Chance, ihn zu verbessern«, sagte Serafín. »Sie brauchen bloß so weiterzutrinken und so wenig zu essen wie bisher, dann haben Sie eine prima Chance.«

»Versuch's mal«, sagte Honest Lil. »Ich bin Zeuge.«

»Zeugen werden da nicht benötigt, dazu bin ich da«, sagte Serafín. »Und wenn ich gehe, sage ich Constante, wie es steht. Sie sind jetzt weiter als damals um diese Zeit.«

»Lassen Sie mich mit dem Rekord in Ruhe.«

»Sie sind in Form heute. Sie trinken gut und stetig, und es macht Ihnen nichts aus.«

»Scheiß auf den Rekord.«
»In Ordnung. *Como usted quiere.* Ich zähle auf alle Fälle mit, falls Sie Ihre Meinung ändern.«
»Er zählt selber«, sagte Honest Lil. »Er hat ja seine eigenen Bons.«
»Also, was wollen Sie jetzt, *mujer*? Wollen Sie einen Rekord haben, oder wollen Sie bloß einen Schwindel?«
»Keins von beiden, ich will einen *high-balito* mit *agua mineral.*«
»*Como siempre*«, sagte Serafín ...
Ich fühle mich besser, dachte Thomas Hudson, das ist das Komische daran. Jedesmal fühlt man sich besser, und jedesmal kommt man aus einem Loch wieder heraus. Der Tod ist die einzige Sache, über die man nicht hinwegkommt.
»Warst du schon mal tot?« fragte er Lil.
»Bestimmt nicht.«
»*Yo tampoco.*«
»Warum sagst du so was? Du machst mir angst, wenn du so was sagst.«
»Ich wollte dir keine Angst machen, Honey. Ich habe nie jemandem angst machen wollen.«
»Hübsch, wenn du Honey zu mir sagst.«
Das führt auch zu nichts, dachte Thomas Hudson. Gibt es verdammt nichts anderes, was du machen könntest, damit du aus dem Loch herauskommst, als mit dieser alten, abgetakelten Honest Lil in der ›Floridita‹ zu sitzen, am Barende, das für die alten Huren reserviert ist, und dich zu besaufen? Du hast nur vier Tage, kannst du wirklich nicht mehr damit anfangen? Aber wo? dachte er. In Alfreds Absteigequartier ...? Du bist hier schon richtig. Die Drinks könnten nirgendwo auf der Welt besser sein, sie wären nicht einmal so gut, und du bist jetzt mittendrin, mein Lieber. Mach einfach weiter, sieh zu, wie weit du kommst. Es bleibt dir nichts anderes übrig, also finde dich damit ab. Finde dich einfach in jeder Beziehung damit ab. Du hast es immer gemocht und hast dich darauf gefreut. Jetzt hast du's, also finde dich damit ab. Und laut sagte er: »Ich mag es ...«
»Was?«

»Die Sauferei. Und nicht bloß die Sauferei. Guck dir diese doppelten Gefrorenen ohne Zucker an: wenn ich den ganzen Zucker mitgetrunken hätte, wäre mir längst schlecht.«

»*Ya lo creo.* Und wenn jemand anderes so viel ohne Zucker getrunken hätte, wäre er tot.«

»Vielleicht gehe ich ja drauf.«

»Du doch nicht. Du brichst jetzt den Rekord, und dann gehen wir zu mir und du schläfst, und das schlimmste, was passieren kann, ist, daß du schnarchst.«

»Habe ich das letzte Mal geschnarcht?«

»*Horrores.* Außerdem hast du mir während der Nacht ungefähr zehn verschiedene Namen gegeben.«

»O je.«

»Ich fand es ganz komisch. Außerdem habe ich zwei oder drei Sachen erfahren, die ich noch nicht wußte. Werden deine anderen Frauen nicht böse, wenn du sie andauernd anders anredest?«

»Ich habe keine anderen Frauen. Ich bin nur verheiratet.«

»Ich gebe mir so viel Mühe, sie zu mögen und gut von ihr zu denken, aber es ist sehr schwer. Natürlich lasse ich nicht zu, daß einer über sie herzieht.«

»Ich ziehe über sie her.«

»Bitte nicht, das ist gemein. Ich hasse zwei Sachen: wenn Männer heulen. Ich weiß, daß sie heulen müssen, aber ich mag's nicht. Und es ist widerlich, wenn sie über ihre Frauen herziehen, und das tun sie fast alle. Tu du's bitte nicht, wir haben's gerade so nett.«

»Einverstanden. Sie soll zum Teufel gehen, aber wir reden kein Wort über sie.«

»Bitte, Tom. Du weißt, daß ich sie sehr hübsch finde, und sie ist es auch, wirklich. *Pero no es mujer para ti.* Aber wir wollen nicht über sie reden.«

»Richtig.«

»Erzähl mir lieber noch eine lustige Geschichte. Meinetwegen braucht diesmal keine Liebe darin vorzukommen, solange sie dir gute Laune macht.«

»Ich glaub, ich weiß keine lustigen Geschichten mehr.«
»Ach, sei nicht so, du kennst tausende. Trink noch einen, und dann erzähl mir eine.«
»Warum strengst du dich nicht mal an?«
»Wieso anstrengen?«
»Wir betreiben das doch bloß zu unserer moralischen Ertüchtigung.«
»*Tú tienes la moral muy baja.*«
»Klar, das weiß ich auch. Aber warum gibst du nicht ein paar erbauliche Geschichten zum besten?«
»Das mußt du selber besorgen, das weißt du. Für alles andere, was du brauchst, sorge ich. Das weißt du auch.«
Thomas Hudson sagte: »Willst du wirklich noch eine Geschichte hören?«
»Bitte. Hier ist dein Glas. Noch eine Geschichte und noch einen Drink, und dann bist du darüber hinweg.«
»Garantiert?«
»Nein«, sagte sie, sah ihn an und fing wieder an zu weinen, leicht und vollkommen natürlich wie eine Quelle. »Warum sagst du mir nicht, was los ist, Tom? Ich habe Angst, dich danach zu fragen. Ist es das?«
»Das ist es«, sagte Thomas Hudson, und danach begann sie heftig zu weinen, und er mußte den Arm um sie legen, und mitten unter all den Leuten an der Bar mußte er versuchen, sie zu trösten. Jetzt war ihr Weinen nicht mehr hübsch anzusehen. Sie heulte geradeheraus und selbstzerstörerisch.
»Mein armer Tom«, sagte sie, »mein armer, armer Tom.«
»Nimm dich zusammen, *mujer,* und trink einen Cognac. Wir wollten Spaß haben.«
»Ich will keinen Spaß mehr. Ich will nie wieder Spaß haben.«
»Siehst du jetzt, was dabei herauskommt, wenn man redet?«
»Ich nehme mich gleich zusammen«, sagte sie. »Laß mir nur eine Minute Zeit. Ich gehe einmal hinaus, und dann bin ich darüber hinweg.«
Mach schnell, gottverdammich, dachte Thomas Hudson. Mir geht es jetzt wirklich beschissen, und wenn die Heulerei jetzt nicht aufhört oder sie darüber redet, dann schlag ich den ganzen Laden zusammen. Und wo gehst

du dann hin? Er merkte, daß alles verbaut war. Die Absteigequartiere waren kein Ausweg.

»Gib mir noch einen doppelten gefrorenen Daiquiri ohne Zucker. *No sé lo que pasa con esta mujer.*«

»Sie kann heulen wie eine Gießkanne«, sagte der Barmixer. »Sie sollten sie als Wasserleitung nehmen.«

»Wie geht's voran mit der Wasserleitung?« fragte Thomas Hudson.

Der Mann links neben ihm an der Bar, ein kleiner Mann mit einem lustigen Gesicht und einer eingeschlagenen Nase, den er gut kannte, aber dessen Namen und politische Partei er vergessen hatte, sagte: »Diese *cabrones!* Für Wasser kriegen sie immer Geld irgendwoher, weil Wasser einfach lebensnotwendig ist. Alles ist nötig, aber für Wasser gibt es keinen Ersatz, und es geht einfach nicht ohne Wasser. Also gibt es immer Geld irgendwoher, wenn sich's um Wasser dreht, und wir kriegen nie eine richtige Wasserleitung.«

»Ich weiß nicht, ob ich Ihnen ganz folgen kann.«

»*Sí, hombre.* Für eine Wasserleitung kriegen sie jederzeit Geld, denn eine Wasserleitung ist absolut nötig, und deshalb können sie sich keine Wasserleitung leisten. Würden Sie die Gans schlachten, die Ihnen die goldene Wasserleitung legt?«

»Warum bauen sie nicht die Wasserleitung und verdienen ein bißchen Geld damit und denken sich einen neuen *truco* aus?«

»Es gibt keinen besseren Trick als Wasser. Wenn du ihnen Wasser versprichst, kriegst du immer Geld. Es gibt einfach keinen Politiker, der sich einen *truco* wie das Wasserleitungsprojekt selber kaputtmachen würde, indem er eine brauchbare Wasserleitung baut. Höchstens Anfänger verstoßen mal gegen die Grundregeln, aber Politiker versündigen sich niemals an den Grundlagen der politischen Ökonomie. Lassen Sie uns einen trinken, auf den Zoll, auf die Staatslotterie, auf die Nieten in der Staatslotterie, auf die festen Zuckerpreise, und darauf, daß wir nie eine Wasserleitung kriegen.«

»Prost«, sagte Thomas Hudson.

»Sind Sie etwa Deutscher?«

»Nein, Amerikaner.«

»Dann lassen Sie uns auch auf Roosevelt, Churchill, Batista und darauf trinken, daß wir keine Wasserleitung kriegen.«

»Und auf Stalin.«

»Selbstverständlich. Auf Stalin. Central Hershey, auf Marihuana und daß wir keine Wasserleitung kriegen.«

»Auf Adolphe Luque.«

»Auf Adolphe Luque, auf Adolf Hitler, auf Philadelphia, auf Gene Tunney und auf Key West und daß wir keine Wasserleitung kriegen.«

Während sie redeten, kam Honest Lil von der Damentoilette in die Bar zurück. Sie hatte ihr Gesicht in Ordnung gebracht und weinte nicht mehr, aber man sah, daß sie etwas abbekommen hatte.

»Kennst du diesen Herrn?« fragte Thomas Hudson, indem er ihr seinen neuen, vielmehr seinen alten neuen Freund vorstellte.

»Nur vom Bett her«, sagte der Gentleman.

»*Cállate*«, sagte Honest Lil, und sie erklärte Thomas Hudson: »Er ist ein Politiker. *Muy hambriento en este momento.*«

»Besonders durstig«, korrigierte der Politiker sie. »Ich stehe Ihnen zur Verfügung«, sagte er zu Thomas Hudson.

»Was trinken Sie?«

»Einen doppelten gefrorenen Daiquiri ohne Zucker. Aber wollen wir das nicht lieber ausknobeln?«

»Nein, das ist meine Sache. Ich habe hier unbegrenzten Kredit.«

»Er ist ein anständiger Mann«, flüsterte Honest Lil Thomas Hudson zu, während der andere sich bemühte, die Aufmerksamkeit des nächsten Barkellners auf sich zu ziehen. »Er ist ein Politiker, aber ein anständiger, und er ist lustig.«

Der Mann legte seinen Arm um Lil. »Du wirst auch jeden Tag dünner, *mi vida*. Ich glaube, wir sind von derselben Partei.«

»Auf die Wasserleitung«, sagte Thomas Hudson.

»Guter Gott, nein! Was machen Sie denn! Wollen Sie uns das Brot aus dem Mund nehmen und Wasser hineintun?«

»Dann trinken wir darauf, daß endlich diese *puta guerra* aufhört«, sagte Lil. »Darauf wollen wir trinken.«
»Auf den Schwarzen Markt«, sagte der Mann, »auf den Zement, den wir nicht kriegen können, und auf die Herren, die den Saubohnennachschub kontrollieren.«
»Trinken wir«, sagte Thomas Hudson und fügte hinzu, »auf den Reisnachschub.«
»Auf den Reisnachschub«, sagte der Politiker. »Trinkt aus.«
»Ist dir besser?« fragte Honest Lil.
»Sicher.«
Er sah sie an und sah, daß sie wieder dicht am Losheulen war.
»Wenn du heulst«, sagte er, »schlag ich dir den Unterkiefer ein.«
Hinter der Bar hing ein lithographiertes Plakat mit dem Porträt eines Politikers im weißen Anzug, und darunter stand *»Un Alcalde Mejor«,* ein besserer Bürgermeister. Es war ein großes Plakat, und der bessere Bürgermeister starrte jedem Trinker direkt in die Augen.
»Auf *Un Alcalde Peor*«, sagte der Politiker. »Auf einen schlechteren Bürgermeister.«
»Kandidieren Sie?« fragte Thomas Hudson.
»Bestimmt.«
»Das ist fabelhaft«, sagte Honest Lil. »Jetzt müssen wir nur ein Wahlprogramm aufstellen.«
»Das ist ganz einfach«, sagte der Kandidat. »*Un Alcalde Peor* ... Mit diesem Slogan gewinnen wir. Wir brauchen kein weiteres Programm.«
»Doch, wir brauchen eines«, sagte Lil, »nicht wahr, Tomás?«
»Ich glaube es auch. Wir wär's mit ›Nieder mit den Schulen auf dem Lande‹?«
*»Menos guaguas y peores«,* schlug Honest Lil vor.
»Erstklassig. ›Weniger und schlechtere Autobusse.‹«
Der Kandidat machte den Vorschlag: »Warum schaffen wir nicht das ganze Transportwesen ab? *Es más sencillo.*«
»Okay«, sagte Thomas Hudson. *»Cero transporte.«*
»Das ist kurz und würdig«, sagte der Kandidat, »und es beweist, daß wir

unparteiisch sind. Es ließe sich natürlich erweitern. Wie wäre es mit: *Cero transporte aéreo, terrestre, y marítimo?*«

»Herrlich, es wird ein richtiges Wahlprogramm. Wie stehen wir zur Frage der Aussätzigen?«

»*Por una lepra más grande para Cuba*«, sagte der Kandidat.

»*Por el cáncer cubano*«, sagte Hudson.

»*Por una tuberculosis ampliada, adecuada, y permanente para Cuba y los cubanos*«, sagte der Kandidat. »Das ist ein bißchen lang, aber es macht sich gut im Radio. Und wie stehen wir zur Syphilis, meine Glaubensbrüder?«

»*Por una sífilis criolla cien por cien.*«

»Ausgezeichnet«, sagte der Kandidat. »Nieder mit *Penicilina* und den anderen Tricks des *Yanqui*-Imperialismus.«

»Nieder«, sagte Thomas Hudson.

»Ich glaube, wir müssen wieder was trinken«, sagte Honest Lil, »was meint ihr, Brüder im Glauben?«

»Glänzende Idee«, sagte der Kandidat. »Wer außer dir wäre je auf einen solchen Gedanken gekommen?«

Honest Lil sagte: »Du.«

»Greift meinen Kredit an«, sagte der Kandidat, »laßt uns mal sehen, ob er einen richtigen Beschuß aushält. Barkerl. Barfreund. Knabe! Noch mal dasselbe, und für diesen politischen Verbündeten ohne Zucker.«

»Das wäre auch ein guter Wahlspruch«, sagte Honest Lil. »Cubas Zucker den Cubanern.«

»Nieder mit dem Koloß im Norden«, sagte Thomas Hudson. Und die anderen wiederholten: »Nieder!«

»Wir brauchen mehr patriotische Wahlsprüche, innerstädtische Wahlsprüche. Wir müssen die Außenpolitik beiseite lassen, solange Krieg ist und wir alliiert sind.«

»Trotzdem glaube ich, um das ›Nieder mit dem Koloß im Norden‹ kommen wir nicht herum«, sagte Thomas Hudson. »Wir müssen ihm eins auf den Kopf hauen.«

»Das besorgen wir, wenn ich gewählt bin.«
»Auf *Un Alcalde Peor*«, sagte Thomas Hudson.
»Auf uns alle, auf die Partei«, sagte der *alcalde peor* und hob das Glas: »Die Umstände der Parteigründung müssen festgehalten werden, vergeßt es nicht, und wir müssen ein Manifest verfassen. Den wievielten haben wir überhaupt?«
»Den Zwanzigsten, mehr oder weniger.«
»Den Zwanzigsten was?«
»Den 20. Februar, mehr oder weniger. *El grito de La Floridita.*«
»Ein feierlicher Moment«, sagte Thomas Hudson. »Kannst du schreiben, Honest Lil? Kannst du das Ganze festhalten?«
»Ich kann schreiben, nur jetzt nicht gerade.«
»Es gibt noch ein paar weitere Probleme, denen wir uns stellen müssen«, sagte der *alcalde peor.* »Hör mal, Koloß des Nordens, warum zahlst du nicht jetzt? Du hast gesehen, wie standfest mein Kredit ist und wie er einen Generalangriff nimmt, aber es ist nicht nötig, den armen Vogel umzubringen, wenn wir wissen, daß er verliert. Los, Koloß.«
»Nenn mich nicht Koloß. Wir sind gegen diesen Scheißkoloß.«
»Das stimmt, Gouverneur. Was bist du überhaupt?«
»Ich bin Wissenschaftler.«
»*Sobre todo en la cama*«, sagte Honest Lil. »Er hat sich ganz intensiv mit China beschäftigt.«
»Also, was du auch bist: Den bezahlst du«, sagte der *alcalde peor,* »und dann können wir mit dem Programm weitermachen.«
»Wie stehen wir zur Familienpolitik?«
»Eine heilige Sache. Die Familie genießt das gleiche Ansehen wie die Religion. Wir müssen sehr vorsichtig und subtil damit umgehen. Wie wäre es mit: *Abajo los padres de familias*?«
»Das hat Würde. Aber ›Nieder mit der Familie‹ wäre einfacher.«
»*Abajo el home.* Es hat etwas Ergreifendes, wenn es vielleicht auch manche mit *béisbol* verwechseln werden.«
»Und was machen wir mit den Kindern?«

»Lasset die Kindlein zu mir kommen, wenn sie das Wahlalter erreicht haben«, sagte der *alcaldo peor.*

»Und wie steht's mit der Scheidung?« fragte Thomas Hudson.

»Auch eine kitzlige Sache«, sagte der *alcalde peor. »Bastante espinoso.* Wie steht ihr überhaupt zur Scheidungsfrage?«

»Ich glaube nicht, daß wir uns darauf einlassen sollten. Sie kollidiert mit unserer Kampagne zugunsten der Familie.«

»Also lassen wir sie fallen. Jetzt laßt uns mal in Ruhe nachdenken ...«

»Das kannst du gar nicht mehr. Du bist ja blau.«

»Keine Kritik, Frau«, sagte der *alcalde peor* zu ihr. »Wir müssen jetzt was unternehmen.«

»Was?«

»... *orinar* ...«

»Das ist wahr«, hörte Thomas Hudson sich sagen. »Das ist überhaupt das Allerwichtigste.«

»So wichtig, wie daß die Wasserleitung nicht gebaut wird. Es hat auch mit Wasser zu tun.«

»Mehr mit Alkohol.«

»Verglichen mit dem Prozentsatz an Wasser spielt der Alkohol eine ganz untergeordnete Rolle. Wasser ist die Basis. Aus wieviel Prozent Wasser besteht der Mensch? Sie sind doch Wissenschaftler?«

»Siebenundachtzig Komma drei«, sagte Thomas Hudson und ließ es darauf ankommen, aber er wußte, daß es falsch war.

»Genau«, sagte der *alcalde peor.*

»Sollten wir nicht gehen, solange wir uns noch auf den Füßen halten können?«

*Ernest Hemingway, Auszug aus: »Inseln im Strom«, Übersetzung: Ernst Schnabel,* 

Irgendwann mischt sich Politik in die Gläser, einfach nur so. Zwar wird immer wieder behauptet, ganz grundsätzlich habe Politik in einer Bar nichts verloren. Dieser Einwand aber ist leicht zu entkräften. Wer politischen Neigungen anhängt und irgendwann ernüchtert feststellen muß, daß die Dinge sich nicht in jedem Fall in seinem Sinne bewegen, der sucht und findet schneller als andere den Weg ins nächste Lokal.

So darf man in dem Fall sogar den Wortsinn bemühen. Politik nämlich hat noch in jeder Bar etwas von der ihr eigenen Schwere verloren. Sie wird dort mit den Tugenden der Verhältnismäßigkeit konfrontiert. Barbesucher agieren gewissermaßen auf dem Parkett klassischer Diplomatie. Feinde, so könnte ein Aufruf an sie lauten, sind gehalten, als Kontrahenten Profil für sich zu gewinnen. Darin entäußert sich die zivilisatorische Seite des Milieus. Im Dämmerlicht der Ironie verfließen die Gegensätze, ohne ihre Substanz vollständig einzubüßen.

»Bevor man das Zuckerrohr abschlägt, muß man die Köpfe abschlagen.« Der Satz aus dem Kultfilm ›Queimada‹, von den schönen Seelen der Revolution in den Kinos der europäischen Metropolen am Ende der sechziger Jahre lauthals bejubelt, grenzt da schon an Hochverrat. Blut soll fließen auf dem Schauplatz der Geschichte, und deshalb keinesfalls Rum. Auf diese Weise demaskiert sich das pathetisch zur Sprache gebrachte Freiheitsverlangen von vornherein als Plädoyer für eine Kultur des Mangels und der verlorenen Sinnenfreude. Aufrichtig, dies immerhin, ist die Dienstanweisung für moderne Konquistadoren in einem: Mangelndes Gespür für Nuancenreichtum verrät schlechten Geschmack.

Betrachtet man dagegen die Metamorphosen, die dafür sorgten, daß der Schlachtruf ›Cuba libre‹ aus den Köpfen auf die Getränkekarten der Cocktailbranche geriet, dann zeigt sich darin etwas vom integrierenden Vermögen der Bar. Der Klassiker, aus weißem Rum von der Zuckerinsel und dem überzuckerten Nationalgetränk der Nordamerikaner gemischt, zeugt von nur geringem Respekt für die Reinheitsgebote nationalgesinnter Ideologen. Genau genommen eine Teufelei, aber geeignet, fundamentalistisch eingestellte Teufel mit Beelzebub Coca-Cola auf ihre letzte Reise zu schicken. Den Kindern von Marx und Coca-Cola, die den ›Cuba libre‹ zum Aushängeschild ihrer Trinkkultur machten, ist diese Ironie bezeichnenderweise entgangen.

›Cubas Zucker den Cubanern‹ heißt es wenigstens genauso ironisch in Ernest Hemingways ›Inseln im Strom‹. Die Freiheit, daraus etwas für sich gewinnen zu können, diese Freiheit wenigstens hat sich auch nach der Nationalisierung des kubanischen Zuckers auf der Insel erhalten. Daher ist seine Bar ›El Floridita‹ der

Königshof des von ihm hochgerühmten ›disziplinierten Trinkens‹ geblieben und der ›Daiquiri‹, im späten 19. Jahrhundert zum ersten Mal von Bergbauingenieuren in der Provinz Oriente gemixt, das Privileg der Hoheiten, die sich in seinem Namen im ›Floridita‹ versammeln. Auch der Name eines absolutistischen Herrschers über das ›Floridita‹ ist hier zu nennen: Constante Ribailagua, von 1912 bis 1952 über vier Jahrzehnte ›chief of the stuff‹. Demokratischer gesagt: eine Persönlichkeit, die das Selbstbild aller seiner Schule verpflichteten Barmixer prägt.
Politik, in Gläser gemischt: Ohne das bizarre Prohibitionsgesetz, das die USA in den zwanziger Jahren in Agonie und Trockenheit stürzte, wäre der Aufstieg Havannas zum Rom der weltweiten Cocktailkultur nicht denkbar gewesen. Der Zusammenstoß von puritanischem Geist und karibischer Sorglosigkeit, von Aufbegehren gegen koloniale Abhängigkeit und rigoros vorgetragenem Hegemonieverlangen andererseits brachte die Verhältnisse in Kuba auf unvergleichliche Weise zum Tanzen. Nichts beflügelt die Phantasie so sehr wie ein absehbarer Weltuntergang, der sich nicht einstellen will. Vanbanquespieler, Waffenschieber, Glücksritter, Lebemänner, Liebeshungrige, ergraute europäische Revolutionäre und die blutjunge Soldateska der Guerilleros: Alle waren sie dabei beim großen Maskenball, und keiner bereit, ohne Kampf von der Bühne zu weichen. Vergeblich auch der Satz, den Ernest Hemingway den ›alcalde peor‹ im ›Floridita‹ aussprechen läßt: »Sollten wir nicht gehen, solange wir uns noch auf den Füßen halten können?« Nicht wenige der Trinker, die beim ›Cuba libre‹ nicht über ihre nächste Order hinausdenken wollten, haben ihren Absprung am Ende versäumt.

## CUBA LIBRE

Eiswürfel in ein Longdrink-Glas geben. Rum und Coca-Cola hinzugießen, Limettensaft hinzufügen, umrühren.

5 cl weißer Rum
Coca-Cola
Eiswürfel
Saft aus einem Limettenviertel

## DAIQUIRI

Im Shaker gut schütteln, in eine gekühlte Cocktailschale abfüllen.

5 cl weißer Rum
2 Teelöffel Puderzucker
Saft einer halben Limette
Gestoßenes Eis

## FROZEN DAIQUIRI

Im Elektromixer mischen, in eine gekühlte Cocktailschale abfüllen.

5 cl weißer Rum
2 Teelöffel Puderzucker
Saft einer halben Limette
Gestoßenes Eis

## FLORIDITA DAIQUIRI

Im Shaker gut schütteln, in eine gekühlte Cocktailschale abfüllen.

5 cl weißer Rum
1 cl Maraschino
2 Teelöffel Puderzucker
Saft einer Limette
Gestoßenes Eis

## MULATA

(kubanisches Nationalgetränk)
Im Elektromixer mischen, in eine gekühlte Cocktailschale abfüllen.

5 cl weißer Rum
1 cl Crème de Cacao (braun)
Saft einer halben Limette
Gestoßenes Eis

## EL PRESIDENTE

4 cl weißer Rum
2 cl Vermouth (rosso)
1 cl Dry Vermouth
1 Spritzer Grenadine
6-8 Eiswürfel

(benannt nach dem kubanischen Präsidenten General Menocal)
Zutaten auf Eis in ein Rührglas geben, in eine gekühlte Cocktailschale abfüllen, mit einer Cocktail-Kirsche dekorieren.

## ERNEST HEMINGWAY SPECIAL

4 cl weißer Rum
1 cl Maraschino
2 cl Grapefruitsaft
Saft einer halben Limette
Gestoßenes Eis

Im Shaker gut schütteln, in eine gekühlte Cocktailschale abfüllen.

## CAIPIRINHA

5 cl Cachaça
2 Teelöffel Puderzucker
1 Limette
Gestoßenes Eis

Limette vierteln, auspressen. Cachaça, Saft und Zucker in ein Old-Fashioned-Glas geben, ausgepreßte Limettenviertel hinzufügen. Rühren, mit gestoßenem Eis auffüllen, nochmals rühren.

# Anfängerglück

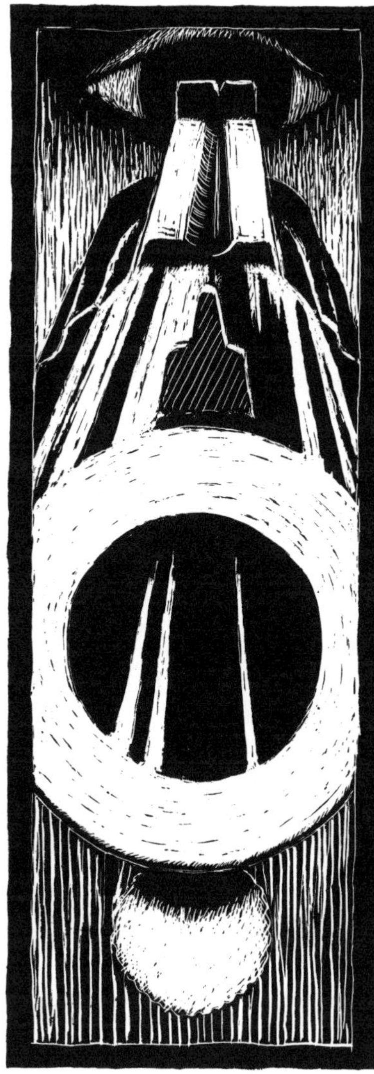

Nur herein, Hauptmann Segura.«

Hauptmann Segura glänzte. Sein Leder glänzte, seine Knöpfe glänzten, sein Haar war frisch pomadisiert. Er sah aus wie eine gutgepflegte Waffe. »Ich freute mich so, als Milly es mir bestellte.«

»Wir haben eine Menge zu besprechen. Spielen wir zuerst eine Partie? Heute abend werde ich Sie schlagen.«

»Das bezweifle ich, Mr. Wormold. Ich habe Ihnen noch keine Sohnesachtung zu bezeigen.«

Wormold entfaltete das Damebrett. Dann stellte er vierundzwanzig Miniatur-Whiskyflaschen auf, zwölf Bourbon gegen zwölf Scotch.

»Was ist das, Mr. Wormold?«

»Eine Idee Dr. Hasselbachers. Ich dachte, wir könnten eine Partie zu seinem Angedenken spielen. Wer einen Stein nimmt, trinkt ihn.«

»Ein kluger Gedanke, Mr. Wormold. Da ich der bessere Spieler bin, trinke ich mehr.«

»Und dann hole ich auf – auch beim Trinken.«

»Ich glaube, ich spiele lieber mit gewöhnlichen Steinen.«

»Haben Sie Angst zu verlieren, Segura? Vielleicht vertragen Sie nicht viel.«

»Ich vertrage so viel wie jeder andere. Aber wenn ich trinke, verliere ich die Beherrschung. Ich möchte vor meinem zukünftigen Schwiegervater nicht die Beherrschung verlieren.«

»Milly wird Sie nicht heiraten, Segura.«

»Darüber müssen wir noch reden.«

»Sie spielen mit Bourbon. Bourbon ist stärker als Scotch. Ein Nachteil für mich.«

»Das ist nicht nötig. Ich spiele mit Scotch.«

»Nehmen Sie doch den Gürtel ab, Segura. Dann haben Sie's bequemer.«

Segura legte Koppel und Pistolentasche neben sich auf den Boden.

»Ich werde Sie waffenlos bekämpfen«, sagte er umgänglich.

»Ist Ihr Revolver immer geladen?«

»Natürlich. Feinde wie meine lassen einen zum Laden keine Zeit.«

»Haben Sie Hasselbachers Mörder gefunden?«

»Nein. Er gehört nicht zum Verbrecherstand.«

»Carter?«

»Nach dem, was Sie mir sagten, ging ich der Sache natürlich nach. Carter war zur fraglichen Zeit bei Dr. Braun. Und was der Präsident des Verbandes Europäischer Geschäftsleute sagt, können wir doch nicht bezweifeln?«

»Dr. Braun steht also auf Ihrer Liste?«

»Natürlich. Und jetzt spielen wir.«

Beim Damespiel gibt es, wie jeder Spieler weiß, eine imaginäre diagonale Linie, die das Brett in zwei Hälften teilt: das ist die Front. Wer sie besetzt, ergreift die Initiative, wer sie überschreitet, stößt vor. Mit unverschämtbehaglicher Mühelosigkeit machte Segura einen herausfordernden Anfang und jagte dann eine Flasche durch das Mittelfeld. Zwischen den einzelnen Zügen überlegte er nicht; er schaute kaum auf das Brett. Wormold dagegen ließ sich Zeit und dachte nach.

»Wo ist Milly?« fragte Segura.

»Ausgegangen.«

»Und Ihre reizende Sekretärin?«

»Auch. Mit Milly.«

»Sie sind schon in Schwierigkeiten«, sagte Hauptmann Segura. Er überfiel die gegnerische Abwehrstellung und erbeutete eine Flasche Old Taylor. »Der erste Drink«, sagte er, und leerte sie. Wormold konterte kühn mit einer Zangenbewegung und verlor fast sofort eine Flasche – diesmal Old Forester. Einzelne Schweißtropfen traten auf Seguras Stirn, und er räusperte sich nach dem Trinken. »Sie gehen aufs Ganze, Mr. Wormold. Diesen Stein hätten Sie nehmen sollen.«

»Stechen Sie nur«, sagte Wormold.

Segura zögerte zum erstenmal. Dann sagte er: »Nein. Es ist mir lieber, Sie nehmen meinen.« Es war ein Whisky – Caringorm –, den Wormold nicht kannte, und er brannte auf seiner Zunge, an einer offenen Stelle. Sie spielten eine Weile mit übertriebener Vorsicht. Keiner nahm einen Stein.

»Wohnt Carter noch immer im Seville-Biltmore?« fragte Wormold.

»Ja.«

»Beobachten Sie ihn?«

»Nein. Wozu?«

Wormold setzte sich am Brettrand fest, mit den Resten der vereitelten Zangenbewegung, doch er hatte seine Basis eingebüßt. Er machte ein Manöver, das Segura die Möglichkeit gab, einen gedeckten Stein auf Feld 22 zu schieben, ihm selbst jedoch jede Hoffnung nahm, seinen eigenen Stein auf Feld 25 zu retten oder Segura daran zu hindern, die letzte Reihe zu erreichen und eine Dame zu erobern.

»Unvorsichtig«, sagte Segura.

»Ich bin zu einem Austausch bereit«, sagte Wormold.

»Aber ich habe die Dame.«

Segura trank einen Four Roses, und Wormold, am anderen Ende des Bretts, nahm einen Dimpled Haig. »Heiß, heute abend«, sagte Segura. Er krönte seine Dame mit einem Papierstreifchen. »Wer die Dame nimmt, trinkt zwei Flaschen«, sagte Wormold. »Ich habe übrige im Kasten.«

»Sie haben an alles gedacht«, sagte Segura – mit einem Anflug von Verdrossenheit.

Er spielte jetzt überaus vorsichtig. Es wurde immer schwieriger, ihn zu einem Fang zu verlocken, und Wormold erkannte den schwachen Punkt seines Plans: der gute Spieler schlug seinen Gegner, auch ohne dessen Steine zu nehmen. Er nahm Segura einen weiteren und saß in der Falle. Jeder Ausweg war versperrt.

Segura wischte den Schweiß von seiner Stirn. »Sehen Sie?« sagte er. »Sie können nicht gewinnen.«

»Sie schulden mir Revanche.«

»Der Bourbon ist stark. 85prozentig.«

»Tauschen wir die Whiskies.«

Diesmal spielte Wormold schwarz – mit Scotch. Er hatte die drei Scotch ersetzt, die er getrunken hatte, und die drei Bourbon. Er begann mit dem alten Vierzehner-Anfang, meist der Beginn eines langatmigen Spiels. Er wußte jetzt eines: seine einzige Hoffnung bestand darin, Segura so weit zu treiben, daß er jede Vorsicht vergaß und um Steine spielte. Wieder suchte er Segura zum Stechen zu verleiten, doch Segura nahm die Möglichkeit nicht zur Kenntnis. Es war, als hätte er begriffen, daß nicht Wormold sein Gegner war, sondern sein eigener Kopf. Er verzettelte sogar einen Stein ohne taktischen Vorteil und zwang Wormold, ihn zu trinken – einen Hiram Walker. Wormold erkannte, daß seine eigene Denkfähigkeit in Gefahr war, die Mischung Bourbon-Scotch war tödlich. »Geben Sie mir eine Zigarette«, sagte er. Segura beugte sich vor, um sie anzuzünden, und Wormold sah, wie schwer es ihm fiel, das Feuerzug ruhig zu halben. Es funktionierte nicht, und Segura fluchte mit unnötiger Heftigkeit. Noch zwei Drinks, und er ist erledigt, dachte Wormold.

Doch es war ebenso schwierig, an einen störrischen Gegner Steine zu verlieren, als sie ihm abzunehmen. Gegen seinen Willen neigte sich das Spiel zu seinen Gunsten. Er trank einen Harper, landete eine Dame und sagte mit falschem Frohlocken: »Mein Sieg, Segura. Ergeben Sie sich.«

Segura starrte auf das Brett. Er kämpfte mit sich, so viel war klar, hin und her gerissen zwischen dem Ehrgeiz, zu gewinnen, und dem Wunsch, halbwegs klaren Kopf zu behalten. Der Zorn benebelte ihn nicht weniger als der Whisky. »So ein Sauspiel«, sagte er. Nun, da sein Gegner eine Dame hatte, konnte er es nicht mehr auf unblutigen Sieg anlegen. Die Dame hatte Bewegungsfreiheit. Und als er einen Kentucky Tavern opferte, war es ein echtes Opfer. Fluchend schimpfte er auf die Steine. »Diese verdammten Formen«, sagte er. »Alle verschieden. Wer hat je von einem Damespiel mit Flaschen gehört!« Wormold fühlte sich vom Bourbon selbst benebelt – doch der Augenblick für Sieg – und Niederlage – war da.

»Sie haben meinen Stein gerückt«, sagte Segura.

»Nein. Das ist Red Label. Einer von meinen.«

»Woran, in drei Teufels Namen, soll ich den Unterschied zwischen Scotch und Bourbon merken? Lauter Flaschen, oder nicht?«

Und nun beging Wormold seinen sorgfältig geplanten Fehler und exponierte seine Dame. Zuerst dachte er, Segura hätte es nicht bemerkt: dann, daß er die Chance ungenützt vorbeigehen ließ, um nicht weitertrinken zu müssen. Doch die Versuchung, die Dame zu nehmen, war groß: dahinter lag vernichtender Sieg. Sein eigener Stein würde Dame werden, ein Massenmord folgen. Trotzdem zögerte er. Whiskyhitze und schwüle Nacht brachten sein Gesicht zum Schmelzen wie das einer Wachspuppe; es fiel ihm schwer, zu schauen: alles verschwamm. »Warum haben Sie das getan?« fragte er.

»Was?«

»Ihre Dame verloren und das Spiel.«

»Teufel. Das habe ich nicht bemerkt. Ich muß betrunken sein.«

»Sie betrunken?«

»Ein bißchen.«

»Ich bin auch betrunken. Sie wissen, ich bin betrunken. Sie wollen mich betrunken machen. Warum?«

»Reden Sie keinen Unsinn, Segura. Warum sollte ich Sie betrunken machen wollen? Hören wir auf. Sagen wir, remis.«

»Selbst remis. Ich weiß, warum Sie mich betrunken machen wollen. Sie wollen mir die Liste zeigen – ich meine, Sie wollen, daß ich sie Ihnen zeige.«

»Was für eine Liste?«

»Ich habe euch alle im Netz. Wo ist Milly?«

»Fort. Ich sagte es Ihnen schon.«
»Heute abend gehe ich zum Polizeichef. Wir ziehen das Netz zusammen.«
»Samt Carter?«
»Wer ist Carter?« Er drohte Wormold mit dem Finger. »Samt Ihnen – aber ich weiß, Sie sind kein Agent. Sie sind ein Schwindler.«
»Warum schlafen Sie nicht ein bißchen, Segura? Das Spiel ist unentschieden.«
»Das Spiel ist überhaupt nicht unentschieden. Da. Ich nehme Ihre Dame.« Er öffnete die kleine Flasche Red Label und trank sie aus.
»Zwei Flaschen für eine Dame«, sagte Wormold und reichte ihm eine Dunosdale Cream.
Segura lastete auf seinem Sessel. Sein Kinn hob und senkte sich. »Geben Sie sich geschlagen«, sagte er. »Ich spiele nicht um Steine.«
»Fällt mir nicht ein. Ich habe den klareren Kopf. Bitte: Stich. Sie hätten weiterspielen können.« Ein Canadian Rye war unter die Bourbons geraten, ein Lord Calvert, und Wormold trank. Das muß der letzte sein, dachte er. Wenn er jetzt nicht umfällt, bin ich erledigt, wäre nicht nüchtern genug, einen Abzug zu spannen. Hat er gesagt, sie ist geladen?
»Macht nichts«, sagte Segura. »Sie sind ohnehin erledigt.« Langsam schob er die Hand über das Brett, als trüge er ein Ei in einem Löffel.
»Sehen Sie?« Er nahm einen Stein, zwei Steine, drei...
»Trinken Sie, Segura«. George IV., Queen Anne, und das Spiel endete in einer Apotheose des Königtums, mit einem Highland Queen.
»Spielen Sie nur weiter, Segura. Oder soll ich noch einmal stechen? Trinken Sie.« Vat 69. »Noch einen. Trinken Sie, Segura.« Grant's Standfest. Old Argyll. »Trinken Sie, beide, Segura. Ich strecke die Waffen.« Aber Segura hatte sie bereits gestreckt. Wormold lockerte seinen Hemdkragen, um ihm Luft zu machen, und legte seinen Kopf bequem gegen die Sessellehne. Doch als er auf die Türe zuging, schwankte er selbst. Er hatte Seguras Revolver in der Tasche.

Im Seville-Biltmore ging er zum Haustelephon und rief Carter an. Carter hatte gute Nerven, das mußte man ihm lassen – bessere als er. Carter hatte seine kubanische Mission nicht ordentlich erfüllt, blieb aber trotzdem – als Schütze vielleicht, oder als Lockvogel. »Guten Abend, Carter«, sagte Wormold.

»Wormold! Guten Abend.«

Die Stimme hatte gerade die richtige Kühle verletzten Selbstgefühls.

»Ich möchte mich entschuldigen Carter. Wegen dieser dummen Whiskygeschichte. Ich muß besoffen gewesen sein. Bin ich übrigens auch jetzt, ein bißchen. Nicht gewöhnt, mich zu entschuldigen.«

»Schon gut, Wormold. Gehen Sie schlafen.«

»Sprachfehler verhöhnt! Sollte man nicht tun.« Er merkte, daß er sprach wie Mandrill. Verstellung war wohl eine Berufskrankheit.

»Ich wußte nicht, worauf sie h-hinauswollten.«

»Ich – hpp – kam bald darauf, daß ich mich irrte. Nichts mit Ihnen zu tun. Der elende Oberkellner hat seinen eigenen Hund vergiftet. Schön, er war alt, aber trotzdem – vergiftetes Futter – so hilft man doch keinem Hund aus der Welt.«

»Das h-hat sich also abgespielt? Danke, daß Sie mir's sagen. Aber es ist spät. Ich gehe eben zu Bett, Wormold.«

»Des Menschen bester Freund.«

»Was?«

»Caesar, des Königs Freund, und dann war da noch der borstige, der bei Jütland gesunken ist. Wurde zum letztenmal auf der Kommandobrücke gesehen, neben seinem Herrn.«

»Sie sind besoffen, Wormold.«

Es war nicht schwer, Betrunkenheit zu mimen, nach – wie vielen? – Scotch und Bourbon. Einem Besoffenen kann man vertrauen – *in vino veritas*. Einen Besoffenen kann man auch leichter erschlagen. Carter war ein Narr, wenn er sich die Gelegenheit entgehen ließ.

»Mir ist nach einer kleinen Tour zumut«, sagte Wormold.

»Tour? Wohin?«

»Duch die Lokale, die Sie sehen wollten.«
»Es ist spät.«
»Genau die richtige Zeit.« Carters Zögern erreichte ihn durch den Draht. Er sagte: »Nehmen Sie einen Revolver mit.« Er empfand ein seltsames Widerstreben bei dem Gedanken, einen unbewaffneten Mörder zu morden – sofern Carter jemals unbewaffnet war.
»Einen Revolver? Wozu?«
»Manche dieser Spelunken sind nicht ganz ungefährlich.«
»Können *Sie* keinen mitbringen?«
»Zufällig habe ich keinen.«
»Ich auch nicht«, und er glaubte im Hörer ein metallisches Klicken zu vernehmen. Wahrscheinlich prüfte Carter, ob seine Waffe geladen war. Diamant ritzt Diamant, dachte er und lächelte. Doch ein Lächeln ist dem Akt der Rache nicht minder verhängnisvoll als dem Akt der Liebe. Er mußte sich Hasselbachers starren Blick vergegenwärtigen. Der alte Mann hatte keine Chance bekommen, und er gab Carter so viele. Langsam bedauerte er, so viel getrunken zu haben.
»Treffen wir uns in der Bar.«
»Beeilen Sie sich.«
»Ich muß mich anziehen.«
Jetzt kam es Wormold gelegen, daß die Bar so dunkel war. Wahrscheinlich rief Carter seine Freunde an, machte vielleicht einen Treffpunkt aus, doch in der Bar konnten sie nicht auf ihn zielen, ehe er sie sah. Es gab einen Eingang von der Straße und einen vom Hotel und im Hintergrund eine Art Balustrade, auf die er notfalls den Revolver stützen konnte. Jeder Eintretende war – wie er jetzt – eine Weile blind. Er konnte auf den ersten Blick nicht feststellen, ob ein oder zwei Menschen dasaßen – so eng umschlungen war das Paar auf einem Sofa neben dem Straßeneingang.
Er bestellte Scotch, setzte sich auf die Estrade, rührte ihn nicht an und ließ die beiden Türen nicht aus den Augen. Ein Mann kam herein; er konnte sein Gesicht nicht sehen; doch eine Hand tätschelte die Pfeifentasche; daran erkannte er Carter.

»Carter.«

Carter kam auf ihn zu.

»Gehen wir«, sagte Wormold.

»Trinken Sie erst aus. Ich werde auch was bestellen.«

»Ich habe schon zuviel getrunken, Carter. Ich brauche frische Luft. Wir trinken später was – in einem Haus.«

Carter setzte sich. »Sagen Sie mir erst, wo Sie mich h-hinführen wollen.«

»In ein Bordell. Irgendeines. Es gibt ein gutes Dutzend. Und überall ein Dutzend Mädchen zum Aussuchen. Und eine Show. Es ist überall das gleiche. Los, gehen wir. Nach Mitternacht wird's zu voll.«

»Erst muß ich was trinken«, drängte Carter. »Zu so einer Show kann man nicht stocknüchtern gehen.«

»Sie erwarten doch niemanden, Carter?«

»Nein, warum?«

»Ich dachte nur – wie Sie auf die Tür schauen –«

»Ich kenne keinen Menschen hier. Das sagte ich Ihnen schon.«

»Außer Dr. Braun.«

»Ach ja, natürlich. Dr. Braun. Aber ihn würde man kaum in so ein H-haus mitnehmen, nicht?«

»Nach Ihnen, Carter.«

Widerwillig setzte sich Carter in Bewegung. Er suchte sichtlich einen Vorwand, noch zu bleiben. »Ich gehe nur zum Portier und sage ihm, was er ausrichten soll. Ich erwarte nämlich einen Anruf.«

»Von Dr. Braun?«

»Ja.« Er zögerte. »Es kommt mir unh-höflich vor, wegzugehen, bevor er anruft. Können Sie nicht fünf Minuten warten, Wormold?

»Sagen Sie, Sie sind um eins wieder da – außer, Sie wollen die ganze Nacht durchbummeln.«

»Wir sollten lieber warten.«

»Dann gehe ich allein. Zum Teufel, Carter, ich dachte, Sie wollten die Stadt sehen.« Er entfernte sich rasch. Sein Wagen parkte auf der anderen Straßenseite. Er sah sich nicht um, doch er hörte Schritte, die ihm folgten.

Carter wollte ihn ebensowenig verlieren wie er Carter.

»Wie jähzornig Sie sind, Wormold.«

»Tut mir leid. Wenn ich getrunken habe, bin ich immer so.«

»Ich h-hoffe, Sie sind nüchtern genug, um nicht zickzack zu fahren.«

»Es wäre besser, Sie fahren, Carter.« Dann kann er die Hand nicht in die Tasche stecken, dachte er.

»Erst rechts, Carter. Dann links.«

Sie gelangten auf die Küstenstraße: ein schlankes weißes Schiff glitt aus dem Hafen, irgendein Passagierdampfer nach Kingston oder Port-au-Prince. An der Reling lehnten Paare. Sie konnten sie sehen, romantisch im Mondlicht, und eine Kapelle spielte einen Schlager, dessen Beliebtheit nachließ – »Ich könnte die ganze Nacht tanzen.«

»Da kriege ich Heimweh«, sagte Carter.

»Nach Nottwich?«

»Ja.«

»In Nottwich gibt's doch kein Meer.«

»Die Vergnügungsdampfer auf dem Fluß wirkten auch so groß, als ich jung war.«

Ein Mörder hat kein Recht, Heimweh zu haben; ein Mörder sollte eine Maschine sein, und auch ich bin eine Maschine geworden, dachte Wormold. Er tastete nach dem Taschentuch, das er verwenden mußte, um die Fingerabdrücke fortzuwischen, wenn der Augenblick kam. Aber wie den Augenblick wählen? Welche Seitengasse, welche Einfahrt? Und wenn der andere zuerst schoß?

»Sind Ihre Freunde Russen, Carter? Deutsche? Amerikaner?«

»Was für Freunde?« Er fügte einfach hinzu: »Ich habe keine Freunde.«

»Keine Freunde?«

»Nein.«

»Wieder links, Carter. Dann rechts.«

Langsam fuhren sie durch eine schmale Straße. Links und rechts waren Nachtlokale. Aus unterirdischen Tiefen ließen sich Orchester vernehmen wie der Geist von Hamlets Vater oder die Klänge unter den Fliesen Alex-

andrias, als Gott Herkules Antonius verließ. Zwei Männer in kubanischer Nachtlokal-Uniform schrien auf sie ein und steigerten sich gegenseitig.
»Bleiben wir stehen«, sagte Wormold. »Bevor wir weiterfahren, brauche ich etwas zu trinken.«
»Sind das Bordelle?«
»Nein. Dort gehen wir später hin.«
Hätte Carter zur Pistole gegriffen, als er die Hände vom Lenkrad nahm, wäre es so einfach gewesen, zu schießen. »Kennen Sie dieses Lokal?« fragte Carter.
»Nein. Aber ich kenne die Melodie.« Seltsam, daß sie gerade das spielten –
»Es scheint sie zu stören, daß ich nicht normal bin.«
Sie sahen Farbphotos nackter Mädchen und, in Neonschrift, ein Wort in Nachtlokalesperanto: Strippteese. Über Stufen – sie waren gestreift wie billige Pyjamas – gelangten sie in einen Keller, den der Rauch unzähliger Havannas füllte. Eine Hinrichtungsstätte, nicht besser und nicht schlechter als jede andere. Aber zuerst mußte er trinken. »Sie gehen voraus.« Carter zögerte. Er öffnete den Mund und kämpfte mit einem Huchlaut. Noch nie hatte Wormold ihn so lange kämpfen gehört. »Ich h-h-h-hoffe ...«
»Was hoffen Sie?«
»Nichts.«
Sie setzten sich, sahen einem Striptease zu und tranken Brandy mit Soda. Ein Mädchen ging von Tisch zu Tisch und entledigte sich ihrer Kleider. Es begann mit den Handschuhen. Ein Zuschauer nahm sie resigniert in Empfang, wie ein Angestellter die zu erledigende Post. Dann präsentierte sie Carter ihren Rücken und befahl ihm, ihr schwarzes Spitzenkorsett aufzuhaken. Carter mühte sich vergebens mit den Häkchen und wurde rot und röter, während das Mädchen lachte und sich unter seinen Fingern wand.
»Es tut mir leid, ich finde nicht, wo der ...« Rund um die Tanzfläche saßen die mürrischen Männer an ihren kleinen Tischen und sahen Carter zu. Keiner lächelte.
»Sie habe in Nottwich nicht viel trainiert, Carter. Lassen Sie mich machen.«
»Lassen Sie mich in Ruhe, ja?«

Endlich war das Korsett offen. Das Mädchen fuhr über sein dünnes strähniges Haar und ging weiter. Carter zog einen Kamm heraus und brachte es in Ordnung.
»Hier gefällt's mir nicht«, sagte er.
»Sie sind schüchtern, Carter.« Wie konnte man einen Mann erschießen, der so sehr dazu reizte, ihn zu verlachen?
»Ich mag diese Scherze nicht«, sagte Carter.
Sie gingen die Stufen hinauf. Carters Hüfttasche war geschwollen. Das konnte natürlich die Pfeife sein. Er setzte sich wieder ans Lenkrad und murrte: »Sowas gibt's überall. Huren, die sich ausziehen.«
»Sie haben ihr die Sache nicht erleichtert.«
»Ich habe einen Zippverschluß gesucht.«
»Ich hatte einen Drink nötig.«
»Miserabler Brandy obendrein. Vielleicht mit Rauschgift versetzt. Würde mich nicht wundern.«
»In Ihrem Whisky war mehr als Rauschgift, Carter.« Er versuchte, seinen Zorn anzustacheln, nicht daran zu denken, wie sein ungeschicktes Opfer sich mit einem Korsett abgemüht hatte und über sein Versagen errötet war.
»Was haben Sie gesagt?«
»Halten Sie hier.«
»Warum?«
»Sie wollten doch in ein Bordell. Hier ist eins.«
»Aber hier ist niemand.«
»So sind alle: verschlossene Türen und Fensterläden. Steigen Sie aus und läuten Sie.«
»Was wollten Sie damit sagen – wegen des Whisky?«
»Lassen wir das einstweilen. Steigen Sie aus und läuten Sie.«
Der Ort war ebensogut geeignet wie ein Keller. (Auch leere Wände waren zu diesem Zweck des öfteren verwendet worden.) Eine graue Hausmauer und eine Straße, in die niemand kam, außer zu einem wenig anmutigen Zweck. Langsam schwenkte Carter seine Beine unter dem Lenkrad hervor, und Wormold ließ seine Hände – die ungeschickten Hände – nicht aus den

Augen. Ein faires Duell, sagte er sich; töten ist ihm weniger neu als mir; die Chancen stehen mehr als gleich; ich weiß nicht einmal genau, ob mein Revolver geladen ist. Er hat mehr Glück, als Hasselbacher je hatte.
Carter zögerte wieder, die Hand an der Türklinke. »Vielleicht wäre es vernünftiger – ein anderes Mal. Ich h-h-h –«
»Sie haben Angst, Carter.«
»Ich war noch nie in einem solchen H-h-h-haus. Um ganz ehrlich zu sein, Wormold – mir fehlen die Frauen nicht sehr.«
»Klingt nach einem recht einsamen Leben.«
»Ich kann sie entbehren«, sagte er herausfordernd. »Für einen Mann gibt es Wichtigeres, als ...«
»Warum wollten Sie dann in ein Bordell?«
Wieder verblüffte er Wormold mit der nackten Wahrheit. »Ich bemühe mich zu wollen, aber wenn's dazu kommt ...« Er zögerte an der Schwelle des Geständnisses. Dann sprang er ab. »Es geht nicht, Wormold. Was Sie von mir wollen, kann ich nicht.«
»Steigen Sie aus.«
Ich muß es tun, dachte Wormold, bevor er mehr gesteht. Mit jeder Sekunde vermenschlichte sich der Mann, wurde ein Geschöpf wie man selbst, ein Wesen, das man bemitleiden, trösten, aber nicht töten konnte. Wer mochte die mildernden Umstände kennen, die hinter jeder Gewalttat schliefen? Er zog Seguras Revolver.
»Was?«
»Steigen Sie aus.«
Carter stand vor der Bordelltüre. Sein Gesicht zeigte weniger Furcht als einen Ausdruck eigensinniger Beschwerde. Er fürchtete die Frauen, nicht die Gewalt. »Sie irren sich«, sagte er. »Braun hat mir den Whisky gegeben. Ich bin nicht wichtig.«
»Der Whisky ist mir gleich. Aber Sie haben Hasselbacher umgebracht, oder nicht?«
Wieder überraschte er Wormold mit der Wahrheit. Es war eine Art Ehrlichkeit in dem Mann. »Auf Befehl, ich h-h-h-h –« Es war ihm gelungen,

mit dem Ellbogen die Glocke zu erreichen. Jetzt lehnte er sich zurück, und durch die Tiefen des Hauses schrillte die Glocke, rief schrillend zur Arbeit.
»Ich habe nichts gegen Sie, Wormold. Sie wurden bloß zu gefährlich. Sie und ich, wir sind nur gemeine Soldaten.«
»Ich gefährlich? Ihre Leute müssen schön dumm sein. Ich habe keine Agenten, Carter.«
»O doch, Sie h-haben welche. Die Betonsockel in den Bergen. Wir haben Kopien Ihrer Pläne.«
»Die Teile eines Staubsaugers.« Wer die Pläne wohl geliefert hatte? Lopez? Mandrills Kurier? Ein Mann im Konsulat?
Carters Hand fuhr in die Tasche und Wormold schoß. Carter stieß einen scharfen Schrei aus. Er sagte: »Sie hätten mich fast erschossen«, und zog eine Hand heraus, die sich um eine zerschmetterte Pfeife schloß. »Sie haben meine Dunhill getroffen«, sagte er.
»Anfängerglück«, sagte Wormold. Er hatte sich für einen Tod gestählt, doch es war ihm unmöglich, ein zweitesmal zu schießen. Langsam öffnete sich die Türe hinter Carter. Es war, als hörte man greifbare Musik. »Hier wird man sich um Sie kümmern. Vielleicht wollen Sie jetzt eine Frau, Carter?«
»Sie – Sie Clown.«
Wie recht Carter hatte. Er legte den Revolver neben sich und ließ sich auf den Fahrersitz gleiten. Mit einemmal war er glücklich. Er hätte einen Menschen töten können. Statt dessen hatte er sich unwiderleglich bewiesen, daß er nicht zu den Richtern zählte; er war nicht zur Gewalt berufen. Da schoß Carter.

Aus: Graham Greene, Unser Mann in Havanna. Aus dem Englischen von Lida Winiewicz.
Paul Zsolnay Verlag, Wien/Hamburg 1963

**Es gibt keine Reue ohne Genuß. Auch ein Staubsaugervertreter wie Mr. Wormold kann nicht in Frieden leben, weil die Welt voller böser Nachbarn ist und weil man einem toten Freund manchmal mehr schuldet, als man eigentlich aufzubringen vermag. Wer Konstruktionspläne für eine Teppich-Doppeldüse nachmacht, ver-**

fälscht und wie Bauzeichnungen für eine Wunderwaffe aussehen läßt, muß darüber ganz einfach in Teufels Küche geraten. Unser Mann in Havanna ist wegen seiner komödiantischen Neigungen so wenig geeignet fürs Geheimdienstmilieu, daß er sich als ein schierer Glücksgriff für seine Auftraggeber erweist. Gleich am Anfang seines Romans rückt Graham Greene die Verhältnisse zurecht: »In unserem Jahrhundert darf man der Wirklichkeit nicht ins Auge sehen.«

In keinem der Bücher Graham Greenes werden so viele Bars aufgesucht und so viele Gläser durch durstige Kehlen gespült. Ein feiner, alle Konturen verwischender Alkoholnebel durchzieht den Roman. Das Finale am Damebrett ist nur der logische Endpunkt einer aus Champagner, Daiquiris, Bourbon, Scotch und Illusionen gemixten Geschichte. Tunlichst vermeiden es die Handelnden zwar, der Wirklichkeit ins Auge zu blicken, aber unangefochten schaut die Wirklichkeit auf sie zurück. Katerstimmung am jeweils nächsten Morgen nach einer langen Reise durch die Nacht inklusive. Wer in einer Spiegelwelt lebt, ist mehr als einmal den Bußgeldeintreibern aus der Hölle begegnet. Die Stimmen aus dem Jenseits gehen ihm nach. Nur im Diesseits läßt sich gegen zu große Ernüchterung noch einiges tun. Rein physiologisch betrachtet, sind die heilenden Wirkungen des Alkohols verschwindend gering. Daß er Kreisläufe beschleunigt und die Herztätigkeit anregt, ist zwar verbürgt, aber nach einer Kosten-Nutzen-Rechnung als Argument nicht zu halten. Abstinenz ist nicht die zwingende Konsequenz einer solchen Einsicht, aber kein ganz schlechter Gedanke. Der Konsum reiner Spirituosen wie Wodka hält die kurzfristigen Schäden gering. Mäßigung ist anzuraten und in jedem Fall lebensgerechter als totaler Verzicht.

Weil Alkohol den Körper entwässert, entsteht ein erhöhter Flüssigkeitsbedarf, der nicht unbedingt mit weiterem Alkohol gedeckt werden sollte. Der Genuß von Kaffee kann wegen ähnlicher Wirkungen alkoholbedingte Beschwerden verstärken. Gekühltes Mineralwasser dagegen wirkt Wunder, und Milch stabilisiert einen angeschlagenen Magen. Da mit der Entwässerung auch der Blutzuckerspiegel fällt, eignet sich der Verzehr von Brot, Marmeladen oder Honig zum Ausgleich. Vitamine helfen der mit der Blutreinigung beschäftigen Leber über den Berg. Aspirin lindert das Pochen im Gehirn oder erfüllt als Placebo den nämlichen Zweck. Natürlich kann man es auch vermeiden, all diesen medizinischen Realitäten allzu deutlich ins Auge zu blicken. In dem Fall ist das nächste, planvoll bemessene und kalkuliert angerichtete Glas eine naheliegende Idee. Über die Folgen wurde ja bereits alles gesagt.

## BETSY ROSS

5 cl Brandy
3 cl Portwein
1 Teelöffel Triple Sec (Cointreau)
1 Spritzer Angostura

Zutaten im Shaker auf Eis gut schütteln und in ein Longdrink-Glas auf Eiswürfel abseihen.

## CORPSE REVIVER

3 cl Cognac
3 cl Fernet Branca
3 cl Crème de Menthe (weiß)

Zutaten im Shaker gut schütteln und in ein gekühltes Cocktailglas abseihen.

## PRAIRIE OYSTER

2 Eier
2 Teelöffel Worcestershire-Sauce

(nach Sally Bowles aus Christopher Isherwoods Roman ›Goodbye to Berlin‹) Zutaten in einem beliebigen Glas mit einem umgedrehten Füllfederhalter gründlich umrühren.

## BULL SHOT

6 cl Wodka
125 ml Bouillon
1 Teelöffel Worcestershire-Sauce
1 Spritzer Tabasco
1 Prise Cayenne-Pfeffer
Saft einer halben Zitrone
Salz
1 Zitronenscheibe

Zutaten in einem Rührglas rühren, durch ein Sieb in ein Longdrink-Glas auf Eiswürfel abseihen und mit der Zitronenscheibe garnieren.

## BALTIMORE EGG NOGG

Zutaten bis auf die Milch im Shaker auf Eis gut schütteln. In ein Longdrink-Glas abseihen, mit kalter Milch auffüllen und mit geriebener Muskatnuß bestäuben.

3 cl Cognac
2 cl Myer's Rum
5 cl Madeira
1 Ei
6 cl Sahne
2 Teelöffel Zuckersirup
Milch
Muskatnuß

## TEQUILA SUNRISE

siehe Seite 99

## ZOMBIE

siehe Seite 76

# Hans Waldmann auf der Suche nach dem Glück

um ein bild sich von der welt zu machen
ging er fort. doch das sind alte sachen.

freundlich sieht man ihn dahinspazieren,
mit bedecktem kopf, um nicht zu frieren.

langsam dreht er sich ins nachtcafé
und trinkt einen korn mit dem portier.

einen kirsch, er ist schon nicht mehr da,
trinkt er im lokal astoria.

in der gastwirtschaft zum roten hirsch
trinkt er einen korn und einen kirsch.

er verläßt bedächtig diesen ort,
aber vorher trinkt er ein export.

danach trinkt er einen korn im stehen.
haben wir uns nicht schon mal gesehen?

fragt der dunkle gast am imbißstand.
waldmann trinkt nun einen pflaumenbrand.

waldmann hat geschwind den hut erhoben,
und die weichen wolken fließen oben.

ach mein herr, ich weiß schon, wer ich bin,
sagt hans waldmann und trinkt einen gin.

und er geht mit schwung ein kleines stück
weiter auf die suche nach dem glück.

erst im schützenhaus und dann im stern
trinkt er korn mit einem fremden herrn,

und im feuchten eck beim dicken fritz
trinkt er kirsch mit doktor winternitz.

auch der rest des tages geht vorbei.
und der mond geht auf, ach, einerlei.

waldmann sagt: das ist nun einmal so
und trinkt korn und kirsch bei bohnen-joe.

waldmann sagt: so ist es gut und recht,
aber anders ist es auch nicht schlecht.

und die welt wird rund und immer runder,
waldmann trinkt erst rum, dann bommerlunder.

waldmann sagt: ich weiß, ich bin ein denker,
und trinkt himbeergeist aus einem schwenker.

und er sagt: ich weiß schon was ich denke,
beim verschwinden in der nächsten schänke.

an der theke trifft er den matrosen,
etwas wasser tropft aus seinen hosen,

und er trinkt noch einen aquavit.
der matrose sagt: ich trinke mit.

danach hat sich waldmann hingesetzt
auf der suche nach dem glück. und jetzt

trinkt er im gambrinus, lieber leser,
kirsch und korn und cognac und malteser.

plötzlich sieht er ein geschwungnes messer
in der luft. ich gehe jetzt wohl besser,

sagt hans waldmann, ich verschwinde hier,
aber vorher bitte noch ein bier.

gleich darauf ist er davonspaziert.
nein, es ist nicht allzu viel passiert,

nur den mond, von wolken abgeleckt,
sieht man, wie er tief im himmel steckt.

das gefällt mir, sagt er, mir gefällt
ganz besonders dieser teil der welt,

hier, sagt waldmann, würde ich gern bleiben,
wortlos sieht man ihn dann weitertreiben,

in den schweren schwarzen bahnhofshallen
hört man waldmanns schöne schuhe schallen.

puffer puffen sanft und pfiffe pfeifen.
waldmann greift mit seiner hand zum steifen

hut, doch der ist längst davongeflogen.
weit im bahnhofswind. die zeitungsbogen

sieht man raschelnd in die höhe wehen.
später hat man gar nichts mehr gesehen.

waldmann fängt ein neues leben an.
in der ferne faucht die eisenbahn.

Eugen Egner/**Das letzte Jahr**

# Aus dem Tagebuch eines Trinkers

**3. 1.** Tiefe Einblicke. Den beiden Pastoren beim Weine von »Weltseele« und »Gotteslob« gesprochen, Unverständnis geerntet.

**16. 1.** Früh aufgestanden. Nach dem Abwasch versucht, mich mit einem Hausschuh zu erschlagen. Sehr getrunken.

**17. 1.** Den ganzen Tag geweint, abends dann kräftig auf die Pauke gehauen.

**12. 2.** Früh zu Bett, um Mitternacht wegen Schlaflosigkeit wieder aufgestanden. Unter Zuhilfenahme aller Finger mindestens bis fünfzehn gezählt, dabei manches Mal die Augen verdreht und den Mund verzogen. Nachbarkeller aufgebrochen, getrunken.

**20. 2.** Ich warf alles nach jedem. Ruhe erlangt durch Insel-Samos.

**1. 3.** Perfekter Tag. Spät abends habe ich mir dann noch ein Käsebrot gemacht und mich draufgesetzt. Viel Wein.

**19. 3.** Nachgedacht über Worte eines Freundes: »Die Sonne müßte nachts scheinen, am Tage ist es doch sowieso hell.« Wieder geweint. Rum.

**4. 4.** Allein im Haus. Vorsichtig Bällchen in alle Zimmer geworfen. Keine Reaktion. Hastig betrunken, übergeben (5 x).

**27. 4.** Haydn gehört, Flaschen leergetrunken.

**10. 5.** Im Kino wieder zwei Finger abgestorben. Im Foyer Hans und Rose getroffen, die sich als Junge und Mädchen verkleidet hatten. Unguter Auftritt an der Bar, Notarztwagen.

**29. 5.** Gedicht geschrieben: »Managerschulung / ritsch ratsch reisele geht die Welt im Kreisele«. Rotwein, in der Badewanne eingeschlafen, Prostataentzündung.

**2. 6.** Viel Gin auf Anraten Hansens, Wasserlassen klappt besser.

**9. 6.** Der Arzt macht mir Hoffnung; ich höre, wie die Urologen lachen. Heute zum ersten Mal versehentlich Wein in die Pfeife geschüttet.

**18. 6.** Nervengeschichten ... fremde Bohnen (sic!) sahen mich aus dem Spiegel an – unbedingt Abstinenz üben!

**2. 7.** Stimme aus der Steckdose gehört. Werde ich wahnsinnig? Wein, Wein.

**11. 7.** Seit heute zwei Stimmen. Eine sagt: »Puppenhuhn«, die andere: »Paradieswurst«. Trotziges Trinken, aber doch Furcht.

**12. 7.** Wenn ich J.S. Bach wäre, würde ich folgenden Satz vertonen (Kantate): »Ich bleibe oft lange auf, trinke viel und schäme mich für uns alle.«; elterliche Hausbar vorgeknöpft, wieder Notarzt.

**29. 7.** Unleserliche Flammenschrift am Himmel; schon wieder diese Bolzen im Teppich. Eierlikör.

**13. 8.** Ich muß mir einen kleinen Propeller vorn an die Schlafanzughose nähen und dann im Bad tänzeln.

**20. 9.** Scheiße, Flasche leer ...

**31. 10.** Flasche leer, Schnauze voll.

**6. 12.** Die Flaschen hat 2 Monat und 15 Tagen nicht so leer gewese'+*

**28. 12.** Alkohol wirkt nicht mehr bei mir. Vor einer Stunde Gift genommen. Enttäuschung: es wirkt auch nic

1. Shaker
2. Zitruspresse
3. Barsieb
4. Rührglas
5. Muskatreibe
6. Meßglas
7. Eiszange und Eisschaufel
8. Schneidbrett mit Messer
9. Mörser
10. Eisbehälter

# Ausstattungsfragen

Ein **Shaker** besteht aus zwei Teilen: einem Edelstahlbecher und einem Kristallglas. Einzig diese Boston-Shaker genannte Version garantiert Professionalität, wenn man dazu einige Regeln beherzigt. Grundsätzlich findet zuerst das Eis seinen Weg in den Shaker, danach die nichtalkoholischen Zugaben und zuletzt der Alkohol selbst. Geschüttelt werden sollte längstens 20 Sekunden. Andernfalls ergreift das Eis Besitz vom Drink. Bewegungsrichtung ist die Waagerechte; das Ritual, meistens vor Publikum, sollte möglichst dezent absolviert werden.

Das **Meßglas** hat eine Ober- und eine Unterwelt, ist aber in jedem Fall in der Lage, auf eigenen Füßen zu stehen. Es faßt in einen Teil 2 cl, im anderen 4, und es darf vergessen werden, sobald man sein eigenes Augenmaß hat.

Im **Rührglas** wird alles gerührt, was zum Schütteln nicht taugt. Gerührte Drinks sind von größerer Klarheit. Zerstoßenes Eis gehört nicht in ein Rührglas, weil es das Produkt zu sehr verwässert.

Das **Barsieb** verwehrt dem beim Schütteln unverzichtbaren Eis den Weg in den Drink. Seine Spiralfeder macht es für jede Glasöffnung geeignet.

Zwei Aufgaben soll der **Barlöffel** erfüllen: Er dient als Maß, wo das Volumen eines Teelöffels gefragt ist, und mit seinem Stiel wird im Rührglas gearbeitet.

**Flaschenöffner, Korkenzieher** und das **Barmesser** können einzeln oder als Kombinationsinstrument zum Einsatz gebracht werden.

**Eisbehälter, Eiszange** und **Eisschaufel** bilden die kältetechnische Ausstattung der Bar. Zerstoßenes Eis läßt sich aus Eiswürfeln im **Elektromixer** gewinnen.

1.
2.
3.
4.
5.
6.
7.
8.
9.
10.
11.
12.
13.

Auf dem **Schneidbrett** werden mit einem schmalen, scharfen **Messer** Früchte und andere Zutaten zerkleinert.

Fruchtsäfte werden nach Möglichkeit aus der **Zitruspresse** gewonnen.

Für das Zerstoßen von Früchten ist ein **Mörser** das am besten geeignete Gerät.

Muskat soll man nicht aus Gläsern oder Tüten streuen. Die **Muskatreibe** sorgt für volles Aroma zur rechten Zeit.

Es empfiehlt sich, einen **Champagnerflaschenverschluß** vorrätig zu halten.

**Gläser** sollten, außer für Hot Drinks, möglichst dünnwandig sein, bei hoher Standfestigkeit. Eine für viele Zwecke geeignete Ausstattung ist in den meisten Haushalten vorhanden, daher werden hier nur die wichtigsten Klassiker benannt.

1. **Collins.** Ein hohes Longdrink-Glas, bestens auch für Fizzes geeignet.
2. **Highball.** Das verbreitete Longdrink-Glas.
3. **Old Fashioned.** Whiskey-Enthusiasten sind mit ihm vertraut.
4. **Shot.** Hier wissen Whisky-Enthusiasten Bescheid. Pure Single Malt hat seine eigene Größe. Mit mehr als vielleicht einem Schuß Wasser verträgt er sich nicht.
5. **Champagnerflöte**
6. **Champagnerschale**
7. **Südwein-Glas.** Port oder Sherry, Digestif und Aperitif.
8. **Cocktailschale.** Nicht nur die Dry Martinis können in ihr ihre ganze Oberflächenspannung entfalten.
9. **Sour-Glas**
10. **Weißwein-Glas**
11. **Rotwein-Glas**
12. **Punch-Glas**
13. **Bierglas**

## APERITIF

Durch ihn entsteht der Appetit vor dem Essen. Kein Gattungsbegriff im strengen Sinn, sondern ein Stimulans für die Geschmacksnerven: Martinis gehören in diese Kategorie, Drinks auf Sherry-Basis, Bitters oder Anis, häufig ein Glas Weißwein, oder, auf die deutsche Art, einfach ein Bier.

## COBBLER

Die Bezeichnung alkoholhaltiges Erfrischungsgetränk mag unpassend erscheinen, wird aber plausibel, wenn man weiß, daß Cobblers auf Weinbasis gemischt werden. Die Reihenfolge, in der die Zutaten in ein Weinglas gelangen, ist von elementarer Bedeutung: erst Zucker- oder Fruchtsirup, danach Bitters oder Liköre in geringer Menge, schließlich der Wein. Dies alles fließt so auf zuvor ins Glas gefülltes, zerstoßenes Eis und wird gerührt, bis sich eine durchdringende Kälte der Zutaten bemächtigt.

## COLLINS

In London soll einmal ein Barkeeper namens John Collins gelebt haben. Nach ihm wurde, auf Treu und Glauben, die Spezies Collins benannt, die aus einer Spirituose, Zitronensaft und einem Zusatz von Zucker besteht. Auch ein Glas trägt den Namen von John Collins, der mit Gin niederländischer Herkunft hantierte. Der Alkoholgehalt eines Collins ist beträchtlich, wird aber nicht immer rechtzeitig bemerkt.

## DAIQUIRI

Auf der Basis von weißem Rum, mit Fruchtsäften und Spritzern von Bitters oder Likören versetzt, wird entweder auf zerstoßenem Eis im Shaker kräftig geschüttelt oder im Elektromixer zubereitet. Frozen heißt in dem Fall Kälte pur; der Frozen Daiquiri muß an ein sich auflösendes Fruchteis erinnern.

## DAISY

Spirituosen, Bitters oder Liköre, Limonen-, Zitronen- oder Fruchtsaft, auf zerstoßenem Eis geschüttelt: Angeblich hat uns das viktorianische Zeitalter diese für ein Highball-Glas vorgesehene Geschmackskombination beschert. Wie beim Cobbler sind beträchtliche Alkoholmengen im Spiel; der artverwandte Fix wird in Barlexika daher auch als Miniaturcobbler geführt.

## DIGESTIF

Auch hier geht es nicht um Gattungskriterien, sondern um die richtige Zeit. Cognac, Armagnac, Whisky, Obstbrand oder sehr alter Portwein, pur genossen zum Finale eines Menüs, gesüßte Drinks anstelle der Desserts oder, so Charles Schumann ohne Wenn und Aber, ein Kräuterlikör.

## EGGNOGG

Spirituosen, ein Ei, manchmal auch Milch, ein Hauch von Muskat. Stets geschüttelt und gut geeignet für die Wiederauferstehung nach einer trostlosen Nacht.

## FIX

siehe Daisy

## FIZZ

Die Grundregel: Bläschen sollen aufsteigen aus einem Fizz. Spirituosen bilden die Basis, Zitrussäfte helfen dem Geschmack auf die Spur, und die Zugabe von Zucker setzt eine unaufdringliche Pointe. In jedem Fall sind Soda in ausreichender Menge und kräftiges Schütteln gefragt, und schnelles Trinken, weil sich sonst die Bläschen gleich wieder verlieren.

## HIGHBALL

Michael Jackson behauptet, der Standarddrink verdanke seinen Namen einem Signalball an einem Mast, mit dem amerikanischen Lokomotivführern angezeigt wurde, daß sie eine Verspätung aufholen müßten. Geschwindigkeit ist keine Hexerei bei der Zubereitung des Highballs im speziell dafür vorgesehenen Glas: Exakt 5 cl Bourbon Whisky werden auf ein bis zwei Eiswürfel gegeben, mit Sodawasser versetzt und ein wenig gerührt.

## INLOP OLD FASHIONED

Keine Gattung, sondern ein Traditionsrezept. Rye Whiskey, Bourbon zur Not, Bitter, Zuckersirup und manchmal eine Spur von einem Likör.

## JULEP

Ursprungsort ist Kentucky, natürlich findet der von dort stammende Bourbon Verwendung, und die Zugabe von frischer Minze belebt den Geschmack.

## PUNCH

Saft von Früchten und Rum: Es heißt, auf den Inseln der Karibik hätten die Zuckerbarone dieses Getränk ihren in den Plantagen arbeitenden Sklaven gereicht. Von dieser wenig wahrscheinlichen Menschenfreundlichkeit abgesehen: der Rum läßt sich mit nahezu allen Zusätzen variieren, von A wie Ananas bis Z wie Zitrone. Beim Klassiker, dem Planter's Punch, finden Myer's Rum, Orangensaft, Zitronensaft und Grenadine ihren Weg auf das Eis.

## SANGAREE

Aus dem Spanischen Sangría ins Englische übergegangen. Vom dort herrschenden Prinzip, gesüßten Wein mit Likör, Brandy und Fruchtsäften zu mischen, ist den Sangarees die oft regelrecht heimtückische Süße geblieben.

## SLING

Im ›Mr. Boston‹, dem ›Official Bartender's Guide‹, der seit 1935 erscheint, wird den Slings eine Familienähnlichkeit mit den Sangarees nachgesagt. Sie ist nicht leicht zu beweisen, weil Zitronensaft im Sling die Süße der Sangarees überspielt.

## SOUR

Definitiv nur eine Spirituose, Zitronensaft und Zucker, auf Eiswürfeln geschüttelt, wie der Name sagt, sauer bis an die Grenzen der Lust.

# Register